Couvertures supérieure et inférieure
en couleur

BIBLIOTHÈQUE CONTEMPORAINE

GEORGE SAND
— ŒUVRES COMPLÈTES —
L.-A. AURORE DUPIN
VEUVE DE M. LE BARON DUDEVANT

AUTOUR DE LA TABLE

NOUVELLE ÉDITION

PARIS
CALMANN LÉVY, ÉDITEUR
RUE AUBER, 3, ET BOULEVARD DES ITALIENS, 15
A LA LIBRAIRIE NOUVELLE

1882

CALMANN LÉVY, ÉDITEUR

ŒUVRES COMPLÈTES
DE GEORGE SAND

FORMAT GRAND IN-18

	vol.		vol.
Adriani	1	Laura	1
Les Amours de l'âge d'or	1	Légendes rustiques	1
André	1	Lettres d'un voyageur	1
Antonia	1	Mademoiselle La Quintinie	1
Autour de la table	1	Mademoiselle Merquem	1
Le Beau Laurence	1	Les Maîtres mosaïstes	1
Les Beaux messieurs de Bois-Doré	2	Les Maîtres sonneurs	1
Cadio	1	Malgrétout	1
Césarine Dietrich	1	La Mare au Diable	1
Le Château des Désertes	1	Le Marquis de Villemer	1
Le Château de Pictordu	1	Ma Sœur Jeanne	1
Le Chêne parlant	1	Mauprat	1
Le Compagnon du tour de France	2	Monsieur Sylvestre	1
La Comtesse de Rudolstadt	2	Mont-Revêche	1
La Confession d'une jeune fille	2	Nanon	1
Constance Verrier	1	Nouvelles	1
Consuelo	3	Nouvelles Lettres d'un voyageur	1
Contes d'une grand'mère	1	La Petite Fadette	1
La Coupe	1	Pierre qui roule	1
Les Dames vertes	1	Questions d'art et de littérature	1
La Daniella	2	Questions politiques et sociales	1
La Dernière Aldini	1	Les Sept cordes de la lyre	1
Le Dernier Amour	1	Souvenirs de 1848	1
Dernières pages	1	Tamaris	1
Les Deux Frères	1	Théâtre complet	4
Le Diable aux champs	1	Théâtre de Nohant	1
Elle et Lui	1	La Tour de Percemont	1
La Famille de Germandre	1	L'Uscoque	1
La Filleule	1	Valentine	1
Flamarande	1	Valvèdre	1
Flavie	1	La Ville noire	1
Francia	1	Isidora	1
François le Champi	1	Jeanne	1
Histoire de ma vie	4	Lélia — Métella — Melchior — Cora	2
Un Hiver à Majorque — Spiridion	1	Lucrezia Floriani Lavinia	1
L'Homme de neige	3	Le Meunier d'Angibault	1
Horace	1	Narcisse	1
Impressions et souvenirs	1	Pauline	1
Indiana	1	Le Péché de M. Antoine	2
Jacques	1	Le Piccinino	2
Jean de la Roche	1	Promenades autour d'un village	1
Jean Zyska — Gabriel	1	Le Secrétaire intime	1
Journal d'un voyageur pendant la guerre	1	Simon	1
		Teverino — Léone Léoni	1

ŒUVRES COMPLÈTES

DE

GEORGE SAND

—

AUTOUR DE LA TABLE

MICHEL LÉVY FRÈRES, ÉDITEURS

ŒUVRES COMPLÈTES
DE
GEORGE SAND

Nouvelle édition format grand in-18

Les Amours de l'âge d'or	1 vol.
Adriani	1 —
André	1 —
Antonia	1 —
Autour de la table	1 —
Le Beau Laurence	1 —
Les Beaux messieurs de Bois-Doré	2 —
Cadio	1 —
Césarine Dietrich	1 —
Le Château de Pictordu	1 —
Le Château des Désertes	1 —
Le Compagnon du tour de France	2 —
La Comtesse de Rudolstadt	2 —
La Confession d'une jeune fille	2 —
Constance Verrier	1 —
Consuelo	3 —
La Coupe	1 —
Les Dames vertes	1 —
La Daniella	2 —
La Dernière Aldini	1 —
Le Dernier Amour	1 —
Les Deux frères	1 —
Le Diable aux champs	1 —
Elle et Lui	1 —
La Famille de Germandre	1 —
La Filleule	1 —
Flamarande	1 —
Flavie	1 —
Francia	1 —
François le Champi	1 —
Histoire de ma Vie	10 —
Un Hiver a Majorque. — Spiridion	1 —
L'Homme de neige	3 —
Horace	1 —
Impressions et souvenirs	1 —
Indiana	1 —
Isidora	1 —
Jacques	1 —
Jean de la Roche	1 —
Jean Ziska. — Gabriel	1 vol.
Jeanne	1 —
Journal d'un voyageur pendant la guerre	1 —
Laura	1 —
Lélia. — Métella. — Cora	2 —
Lettres d'un Voyageur	1 —
Lucrezia Floriani — Lavinia	1 —
Mademoiselle La Quintinie	1 —
Mademoiselle Merquem	1 —
Les Maitres sonneurs	1 —
Les Maitres mosaïstes	1 —
Malgrétout	1 —
La Mare au Diable	1 —
Le Marquis de Villemer	1 —
Ma sœur Jeanne	1 —
Mauprat	1 —
Le Meunier d'Angibault	1 —
Monsieur Sylvestre	1 —
Mont-Revêche	1 —
Nanon	1 —
Narcisse	1 —
Nouvelles	1 —
Pauline	1 —
La Petite Fadette	1 —
Le Péché de M. Antoine	2 —
Le Piccinino	2 —
Pierre qui roule	1 —
Promenades autour d'un village	1 —
Le Secrétaire intime	1 —
Les 7 Cordes de la Lyre	1 —
Simon	1 —
Tamaris	1 —
Teverino — Léone Léoni	1 —
Théâtre complet	1 —
Théâtre de Nohant	4 —
La Tour de Percemont	1 —
L'Uscoque	1 —
Valentine	1 —
Valvèdre	1 —
La Ville noire	1 —

F. Aureau. — Imprimerie de Lagny.

AUTOUR
DE LA TABLE

PAR

GEORGE SAND

(L.-A. AURORE DUPIN)
VEUVE DE M. LE BARON DUDEVANT

PARIS
MICHEL LÉVY FRÈRES, ÉDITEURS
RUE AUBER, 3, PLACE DE L'OPÉRA
—
LIBRAIRIE NOUVELLE
BOULEVARD DES ITALIENS, 15, AU COIN DE LA RUE DE GRAMMONT
—
1876
Droits de reproduction et de traduction réservés

AUTOUR DE LA TABLE

I

Quelle table ? C'est chez les Montfeuilly qu'elle se trouve ; c'est une grande, une vilaine table. C'est Pierre Bonnin, le menuisier de leur village, qui l'a faite, il y a tantôt vingt ans. Il l'a faite avec un vieux merisier de leur jardin. Elle est longue, elle est ovale, il y a place pour beaucoup de monde. Elle a des pieds à mourir de rire ; des pieds qui ne pouvaient sortir que du cerveau de Pierre Bonnin, grand inventeur de formes incommodes et inusitées.

Enfin c'est une table qui ne paie pas de mine, mais c'est une solide, une fidèle, une honnête table, elle n'a jamais voulu tourner ; elle ne parle pas, elle n'écrit pas, elle n'en pense peut-être pas moins, mais elle ne fait pas connaître de quel esprit elle est possédée : elle cache ses opinions.

Si c'est un être, c'est un être passif, une bête de somme. Elle a prêté son dos patient à tant de choses ! Écritures folles ou ingénieuses, dessins charmants ou caricatures échevelées, peinture à l'aquarelle ou à la colle, maquettes de tout genre, études de fleurs d'après nature, à la lampe, croquis de *chic* ou souvenirs de la promenade du matin, préparations entomologiques, cartonnage, copie de musique, prose épistolaire de l'un, vers burlesques de l'autre, amas de laines et de soies de toutes couleurs pour la broderie, appliques de décors pour un théâtre de marionnettes, costumes *ad hoc*, parties d'échecs ou de piquet, que sais-je? tout ce que l'on peut faire à la campagne, en famille, à travers la causerie, durant les longues veillées de l'automne et de l'hiver.

La table du soir (c'est ainsi qu'on la nomme, parce que, durant le jour, chacun vaquant à ses occupations ou courant à sa fantaisie, elle reste seule et tranquille dans le salon) a donc, chez les Montfeuilly, un rôle assez important. Que ferait-on sans elle, bon Dieu, même les soirs d'été, quand l'orage emplit le ciel et que la pluie précipite au dedans de la maison les hôtes et les papillons de nuit? Alors chacun apporte son travail ou son délassement, et on se querelle, on se pousse, on se serre pour que tout le monde tienne sur la grande table. On a quelquefois parlé d'en avoir plusieurs petites, mais la grand'mère, Louise de Montfeuilly, qui est le chef actuel de la famille, a repoussé cette innovation perverse. Elle a bien fait ; où serait la vie, où seraient l'attention, l'enjouement, l'union, l'unité dans ces travaux ou dans ces amusements éparpillés, la nuit, dans une vaste pièce? La grande pièce réunit toutes les études et toutes les pensées, elle en est le centre et le lien. Elle est à la fois la classe et la récréation de la famille, l'harmonie et l'âme de la maison. C'est un sanctuaire d'intimité, c'est presque un autel domestique, et la grand'mère dit souvent : « Le jour où la table sera au grenier et moi *à la cave*, il y aura du changement ici. »

Mais le plus grand charme de la table, c'est la lecture en commun, à tour de rôle. Si peu qu'on ait de poumons, on peut bien lire chacun quelques pages, et l'on n'exige du lecteur aucun talent : on est si habitué au bredouillage de l'un, aux *lapsus* de l'autre, que l'on ne s'arrête plus à se railler ou à se quereller. Je connais peu de plaisirs aussi doux, aussi soutenus, aussi attachants que celui d'avoir les mains occupées d'un travail quelconque, pendant qu'une voix amie (sonore ou voilée, peu importe!) vous fait entendre simplement, sans emphase et sans prétention, un beau et bon livre. Le feu pétille dans l'âtre. Le vent chante dans les arbres; les phalènes ou la grêle battent les vitres; quelque *cri-cri* familier vient, aux jours d'hiver, jusque sous la table, comme pour applaudir à sa manière, et personne n'ose remuer, dans la crainte d'écraser l'hôte menu et confiant du foyer. Le papier se couvre de dessins ou de peintures; le canevas, la mousseline ou la soie se remplissent de fleurs ou d'arabesques, et si quelque pas inusité se fait entendre dans la salle voisine, si une main incertaine cherche à ouvrir la porte, on tressaille, on se regarde consterné, on redoute l'arrivée d'un étranger, d'une conversation quelconque venant interrompre la lecture chérie. Mais, grâce au ciel, les Montfeuilly ne sont point gens du monde ; c'est presque toujours un bon voisin, un ami qui vient nous surprendre. « Ah ! c'est toi ! A la bonne heure ! Tu nous as fait bien peur, nous lisions... — Oui, oui, dit-il, j'en suis, » et il prend le livre.

Vous m'avez autorisé à vous rendre compte, dans la forme sérieuse ou familière qui se présentera, de l'impression produite sur nous par ces lectures. Elles ne sont pas tellement fréquentes et tellement suivies que je ne puisse vous parler de temps en temps de tout ce que nous aurons lu ou *relu*; car je ne saurais, en aucune façon, m'astreindre exclusivement à un compte rendu d'ouvrages nouveaux, et il pourra bien m'arriver de vous parler de choses anciennes et consacrées. Pour vous faire agréer mes réflexions, il faut que je vous dise et que je vous fasse agréer aussi l'entière liberté de choix, le manque absolu de méthode avec lesquels on procède ici. Il y a quelque chose de plus capricieux et de plus inconstant qu'un lecteur, c'est plusieurs lecteurs réunis. Ce qui charme l'un ennuie ou fatigue souvent l'autre, et réciproquement. On abandonne quelquefois de bons livres pour en prendre de moins bons. C'est que beaucoup d'ouvrages, qui ont un certain charme dans l'isolement, en manquent tout à fait, on ne sait trop pourquoi, dans l'audition collective. Le style y est pour beaucoup, mais il y a encore d'autres raisons que je saurai peut-être vous dire en leur lieu. Ce préambule est déjà trop long, et je me hâte de remplir mon engagement.

Toutefois, un mot encore pour en rafraîchir les

termes dans notre mémoire. Il est convenu que lorsqu'on aura causé pendant un certain temps au lieu de lire, je vous parlerai de ce qui aura fait le sujet de la causerie, pour peu qu'elle ait eu rapport à des impressions, à des souvenirs d'art quelconques, et qu'il en soit sorti quelque chose d'assez précis et d'assez bien résumé pour être recueilli ou commenté. Ce genre de causerie surgit rarement dans la complète intimité de la famille. Quand le nid est bien chaudement blotti sous le toit, on discute peu, on vit; c'est-à-dire qu'on lit ensemble et qu'on avance dans l'émotion ou dans l'intérêt sans s'interrompre pour juger. Mais quand l'été, sans vous éloigner de la table, agrandit le cercle affectueux des commensaux, les uns parlent, les autres écoutent. Je suis souvent parmi les derniers, sauf à discuter après coup avec moi-même.

Ainsi je vous parlerai de tout ce qui nous aura frappés, mais non pas de tout ce qui aurait mérité de nous frapper ou de nous occuper dans la vie en commun, car cette vie, lorsqu'elle se passe aux champs, est pleine de lacunes et d'imprévus. Un rayon de soleil emporte toutes choses et toutes gens dans le domaine de la rêverie et des contemplations.

Contemplations! Voilà un mot qui me presse! car c'est la plus fraîche, la plus récente de nos lectures, et c'est un beau sujet pour entrer en matière.

Il est rare que nous lisions des vers autour de la table. Les vers veulent être lus tout haut beaucoup mieux que nous ne savons lire, et ceux-ci ont fait exception. Bien ou mal, nous étions impatients de nous les communiquer, sauf à relire chacun pour soi après l'audition.

Il eût fallu procéder avec ordre, mais les recueils de poésies sont exposés à cette profanation d'être ouverts au hasard, comme s'ils avaient été faits pour servir de rafraîchissements entre deux contredanses. Les plus fervents ou les plus consciencieux commettent cette faute tout comme les autres, et pourtant, s'il est un recueil de vers qui mérite le nom de *livre* et qui soit un *ouvrage*, c'est celui-ci.

C'est hier que la grand'mère nous apporta ces deux volumes. Comme on se les arrachait, elle m'en mit un dans les mains, en me priant de le lire haut, là où elle l'ouvrirait avec son aiguille à tapisserie. Nous tombâmes sur la pièce intitulée *Villequier*, un vrai chef-d'œuvre.

— Attendez, dit Théodore, l'aîné des Montfeuilly ; avant que vous commenciez, je vous avertis que je ne suis pas un séide et que je ne vais pas suivre l'auteur dans ses fantaisies avec un plaisir sans mélange : il a de trop grandes jambes pour cela.

— C'est peut-être aussi que vous avez le pas trop court, lui répondit la belle Julie, la fille enthousiaste et généreuse du vieux voisin.

— C'est possible, répliqua Théodore. Je ne suis pourtant pas de ceux qui se gendarment contre l'emploi des mots. Je sais que M. Victor Hugo impose son choix, son goût, son vocabulaire, ses contrastes, sa raison d'agir avec une *maestria* si heureuse, qu'après un peu de grimace on arrive à dire naïvement : Au fait, pourquoi pas? Il a raison. Tu l'emportes, Galiléen, c'est-à-dire tu triomphes, novateur. Pour ma part, je n'ai jamais défendu la vieille césure inflexible, et je trouve celle de Victor Hugo excellente. Ses rimes me paraissent merveilleusement belles la plupart du temps. Quant au bon ou mauvais goût, qui en décide? Le goût de chaque lecteur, c'est-à-dire personne. On pourra donner des théories, des définitions du goût, tout le monde tombera d'accord; mais apportez des preuves, citez des exemples, tout le monde disputera.

— Alors, pourquoi disputez-vous d'avance? dit Julie.

— Je tiens, reprit Théodore, à vous dire que je reconnais ceci : que le goût d'un maître peut s'imposer et faire loi. Est-ce un droit *légal*? Non, c'est le droit du *plus fort*. En fait d'art, tous les autres droits comptent peu. Qu'un autre maître arrive, aussi châtié, aussi austère, aussi retenu que celui-ci est indépendant, fougueux, indomptable, il imposera sa manière, s'il en a la puissance, et il n'aura ni plus tort ni plus raison en théorie. Il s'agira d'être fort dans la pratique. Sous ce rapport-là, je ne vois pas que personne puisse lutter aujourd'hui contre M. Victor Hugo; mais ceux que l'on traita de cuistres parce qu'ils défendaient Racine et Boileau ne furent pas cuistres pour cela. Ils furent cuistres parce qu'apparemment ils les défendirent faiblement et à contre-sens. Racine et Boileau avaient eu leur droit comme M. Victor Hugo a le sien.

— Finissons-en, s'écria Julie; dites-nous votre critique afin qu'il n'en soit plus question.

— Je vais vous la dire, bien à regret.

— Oh ciel! quel est donc le critique qui souffre d'égorger les gens?

— Moi, s'écria Théodore avec conviction. D'abord, je ne suis pas de force à égorger une victime de cette taille; ensuite, je n'en aurais pas le goût. Je tiens pour une vérité vraie que, de toutes les joies que l'esprit peut goûter, celle de savourer les grandes œuvres d'art est la plus douce et la plus vive. Il est donc ennemi de soi-même, il tue sa propre flamme, celui qui se refuse ou se dérobe à la vivifiante chaleur de l'admiration, et il est donc très-vrai pour moi de dire que, quand je ne peux pas entrer entièrement dans l'embrasement du génie d'un maître, c'est une souffrance, un chagrin, une angoisse dont je me prends à lui...

— Quand vous devriez ne vous en prendre qu'à vous-même, répliqua Julie.

— Soit, reprit-il; mais soyez-en juge! J'ai été souvent choqué d'un manque de proportion entre l'imagination et la pensée du poëte. Enchanté qu'il nous ait débarrassés des petits dieux gracieux ou badins qui, sous la plume des modernes, resserraient à leur image et à leur taille les grandes scènes de la création et les grands aspects de la beauté, je trouve pourtant qu'en se servant parfois de comparaisons trop familières, il nous rapetisse encore davantage ces grandes choses. Et ces caprices d'artiste sont d'autant plus sensibles que le sentiment du grand dans la peinture est souvent élevé chez lui à la plus haute puissance qu'ait jamais atteinte la parole humaine. Cela me fait donc l'effet d'une grimace comique passant tout à coup sur une face sublime. On est tenté de lui dire : Qu'est-ce que nous vous avons fait, pour que vous vous moquiez de nous, au moment où nous vous suivions avec docilité ou avec enthousiasme?

— Est-ce tout? dit Julie.

— Non; attendez! d'autres fois, cette malice du poëte ressemble à une mièvrerie. C'est comme un Titan qui, tout à coup, se mettrait une boucle d'oreille dans le nez. La perle en est fine, c'est vrai, mais que diable fait-elle là?

Enfin, c'est comme un parti pris de vous éblouir de merveilles, et de vous jeter du sable par la figure, pour vous tirer brusquement du charme ou de l'extase.

Et ce n'est pas au mot, je le répète, que je fais résistance. Le mot s'élève et prend son droit, dès qu'il sert à donner de l'énergie à la pensée. C'est l'image qui se déplace d'une magnifique apparition des choses, grandement évoquée, et qui fait descendre la vue sur des objets trop petits pour la satisfaire, ou trop vulgaires pour l'intéresser. Je comprends, et je suis le poëte quand, usant du procédé inverse, il part du petit pour s'élever au grand. Quand l'examen de la petite fleur l'emporte jusqu'aux astres, ces immenses harmonies qui le pénètrent si rapidement m'emportent avec lui, parce qu'alors il me semble dans son rôle, dans sa mission, qui est, sans doute, de nous prendre où nous sommes et de nous faire monter avec lui aux sommets de la pensée.

Enfin, je trouve aussi en lui un manque de mesure et de proportion dans l'expansion, un trop grand dédain pour l'ordonnance de la composition. Si quelque chose doit être sévèrement composé, c'est une pièce de vers. Béranger a la sagesse et l'art de la composition par excellence. Chaque idée a, en lui, son développement nécessaire et modestement arrêté à sa limite rationnelle. L'ordre et la clarté, ces qualités exquises, sont-elles donc presque toujours inconciliables avec l'abondance et l'intensité de la flamme sacrée ? M. Victor Hugo semble tout le premier être la preuve de cet accord possible. Certains chefs-d'œuvre de lui l'attestent. Il ne lui plaît donc pas toujours de faire de *son mieux*, et quelque désordre qu'il ait dans la pensée, il ne peut donc se défendre de nous en imposer le trouble et l'étonnement.

Je sais, chère et impérieuse Julie, ce que vous allez me dire : Ce poëte est un intrépide cavalier. Son *Pégase*, à lui, est un cheval terrible, un dragon de feu ; convenez donc qu'il ne peut pas toujours le gouverner. Qu'il lui plaise ou non d'augmenter son allure ou de la modérer pour traverser le monde de ses rêves, il est parfois emporté majestueusement dans l'espace, parfois ralenti et enchaîné dans le vague de son rêve, comme un paladin dans quelque forêt enchantée. Cette lyre merveilleuse n'obéit donc pas toujours à la main, cependant merveilleusement habile, qui la fait vibrer. Elle se met quelquefois à jouer toute seule comme la harpe de ce maître chanteur d'Hoffmann, qui s'était laissé posséder d'un esprit terrible ; et on l'écoute alors comme on écoutait Henri de Ofterdingen, c'est-à-dire avec stupeur, avec effroi, avec souffrance. On se demande les uns aux autres : Où va-t-il ? qu'a-t-il voulu nous dire, ou plutôt que refuse-t-il de nous dire ? Est-ce de l'enfer qu'après ces chants sublimes lui viennent tout à coup ces rugissements mystérieux et ces ricanements amers ?

Eh bien, il s'est passé des années pendant lesquelles

le poëte, livré aux soins du monde réel, a paru quitter le désert de la rêverie pour traverser le *désert des hommes*, et voici que, toujours portant en croupe son génie familier, *ange ou démon, qu'importe?* il reparaît à la Wartbourg, pour remporter le prix du chant : voyons, lisez.

On le voit, c'était ici, autour de la table, comme partout dans le monde, un grand événement littéraire. Et c'est plus que cela pour quiconque réfléchit : c'est un événement social et philosophique. Un grand changement a dû s'opérer chez le poëte. Il a franchi des mers, il a traversé des abîmes, il a dû vieillir, se calmer ou se lasser, devenir sage.

Eh bien, pas du tout, et voilà le merveilleux de la chose ; il est resté *lui*, il n'a pas vieilli d'un jour, quoi qu'il dise ; il est plus fougueux, plus agité que jamais. Seulement, il a énormément grandi, et, en s'éloignant toujours des routes frayées, il a laissé toute critique sous ses pieds, parce qu'il a monté jusqu'aux cimes de son olympe romantique. Qui pouvait l'empêcher ? Théodore en convient tout le premier : personne ! Si c'est une énormité, une chose effroyable et désespérante, comment et pourquoi n'a-t-on pas su l'arrêter ? Où sont les poëtes que l'école classique a poussés contre lui ? Où est son rival ? Qui a osé se mesurer contre un tel champion ? Qui mettra-t-on en regard de lui dans une voie opposée ? Tout ce qui écrit ou pense est, aujourd'hui, partisan de la liberté absolue de conscience et d'allure dans les arts. L'école classique existe-t-elle encore ? D'où vient qu'elle n'a trouvé personne pour la représenter dans un combat singulier contre ce Cid superbe? Il a eu beau crier : *Paraisses, Navarrois!*... Personne n'a voulu se montrer.

Ce poëte nous donne donc aujourd'hui un très-grand spectacle, qui est d'avoir triomphé de son vivant, sans avoir fait la moindre concession aux exigences plus au moins légitimes de ses contemporains. Il a eu raison contre ceux qui avaient tort, et aussi contre ceux qui pouvaient avoir raison.

— Et voyez! nous disait Julie, le coude appuyé sur la *table du soir* et le menton dans sa main, encore pâle d'enthousiasme et l'œil brillant; voyez si ce n'est pas heureux qu'il ait eu foi en lui-même? On a eu beau lui crier *casse-cou*, il n'a rien évité, rien tourné, et le voilà au sommet qu'il avait rêvé, vous disant son fameux *eh bien?* et vous invitant à le suivre... si vous pouvez!

On avait lu *Villequier*, *Réponse à un acte d'accusation* (les deux articles), la *Réponse au marquis*, et cette étrange vision baptisée d'un nom étrange : *Ce que dit la bouche d'Ombre*. Nous disions tous comme Julie, et Louise relisait tout bas Villequier. Elle posa ensuite le livre sur la table sans rien dire, et reprit sa tapisserie; mais des larmes coulaient furtivement sur ses fleurs, et elle laissa discuter sans rien entendre. J'aimais assez, moi qui l'observais, cette manière d'avoir son avis.

Théodore avait accaparé les deux volumes, et il les feuilletait. Quand il nous eut laissé dire tout ce que nous avions dans l'âme, il prit la parole à son tour.

— Julie, dit-il, je vous accorde qu'il est colossal; mais ne me soutenez pas qu'il soit raisonnable.

— Monsieur veut de grands poëtes bien sages, bien peignés, bien gentils? reprit l'ardente fille avec ironie.

— Non, répliqua Théodore. Je sais que sans le délire sacré il n'est pas de poëte sublime. Un grain de folie ne déplait pas chez ces exaltés éloquents. Je leur passe quelques accès. Celui-ci a de si beaux éclairs de raison que je lui rends les armes à chaque instant; mais je le trouve tout d'un coup exagéré dans la sagesse, après l'avoir trouvé excessif dans le désespoir. C'est une magnifique intelligence qui manque de synthèse. Vous direz tout ce que vous voudrez, cela est ainsi.

Et, sans laisser à personne le temps de lui répondre, Théodore continua :

— Les grands poëtes, comme les prophètes, comme les oracles antiques eux-mêmes sur le trépied fatidique, ont toujours abouti à un grande synthèse. Or, montrez-moi celle de votre poëte? Je lis une page de résignation vraiment céleste; au *verso*, je trouve un cri de révolte plus terrible que tous ceux du Satan de Milton. Je tourne encore une page, me voici dans le doute désespéré d'Hamlet. Tournons encore, nous sommes avec Magdeleine éperdue aux pieds du divin Sauveur. Tournons toujours : voici l'amour terrestre avec tous ses emportements, tous ses abandons, toutes ses voluptés; et plus loin, la famille avec ses austères douceurs et ses devoirs rigides. Et plus loin, nous crions : *J'irai!* et nous voulons monter l'échelle de Jacob après avoir terrassé l'esprit mystérieux. Et plus loin, nous retombons dans un touchant et sublime aveu de la faiblesse humaine et du néant de notre intelligence. Et plus loin, nous raillons amèrement la révolte du sceptique; et plus loin, nous proclamons la nôtre. Ici, nous attaquons amèrement la cruauté, l'insensibilité de la divinité. Là, prosterné devant elle, nous bénissons l'amour divin; le tout se termine par une réhabilitation de Bélial, après une étrange métempsycose où, par parenthèse, le supplice des damnés, murés tout chauds et pensants dans la matière inerte, n'est pas éternel, il est vrai, mais dure si longtemps que je m'en fâche, vu que je ne trouve aucune proportion entre les fautes qui peuvent s'accumuler dans le cours d'une vie humaine et la durée effrayante d'un silex...

Théodore fut interrompu par des huées. Nous le trouvions archipédant d'avoir pris au pied de la lettre d'ingénieux et poétiques symboles. Il n'était pas en train de se repentir et acheva ainsi son réquisitoire :

— N'importe, n'importe! je soutiens mon dire : il n'a pas de synthèse. Il en a d'autant moins que, dans chaque émotion à laquelle il s'abandonne, je le crois maintenant naïf et convaincu. Oui, le traître, il est de bonne foi puisqu'il est inspiré, puisqu'il est admirable dans toutes ses inconséquences!

Julie était si courroucée qu'elle ne nous permit pas de rire du courroux de Théodore.

— Vous n'êtes qu'un maître d'école ! s'écria-t-elle; vous êtes farci de synthèses, qu'on vous a fourrées, bon gré mal gré, à la place des entrailles. Grand Dieu! qu'avons-nous à faire de vos synthèses, et quel poëte serait celui qui n'aurait jamais souffert, jamais aimé, jamais douté, jamais vécu ? Faites-nous des vers, *de grâce, et l'on vous répondra.* Mais vous ne voyez donc pas qu'il n'y a pas de grands artistes sans tous ces contrastes dont vous vous plaignez? Raphaël, que je vous entends toujours citer comme le génie le plus synthétique, a eu trois manières, c'est-à-dire que deux fois il a tout remis en question dans sa croyance, dans son art, dans sa vie. Et qui vous dit que, s'il eût vécu plus longtemps, il n'eût pas encore trois fois labouré et bouleversé le champ de sa pensée? La vie des grandes intelligences n'est pas autre chose qu'un orage sublime, et quiconque fait son lit bien symétrique et bien uni, pour s'étendre à jamais dans une bonne position bien correcte et bien commode, s'endort là du sommeil des morts et n'est jamais réveillé par l'inspiration. Allez, synthétique personnage, dormez sur le triste et humide grabat de votre saine logique, et, au lieu d'extases et de rêves, vous n'aurez là que les délices du ronflement monotone.

— Voyons, voyons! calmez-vous, répliqua Théodore. Je vous accorde que votre poëte doit de grandes beautés d'art à cette merveilleuse abondance d'émotions diverses. S'il n'était pas sceptique à ses heures, nous n'aurions pas les plus beaux cris de scepticisme que ce siècle ait jetés vers le ciel. Je regretterais bien aussi qu'il n'eût pas des élans religieux qui élèvent l'âme et la vivifient. Quand il est doux, je suis charmé qu'il ne soit plus en colère, parce qu'il me rend doux comme lui, et quand il redevient passionné, je suis passionné à mon tour avec une vivacité qui me réveille et me rajeunit. Enfin, je vous accorde que, dans tous les modes et sur tous les tons, c'est un instrument qu'on ne se lasse pas d'entendre; mais c'est un plaisir qui vous torture un peu, et, quoi que vous en disiez, on a le droit de demander à un homme de génie de vous faire du bien, surtout quand il est arrivé à la maturité de son talent, et, qu'ayant acquis beaucoup de gloire, il doit aspirer à prendre beaucoup d'autorité.

Je vous fais grâce du reste de la discussion, qui fut très-animée. Ce n'est pas avec calme que l'on parle des choses hors ligne, et celui dont la vie littéraire et philosophique a été un combat contre les autres et contre lui-même a dû semer le vent et récolter la tempête.

Il me tardait, ce soir-là, d'être seul et de lire l'ouvrage en entier. Il me semblait que la lecture, sans ordre, d'un drame intellectuel de cette nature et de cette portée conduisait à des disputes sans issue. Julie avait raison d'admirer avec passion toutes les pierreries de cet écrin, de cette mine. Théodore avait raison aussi de vouloir que tant de choses brillantes et précieuses dussent être employées à un ouvrage, à un monument quelconque.

— Je n'exige pas, disait-il, que la synthèse du poëte réponde à la mienne. Je n'accepte pas celle de Michel-Ange, mais je reconnais qu'elle existe, qu'elle est complète, solide, magistrale.

— Oh! le malheureux! s'écriait Julie, il avoue qu'il n'aime pas Michel-Ange. Qu'il aille se coucher, vite, vite! qu'on ne le voie plus ici!

Et l'on chanta à ce pauvre Théodore, qui est bien le plus sincère et le plus honnête des hommes: *Buona sera, don Basilio!*

Me voici seul, après avoir lu les deux volumes d'un bout à l'autre ; le jour perce à travers mes rideaux, et les rossignols chantent déjà. Je vous dirai demain ma pensée, à moins que quelque autre ne la formule mieux, *autour de la table*, que je ne saurais le faire ; auquel cas, vous aurez cette formule. Je ne regrette pas de vous avoir rapporté fidèlement les révoltes de Théodore, parce que je les sens anéanties par un grand fait, la puissance de l'individualité, puissance irrésistible, qui détruit parfois toutes les notions générales préexistantes les mieux établies en apparence, mais établies en raison d'un ordre de choses qui se trouve tout à coup dépassé par l'individu.

A demain donc.

6 juin 1856.

II

C'est autour de la table, en effet, que l'on reprit la causerie de la veille, et c'est là que je me permis d'avoir l'opinion que je vais vous soumettre.

— Il est faux, ma chère Julie, qu'une grande intelligence *doive* se passer de synthèse, car hier vous avez poussé l'esprit de révolte jusqu'à dire cela ; mais il n'est pas vrai, mon cher Théodore, que le poëte des *Contemplations* manque de synthèse, vous le reconnaîtrez en lisant son livre d'un bout à l'autre.

Mais avant de répondre à une critique qui semblait

porter sur la nature, sur le principe même de cette grande intelligence, je voudrais vider avec vous les questions de détail que vous souleviez hier soir : d'abord le choix de certaines images qui vous semblent tantôt choquantes, tantôt puériles ; ensuite l'absence de composition, le *manque de proportion*, comme vous disiez.

Sur ces deux points, je ne trouve pas à vous répondre par un de ces plaidoyers en règle qui tendent à disculper à tout prix l'accusé par un système de dénégations d'une ingénieuse mauvaise foi. Je suis franc, et je trouve ces défauts, que vous signalez, évidents si je me place à votre point de vue ; mais j'ai beau chercher dans l'histoire des arts un ouvrage de premier ordre qui ne pèche point par quelque endroit contre ce que les uns appellent les règles, contre ce que les autres appellent la saine logique, je ne les trouve pas. Le pur Racine a tous les défauts du milieu où il a vécu, à commencer par le ton de cour française qu'il donne à ses héros antiques, ce qui fut une adorable qualité pour les amateurs de son temps, ce qui est un hiatus de couleur très-répréhensible aujourd'hui à nos yeux, et ce qui ne l'empêche pourtant pas d'être un beau génie, selon vous, selon moi aussi.

D'où vient donc que, malgré l'école romantique et l'immense progrès qu'elle nous a fait faire, Racine restera debout? C'est que les qualités sérieuses et vraies survivent aux défauts inhérents à l'époque et au milieu où l'on vit. A mesure que les siècles suivants se débarrassent de ces défauts, ils les pardonnent au passé. La première réaction est amère et parfois injuste : il faut de la passion pour vaincre l'habitude et implanter le progrès. Cela fait, la guerre cesse, les combattants s'apaisent, et les vainqueurs sont les premiers à tendre la main aux morts illustres. Cette nouvelle réaction en leur faveur est quelquefois aussi ardente que l'a été celle qui les a dépossédés du rôle de modèles. En deux ou trois siècles, les grands noms sont faits, défaits ou refaits. Ils ne sont réellement consacrés qu'après l'épuisement des réactions contraires ; et alors, on sent pour eux une indulgence absolue, qui n'est que justice absolue. De même qu'il n'est pas de grand personnage historique qui n'ait eu dans sa vie quelque erreur ou quelque tache, il n'est pas de grand artiste qui n'ait eu son côté faible ou désordonné, et dont on ne puisse dire : il fut homme ; ce qui n'empêche pas d'ajouter : il fut grand.

Quand vous regardez les *Noces* de Paul Véronèse, songez-vous à critiquer les costumes, le local, les accessoires si peu appropriés au temps et au sujet ? La *Diane* de Jean Goujon ne pèche-t-elle pas contre toutes les règles de la statuaire du Parthénon ? Sa riche et étrange coiffure est-elle en rapport logique avec sa nudité ? Les *Grâces* de Germain Pilon ne sont-elles pas de pure convention, comme formes et comme ajustement ? Quels sont les habitants d'une planète supérieure à la nôtre qui ont posé pour *Moïse*, pour les *Sibylles*, pour l'*Adonis* de Michel-Ange ? Si vous jugez avec le compas et avec le raisonnement, tous ces chefs-d'œuvre sont inadmissibles dans votre musée. Vous y recevrez tout au plus l'Apollon du Belvédère, un bien joli petit monsieur, mais qui ne pèse pas beaucoup auprès du *Christ vengeur* de Michel-Ange. Il est cependant plus élégant, plus correct. Il doit être l'idéal des dames de son temps, alors qu'on se représentait le dieu des vers frisé et parfumé comme Alcibiade. Il est charmant, ne vous fâchez pas, e' le Christ de la chapelle Sixtine, avec ses formes athlétiques et sa pose terrifiante, n'est que sublime.

Permettez-moi de vous dire : Oui, Victor Hugu a des fantaisies Watteau tout au beau milieu de ses fièvres dantesques; oui, ses statues ont des jambes trop longues ou des poitrines trop étroites, comme celles des divinités de Jean Goujon, ou des têtes trop grosses et des jambes trop courtes, comme quelques-uns des personnages de Michel-Ange; oui, l'ornement est quelquefois trop capricieux et trop prodigué chez lui, comme chez Paul Véronèse, Titien, Giorgione et tous les artistes de la Renaissance. Et c'est pour cela qu'il est un maître que l'on peut, que l'on doit nommer à côté de ceux-là ; c'est pour cela que, n'étant pas toujours correct et charmant, il a, lui aussi, le malheur de n'être que sublime.

— Allons, dit Théodore, je me laisse aller à tout ce que vous voudrez, pourvu que vous me prouviez par quels endroits il est synthétique. Au moins tous ceux que vous venez de me citer ont été d'accord avec eux-mêmes; mais Victor Hugo ne me semble pas être *quelqu'un*, tant il est multiple dans sa fantaisie. Je vous accorde qu'il a résumé par la parole la grande peinture et la grande sculpture, qui ne semblaient pas pouvoir y être contenues : c'est pardieu bien pour cela que je lui reproche de n'avoir rien à lui en fait d'idées. Le talent est immense, mais l'âme est incomplète, incertaine ou insaisissable. Voyons quelle définition vous me donnerez d'un génie si chatoyant et si déréglé ?

— Je vous répondrai comme je viens de le faire, en vous donnant, jusqu'à un certain point, gain de cause, sauf à vous dire qu'on perd plus souvent les bons procès qu'on ne les gagne, quand on plaide contre une idée qui fait loi dans certains esprits. Je voudrais en vain vous convaincre ; si vous avez un parti pris contre les organisations à grande extension, vous me direz toujours, et de tous, même de Shakspeare, et surtout de Shakspeare : « Je veux qu'il se résume, qu'il se retienne, qu'il se prononce, qu'il se fixe... ou qu'il se taise ! »

— Ce serait dommage quant à celui-ci, dit avec aménité le bon Théodore ; et j'aime mieux lui passer ses excès. Mais expliquez-moi ce que vous entendez par génie à grande extension ?

— L'extension dans tous les sens, et c'est là ce qui caractérise les véritables maîtres. Quand le divin Homère, au moment de mettre en présence ses héros de cent coudées, s'interrompt tout à coup pour décrire minutieusement le bouclier chargé de sujets et de figures, et non-seulement l'objet d'art, mais encore les sept couches de cuir ou de métal qui en assurent la solidité, il est certain qu'il pèche contre la règle de la composition et contre l'intérêt dramatique, impitoyablement suspendu pour faire place au goût de l'artiste et à la science de l'armurier. Si quelqu'un se permettait aujourd'hui pareille chose...

— Victor Hugo se le permet ! il vous arrête sur un détail, sur un incident, et, après avoir bien posé son idée, il vous leurre de la conclusion ou vous la fait attendre, par une véritable promenade de propriétaire dans tous les palais de sa fantaisie.

— C'est vrai ! répondit Julie. Qu'il soit donc maudit, le maladroit, et qu'il s'en aille au panier de Théodore, avec ce bavard d'Homère, cet insensé de Dante et ce possédé de Michel-Ange.

Et, comme Théodore riait de l'indignation de notre belle amie, j'ajoutai :

— J'ai fini mon plaidoyer, car je ne vois rien de mieux que la conclusion de Julie. A toutes vos critiques, nous répondrons : *c'est vrai ;* et vous voilà empaillé, cristallisé, momifié dans votre victoire avec deux ou trois grands noms, Boileau, Voltaire, Racine, tout au plus.

— Et Raphaël, s'il vous plaît ! et La Fontaine, et Béranger, et tant d'autres qui ont dû se contenir et se coordonner !

— Oh ! certes, vous êtes en bonne compagnie, et vous nous rendriez jaloux si vous en aviez le monopole : mais vous ne l'avez pas ; nous réclamons.

— Vous n'en avez pas le droit ; si vous admirez sincèrement les miens, vous ne pouvez pas admirer les vôtres sans restriction.

— Il en est pourtant ainsi, et notre tolérance pour ce que vous appelez nos défauts nous rend plus heureux et plus riches que vous puisque à la liste de votre Panthéon, que nous signons des deux mains, nous pouvons ajouter celle de tous ces pauvres qui s'appellent saint Jean, Homère, Shakspeare, Michel-Ange, Puget, Beethoven, Byron, Mozart...

— Celui-là est à moi, je le retiens ! s'écria Théodore.

— Allons donc ! Est-ce qu'il est digne de votre sanctuaire ? dit Julie. Et don Juan ? Vous ne voyez donc pas que c'est du romantisme ?

— Je ne veux pas, répondit Théodore, que vous m'enrégimentiez dans une école. Je ne suis pas si pédant que vous croyez, belle anarchiste. Je n'ai jamais fait la guerre qu'à l'étiquette placée sur l'œuvre du romantisme, et si l'on n'eût jamais traité Racine de crétin, et Despréaux de *monsieur* Boileau, j'aurais laissé dire qu'il ne fallait plus de lisières à la forme. Mais, sortons de ces distinctions qui deviendraient trop subtiles et insolubles, si nous voulions ranger les grands noms du passé, et même ceux du présent, en deux classes tranchées. C'est au point de vue philosophique que je veux envisager les choses : c'est à ce point de vue que je vous avoue ma préférence pour les génies à idées nettes et à volontés soutenues ; c'est à ce point de vue que je vous demande si, en fait de génie, le premier rang appartient, selon vous, à ceux qui ont le plus de défauts et non à ceux qui en ont le moins ?

— Voilà une question insidieuse et mal posée, dit Julie. Il faut nous demander lequel nous préférons, du génie qui a le plus de qualités ou de celui qui a le moins de défauts. Alors nous vous répondrons, c'est le premier. Prenez vos balances, homme sage, et pesez la Nuit de Michel-Ange avec la Vénus de Médicis ; vous trouverez la première beaucoup plus lourde d'invraisemblances et de sublimités ; la seconde, beaucoup plus légère de toutes façons ; l'une réelle et jolie, qui vous porte à la sensualité, l'autre impossible, mais idéale, et qui vous porte à l'enthousiasme.

— Est-ce donc à dire, reprit Théodore, qu'il n'est possible d'avoir de grandes puissances qu'à la condition d'avoir de grandes erreurs ?

— Eh ! oh ! peut-être, dit Louise, qui semblait lire le journal et ne pas écouter la conversation. L'inspiration n'est peut-être jamais complète si elle ne s'est permis, à ses heures, d'être excessive ; et il y a longtemps que quelqu'un a dit : Là où il n'y a pas trop, il n'y a jamais assez. Je crois que si l'on épluchait tes idoles, mon cher Théodore, on y trouverait plus d'incorrections et de disproportions que tu n'en veux avouer ; et si, dans ce musée que tu t'es arrangé, il s'est glissé quelqu'un d'incontesté, je crains fort qu'il ne soit pas incontestable, ou qu'il ne soit pas tout à fait digne d'y prendre place.

— Allons, dit Théodore, me voilà battu, puisque la grand'mère s'en mêle. Qui croirait à tant d'enthousiasme révolutionnaire sous ces bons et chers cheveux blancs ? Mais encore une fois laissons la question littéraire, puisque vous voilà tous contre moi. Résolvez-moi seulement la question philosophique. Dites-moi où est la synthèse par vous aperçue dans ces deux nouveaux volumes.

Sommé de répondre, je répondis :

— Ces deux volumes sont une histoire personnelle. Vous demandez une synthèse ; eh bien, l'odyssée intellectuelle d'une existence de poëte, c'est, j'espère, une synthèse qui se dégage et s'affirme. Faut-il y trouver un titre plus explicite pour vous que celui de *Contemplations;* appelons cela, si vous voulez, « Journal d'une âme. » Toute analyse bien faite implique une synthèse prochaine, inévitable. Toutes les fois que vous me peindrez admirablement et fidèlement comment une certitude vous est apparue, j'en conclurai que cette certitude vous est déjà acquise; et, quelle qu'elle soit, je ne vous accuserai plus de n'en avoir et de n'en vouloir aucune.

Or, cette analyse s'est faite lentement, à travers de grandes agitations et de terribles désespoirs; raison de plus pour qu'elle prouve. Il ne faut point parler de ces choses-là trop à son aise. La plupart des intellects humains est portée à une certaine docilité qui n'est pas le fait des grands poëtes. Ceux qui, comme vous, s'absorbent de bonne heure dans les études philosophiques vivent de bonne heure sur le fonds amassé par les autres, et se font aisément un ensemble d'idées à leur usage. Tout adepte d'une science posée et définie procède du connu à l'inconnu, et, traîné sans secousse dans la voiture suspendue et arrangée par ses maîtres, avance avec une tranquillité sage vers les sublimes horizons. Le vrai poëte n'est pas né métaphysicien. Ce qu'il a appris facilement, il l'oublie de même. Emporté par ses propres ailes, il veut aller au hasard, tout tirer de son propre fonds et découvrir tout sans rien chercher. Il ne médite guère; il rêve et contemple, il s'agite et il souffre. Instrument exquis, il ne peut vibrer que sous un souffle libre et divin. Nulle main humaine ne peut effleurer ses cordes sans les briser ou les faire détonner.

Souvenez-vous que la poésie ne s'enseigne pas. Vous ferez des savants, des industriels, des érudits, des géomètres, des théologiens, des administrateurs, des virtuoses même; vous donnerez tout par l'éducation, hormis la haute révélation de l'art, hormis l'inspiration de la véritable poésie. Aucun livre, aucun professeur, aucun enseignement, aucun conseil même, n'a jamais pu et ne pourra jamais faire un poëte, un artiste; ne vous étonnez donc pas qu'un vrai poëte vibre et frissonne à tous les vents qui passent. Plus il est grand, plus le tressaillement est profond et invincible.

Vous vous levez tranquille et serein, vous, mon digne et cher ami. Vous mettez votre manteau ou votre chapeau de paille, selon le temps qu'il fait. Vous sortez avec un livre ou avec le souvenir d'un livre pour regarder la nature et vous-même; et si votre propre logique s'en mêle, c'est grâce à une foule de notions acquises qui vous ont fait un tempérament doux, une philosophie soutenue, une individualité arrêtée : je ne dis pas arrêtée stupidement et à jamais, Dieu m'en garde! mais sagement et patiemment expectante. Tel n'est pas le poëte.

Il n'a dans l'arsenal de sa rêverie ni parapluie, ni paratonnerre, ni livre qui lui serve d'arbitre, ni fonds de souvenirs classiques vénérés et redoutés qui lui soit un thermomètre. Il s'en va à travers les champs et les bois, ne commandant à aucun être, à aucune chose, attendant, naïf et fièrement désarmé, que les choses et les êtres lui parlent, que l'orage le ploie, que la fleur l'enivre, que le soleil l'embrase, que les flots de la mer l'accablent; et ce qu'il aura vu, ce qu'il aura senti, il vous le dira au retour; mais ne lui demandez pas au départ ce qu'il vous rapportera de sourires ou de larmes, d'enthousiasme ou de désolation. Il ne s'appartient pas. Si son âme est souffrante, il remplira de deuil l'univers qui le force à chanter en mineur ou en majeur, selon l'accord de sa lyre. S'il est heureux pour un moment, la création lui révélera son éternelle beauté, son éternelle sagesse ; mais n'exigez pas que demain confirme aujourd'hui, ni qu'aujourd'hui soit la conséquence apparente d'hier.

L'âme du poëte est mobile ; si elle renfermait Minerve tout armée, elle ne serait plus inspirée. Elle est faible et changeante à votre point de vue : c'est-à-dire qu'elle est douée d'une force et d'une ténacité dont vous ne pouvez distinguer et définir la source cachée. Il y a en elle un mystère qui échappe à votre analyse et que peut seule vous révéler l'âme qui possède et subit cette fatalité, tantôt délicieuse, tantôt effroyable.

— Est-ce à dire, demanda Théodore, que le poëte soit un souverain absolu, irresponsable? C'est admettre une royauté de droit divin contre laquelle je vous avertis que je me révolte absolument.

— Oh! vous êtes libre de vous révolter, s'écria Julie. La poésie manque absolument de mouchards et de gendarmes pour s'imposer aux récalcitrants; c'est ce qui fait la force de son empire.

Le droit du poëte est toujours inoffensif, puisque chacun peut s'y soustraire. L'usage bon ou mauvais de ce droit est le châtiment ou la récompense de celui qui l'exerce. S'il ne soufflait que fureur et désespoir, il rétrécirait son influence à celle des passions du moment ; mais quand il fait rayonner le beau et le vrai, il l'étend à jamais à toutes les âmes. Quand la sienne est foncièrement belle et magnanime, ses amertumes passent, Dieu les dissipe, et l'humanité toute entière reçoit le bienfait de son inspiration.

— A la bonne heure! répondit Théodore; l'Apocalypse est une splendide vision, mais elle se complaît dans trop de châtiments qui font Dieu vindicatif et méchant. Saint Jean en rappela et prêcha l'amour, après en avoir prêché la colère.

— C'est, lui dit Julie en riant, qu'il avait trouvé sa synthèse. Est-elle moins belle et moins vraie, parce qu'il a prédit la chute des étoiles?

— Je crois, dis-je à mon tour, que nous arrivons à être tous d'accord. Théodore nous accorde que les sibylles et les prophètes sont des esprits très-orageux, et qu'ils n'en sont pas moins une grande famille d'inspirés. Il me semble que Julie nous accorde aussi quelque chose : c'est que l'inspiration est un trépied où la vérité ne se révèle pas à tout moment sereine et lucide, et que l'homme, quelque puissant, quelque excité qu'il soit, est toujours cet être *obscur* et torturé dont le poëte lui-même nous exprime la douleur et la misère avec des cris si profonds et si vrais. Donc ce poëme, cette vie si troublée, si *ondoyante et diverse*, comme eût dit Montaigne, est une suite de crises fatidiques où l'effort gigantesque retombe parfois sur lui-même en magnifiques divagations. C'est à ce prix que la lumière est aperçue dans de meilleures jours, et c'est alors que le poëte trouve de ces clartés grandioses qui couronnent son œuvre et qui tout à coup le mettent d'accord avec les plus grands et les plus sérieux penseurs de l'humanité. Laissez-le donc lancer ces sinistres éclairs qui s'éteignent trop vite à votre gré dans d'imposantes ténèbres. Ardent et sombre par la nature de son génie, il a la flamme des volcans, leurs mystères effrayants, leurs terribles explosions, leurs fêtes infernales; mais ramené à Dieu par la douleur, après des crépuscules d'une suave mélancolie, il a des splendeurs de soleil. La sérénité de l'espérance ne peut habiter facilement cette âme froissée. Ne lui demandez pas les molles quiétudes de l'inexpérience, les faciles mansuétudes de l'oubli. C'est un archange foudroyé qui parle en elle, et ses heures de soumission sont comptées. Il est né pour la lutte, il luttera toujours; mais sa logique ardente consistera à savoir triompher toujours des noires pensées et des amers abattements qui le torturent. L'humilité chrétienne n'est pas son fait. Il est trop fort pour se soumettre avant d'avoir trouvé à sa soumission une raison supérieure. Écoutez-le constater la fatalité des choses suprêmes :

> Je sais que vous avez bien autre chose à faire
>   Que de nous plaindre tous,
> Et qu'un enfant qui meurt, désespoir de sa mère,
>   Ne vous fait rien, à vous!
> . . . .
> Je sais que le fruit tombe au vent qui le secoue,
> Que l'oiseau perd sa plume et la fleur son parfum,
> Que la création est une grande roue
> Qui ne peut se mouvoir sans écraser quelqu'un.
> . . . .
> Nos destins ténébreux vont sous des lois immenses,
> Que rien ne déconcerte et que rien n'attendrit;
> Vous ne pouvez avoir de subtiles clémences
> Qui dérangent le monde, ô Dieu, tranquille esprit!

Voilà, sous la forme de la résignation un amer et

sublime reproche que sentent bien ceux qui ont vu la grande roue du destin écraser l'objet de leurs plus saintes amours. Mais le poëte qui ose interroger Dieu et commenter ses arrêts implacables, reçoit de Dieu même une sublime réponse au fond de son cœur, et il s'écrie tout à coup :

> Dans vos cieux, au delà de la sphère des nues,
> Au fond de cet azur immobile et dormant,
> Peut-être faites-vous des choses inconnues,
> Où la douleur de l'homme entre comme élément !

— Attendez ! nous dit alors Louise ; nous voici arrivés, vous et moi, je pense, aux mêmes conclusions. Moi aussi, j'ai lu tout le livre dans la journée ; j'ai été si bouleversée et si pénétrée, que j'ai écrit à l'auteur sous le coup de mon émotion.

— Quoi, mère ! dirent les jeunes gens, vous avez écrit à Victor Hugo que vous ne connaissez pas ? Montrez-nous votre lettre !

— Va la chercher sur la table, me dit-elle, et tu nous la liras. Je n'ai jamais eu l'intention de la lui envoyer. Les gens célèbres sont écrasés de lettres indiscrètes. La mienne m'a soulagée ; peut-être résumera-t-elle votre conversation.

Voici la lettre de Louise ; elle avait pour épigraphe les vers que je venais de citer :

> Peut-être faites-vous des choses inconnues,
> Où la douleur de l'homme entre comme élément !

« Ne dites plus *peut-être*, ô poëte ! Cette chose inconnue, c'est un monde meilleur, c'est un doux paradis parmi tous ces astres que votre génie peuple d'êtres plus ou moins punis, plus ou moins rachetés. Oui, parmi ces mondes innombrables, où la vie prend tous les modes et toutes les formes de l'existence, il en est un pour nos enfants morts, pour ces êtres appelés dans toute la fleur de leur innocence et de leur beauté. C'est un monde heureux et plus élevé dans la sphère de l'esprit que le nôtre. Nos larmes, qui sont des prières, et notre foi, qui est un mérite, nous donneront le droit d'y pénétrer pour les y revoir. Elles sont le ciment du pont invisible jeté sur les abîmes du ciel entre cet Éden et notre terre d'exil.

» Vous le savez, vous l'avez dit, et vous l'avez dit comme personne au monde ne saurait le dire : nos désirs et nos aspirations sont, au-delà de ce monde étroit qui nous retient, le vrai monde, le monde réel ; nos malheurs et nos désastres ici-bas sont le rêve qui passe ; les choses célestes que nous croyons rêver sont le monde durable et assuré ; et le jugement qui nous emporte vers les régions funestes ou délicieuses de l'univers, c'est notre liberté qui le prononce, c'est notre élan qui imprime la direction de notre vol. Sous des figures et des symboles divers, cette croyance est celle de tous les grands esprits de tous les temps, des grands philosophes, des grands saints et des grands poëtes. C'est celle de Byron et la vôtre ; et quand votre pensée entrevoit cet espoir et s'y élance, elle est une puissante autorité de plus dans la somme de nos croyances et dans le trésor de notre foi.

» Songez-y, là-bas, sur votre rocher, il ne faut pas vous éteindre et mourir comme les rois dans l'exil.

Agité de fureurs prophétiques, il faut sortir de cette tourmente et vous oublier vous-même, pauvre père, homme désolé, souverain banni ! Il ne faut penser à vous que pour penser à tous ; et vous, le plus souffrant de tous, devenir le consolateur et le soutien de tous. C'est la mission du poëte, car le vrai poëte est un voyant, et c'est en vous que cette puissance exceptionnelle se manifeste le plus vivement de nos jours.

» Je ne vous demande pas de nous consoler mollement ou hypocritement des maux de ce monde. Non, votre mission n'est pas de plaire aux égoïstes ; elle n'est peut-être pas non plus d'aggraver nos peines par une peinture effroyable de la vie humaine et des fatalités de l'histoire. Le cadre de vos tables est plus vaste, et sur la pierre de votre Sinaï, si vous voulez parler à tous, c'est du Dieu bon qu'il faut leur parler.

» Vous l'avez compris, vous l'avez fait. Il y a toute une révélation dans le livre que vous appelez *Aujourd'hui*. Quel autre que vous, dans ce temps de petitesse intellectuelle et de scepticisme farouche, pouvait espérer de la formuler et de la faire entendre ? Ce don est plus grand, plus sérieux que ne s'en doutent la plupart de ceux qui vous lisent, et vous inspirez beaucoup d'enthousiasmes littéraires qui sont d'instinct plus que de réflexion.

» Peu importe ; si l'esprit que charme ou transporte votre parole est saisi, à son insu, par la profondeur de votre pensée, il s'est élevé de beaucoup au-dessus de lui-même, et vous avez ébranlé en lui le petit édifice de sa froide raison au profit des croyances supérieures.

» Osez donc! On sait bien que ce n'est pas le courage qui vous manque vis-à-vis des événements, mais peut-être n'avez-vous pas encore, vis-à-vis de votre idéal, toute la confiance que vous lui devez. De là peut-être ces angoisses, ces troubles mortels à l'idée de la destruction, ces noires imaginations, ces frissons sur le trépied sacré. Une sorte de panthéisme grandiose vous agite, la lumière vous inonde; puis l'horreur des ténèbres vous saisit... Ah! devrait-on, adepte impatient, vous demander d'apaiser ce désordre sublime? Quel oracle antique, parlant par la bouche des poëtes mystérieux et des prophètes terrifiés, a mieux dépeint cette fièvre de l'inconnu qui vous dévore, cette sueur froide que l'abîme côtoyé fait passer sur votre front, ces transports de Titan, ces abaissements de rêveur, cette audace désespérée et ces déchirements profonds; puis ces doutes, ces vertiges, cette attraction des ténèbres, ce besoin de se reposer dans le vague de la faiblesse humaine?

» Qui a jamais révélé dans des mots aussi grands que l'idée, dans des images aussi colossales que le chaos, une lutte de cette nature et des tourments intérieurs de cette portée? Personne! Le mal est nouveau, il appartient à notre génération placée entre la foi et la négation, entre l'espérance et le blasphème, entre la fureur sauvage et l'attendrissement divin. Vous êtes la plus impétueuse personnification de ce mal sublime, depuis le Manfred de Byron; vous êtes l'Hamlet des temps modernes qui va s'arracher à la tombe d'Yorick et s'écrier, en laissant retomber dans la fosse muette le crâne vide : « L'âme est ailleurs ! »

» Oui, oui, elle est ailleurs! Sortez-nous de vos doutes, et sortez-en vous-même. Le temps est venu pour vous de terrasser l'esprit sombre contre lequel vous avez si vaillamment lutté. Arrachez-vous de ces tombeaux; laissez dormir ces ossements. Montez sans crainte vers ces régions éclatantes où des images célestes, souvent entrevues, vont se montrer à vous, plus limpides et plus sereines. Cherchez votre Béatrix dans les cercles divins. Toute vision de poète emporté dans l'extase est une vérité pour qui sait lire à travers le symbole. Incompris, les prophètes sont des insensés, et c'est ainsi que, de leur temps, le vulgaire les juge.

» La vision de Platon, contemplant les âmes cramponnées à la poulie qui les monte ou les descend dans le milieu dont le mal ou le bien de leurs désirs les rend avides, est une folle imagination pour qui ne veut pas dégager l'esprit de la lettre. Ces figures naïves de l'antiquité ne font plus sourire quand on en a saisi le sens, et vos images à vous, empreintes de toute la poésie de l'art moderne, s'éclaircissent plus aisément pour laisser passer la vérité.

« Vous nous annoncez *Dieu*, vous nous annoncez la *fin de Satan*, déjà esquissée si magnifiquement :

> Et Jésus, se penchant sur Bélial qui pleure,
>   Lui dira : c'est donc toi!
> . . . .
> Tout sera dit : Le mal expirera, les larmes
> Tariront; plus de fers, plus de deuil, plus d'alarmes;
>   L'affreux gouffre inclément
> Cessera d'être sourd et bégaira : Qu'entends-je ?
> Les douleurs finiront; dans toute l'ombre, un ange
>   Criera : COMMENCEMENT!

« Soyez pour nous ce génie bienfaisant qui, dans la petite sphère du temps mesuré à nos destinées, nous fera entendre une de ces paroles qui ne meurent pas avec nous ; et si une pensée de doute, une sueur de défaillance traversent quelquefois votre nouvelle contemplation, recueillez dans l'air lointain ce cri d'une voix faible, mais sincère, qui vous dit : « Marchez ! »

— Oui, oui ! s'écria-t-on autour de la table, qu'il marche et qu'il voie !

Et Julie ajouta :

— Il a assez vu la terre et les monstres qui rampent à sa surface, la mort, la corruption, le silence, l'effroi, le néant ! Le ciel commence à se révéler à lui, et son œil ardent interroge les destinées des astres. Il en a encore peur, il les voit terribles, il y rêve des tourments et des frayeurs inconnus aux hommes d'ici-bas ; mais qu'il ouvre les yeux encore plus haut, il y verra des lieux de délices, des sanctuaires de rémunération, où l'âme qui a souffert et pardonné aux hommes leurs clameurs, à Dieu son silence, trouvera dans une lumière toujours plus pure, le mot toujours plus transparent de son obscure et triste destinée d'aujourd'hui.

— Vous voilà dans le *Ciel* de Jean Reynaud, dit Théodore, et vous croyez que votre poëte y montera avec lui ?

— Il y montera de son côté par le chemin qui lui est ouvert, répondit Julie ; tous ceux qui ont des ailes se rencontrent à une certaine hauteur, et là, le poëte voit clair dans la métaphysique comme le métaphysicien dans la poésie. Croyez bien que déjà leurs rayons se rencontrent et se pénètrent, à leur insu peut-être, mais inévitablement. Quand ces lumières divines se rallument sur la terre, elles entrent dans toutes les grandes intelligences presque simultanément.

— Vous arrangez tout cela à votre guise, reprit Théodore. Ces inspirés ne sont nullement d'accord entre eux ; Jean Reynaud n'admet guère les purs esprits, et Victor Hugo veut anéantir la matière. Son monde futur n'est qu'apparence et transparence, tandis que celui de Pierre Leroux est encore plus positif que celui de Jean Reynaud ; il nous interdit la sortie de ce monde maudit, et j'avoue que son système, aussi beau, aussi ingénieux, aussi éloquemment exposé que les autres, me paraît le plus admissible.

— Dieu ne dira jamais le fin mot à aucun homme d'ici-bas, si grand que cet homme puisse être, dit Ernest qui venait d'entrer et qui écoutait ; mais il envoie aux grands penseurs comme aux grands songeurs des rêves qui ne diffèrent pas tant les uns des autres que vous voulez bien le dire. La forme varie dans l'imagination et dans le raisonnement, mais le fond paraît reposer sur un même foyer d'espérance, la liberté progressive pour tous les êtres, commençant à avoir conscience d'elle-même chez l'homme terrestre, et lui permettant de hâter ou de ralentir son développement à travers le temps et l'éternité ; l'immortalité pour tous ; la conscience, la mémoire, la joie au réveil des bons et des sages ; le renouvellement des épreuves pour les mauvais et les fous, avec la réhabilitation pour tous après l'expiation. Moi, j'y crois beaucoup. Et vous autres ?

— Qui sait ? dit Théodore.

— Moi, j'y crois fermement, s'écria Julie.

— Croyons-y tous, dit Louise. Pourquoi nous plairions-nous au doute, quand nos imaginations voient le ciel ouvert, quand nos cœurs sentent une bonté et une justice divines, et quand les plus belles intelligences de ce monde prennent leur plus magnifique essor dès qu'elles entrent dans cette lumière ?

Nous en étions là quand on ouvrit la *Presse* pour lire l'excellent compte rendu de M. A. Peyrat sur le livre de M. Vacquerie. Nous fûmes tous fiers d'être arrivés au même avis que cet écrivain éminent, quant à la question littéraire en général et au livre en particulier.

Montfouilly, 10 juin 1856.

III

Un volume pieusement dédié à la mémoire d'une femme illustre fut l'objet des réflexions de ces jours-ci. C'est un recueil d'articles de journaux portant ces deux dates : 29 *juin* 1855, — 29 *juin* 1856. La première est celle de la mort de Mme de Girardin ; la seconde, celle de la publication du recueil. L'idée de célébrer ce douloureux anniversaire par la popularisation d'un éloge funèbre, signé des noms les plus célèbres ou les plus distingués de la littérature poétique et critique, est touchante et délicate.

J'aime ces soins affectueux et ces tendres hommages rendus aux morts chéris. J'aime qu'on les honore et qu'on les bénisse comme s'ils étaient là pour respirer ce doux encens du souvenir et de l'affection, et que ces anniversaires, si douloureux pour nous, soient comme un jour de fête pour les nobles libérés de la vie. Du milieu plus pur et plus heureux qu'ils habitent désormais, il leur plaît peut-être de jeter les yeux, ce jour-là, sur leurs anciennes demeures et d'écouter parler leurs fidèles amis.

La croyance aux ombres errantes, aux fantômes de ceux qui ne sont plus, cache peut-être, comme toutes les naïves erreurs de l'humanité, une révélation sous un symbole. Il n'est pas nécessaire que ces glorieuses âmes descendent au milieu de nous. Réfugiées dans un ordre de choses supérieur au nôtre, il n'est même pas probable qu'elles soient condamnées à revenir dans cet *ici-bas* des douleurs humaines. Il est bien plus simple de penser que la vision des faits de notre monde monte vers elles lorsqu'elles l'évoquent, comme celle des choses lointaines se révèle, dit-on, par l'extase magnétique, à des individus doués d'un sens particulier. Ce sixième sens, mystérieusement aperçu chez nous, et non encore bien constaté parce qu'il ne peut être défini, est, sans aucun doute, un des attributs lucides des autres habitants du ciel, du moins de ceux qui ont mérité de *monter* dans la sphère infinie des êtres.

— Voilà pourquoi, nous disait Louise, je n'aime pas l'idolâtrie de la tombe. Cette terre muette, cette pierre insensible, et les matérielles idées de destruction sauvage qu'elles évoquent, me repoussent plutôt qu'elles ne m'attirent. Je veux que l'on respecte l'asile des morts ; je veux bien aussi que leurs monuments et leurs épitaphes servent d'enseignement aux vivants, quand il s'agit de morts illustres ; mais je comprends le désir de cette noble femme qui n'a point voulu d'ornements sur sa tombe. Elle sentait bien que son âme immortelle avait une autre demeure à faire resplendir, et que le mausolée, ce dernier lit de la forme, ne garderait même pas son image, cette suave beauté qui ne meurt qu'en apparence, et dont le type, conservé au sanctuaire de la pensée divine, refleurit maintenant dans quelque jardin du ciel.

— Je suis comme vous, dit Julie, je n'aime pas que l'on s'enferme dans les monuments funéraires pour penser aux morts aimés. Ils ne sont pas là, et lorsqu'ils évoquent, comme vous dites, la vision de notre monde, je suis sûre que ce n'est pas dans les cimetières qu'ils la cherchent. Ils doivent sourire tristement de notre erreur, quand ils nous voient concentrer là notre culte et nos larmes. C'est sur le spectacle de la vie qu'ils arrêtent surtout leurs regards, ces vivants par excellence, devant qui nous sommes les ombres fugitives et les fantômes inachevés ! C'est dans nos maisons, dans nos travaux, dans notre activité, dans notre oubli même (dans notre oubli apparent !) qu'ils regardent ; tristes quand ils nous voient découragés de la vie et brisés lâchement par leur départ, satisfaits quand ils nous voient tendres envers leur mémoire, courageux devant nos devoirs, croyants dans l'avenir au-delà de la tombe.

— J'avoue que, moi aussi, j'ai eu quelquefois cette

pensée, dit Théodore; quand je perdis ma jeune sœur, je me surprenais à me défendre de pleurer, dans la crainte de troubler, par ma douleur, le repos dont elle jouissait. Je ne me rendais pas bien compte de ce sentiment qui me faisait étouffer mes sanglots comme si elle eût pu les entendre; mais il est certain que, me rappelant sa douce sensibilité et ses larmes qui coulaient à ma moindre souffrance, je me disais vaguement en moi-même : « Cachons-lui ce mortel chagrin qu'elle partagerait encore. » C'est par de telles impressions mystérieuses et profondes que je me laisse aller parfois à vos croyances exaltées. Si j'essaye d'y pénétrer par le raisonnement, elles m'échappent; mais l'émotion m'y ramène, et l'émotion pourrait bien être un élément de certitude aussi solide que la raison.

— Peut-être plus solide, mon cher Théodore, répondit Louise. La raison humaine est une chose courte et bornée; l'émotion va plus loin, monte plus haut et voit dans l'infini. Cet élément de certitude que nous donne le sentiment s'appelle d'un beau nom.

— Lequel?

— *Confiance!* même dans la pratique des faits, la certitude expérimentale absolue est souvent insaisissable, tandis que la confiance qui est une certitude anticipée par le sentiment, fait des prodiges.

Ici Ernest nous cita une belle parole de Saint Paul : *La foi est la réalité des choses de l'espérance; c'est l'argument de ce qui n'apparaît pas.*

On me demanda, à moi qui avais connu madame de Girardin dans les dernières années de sa vie, ce que je pensais de ses croyances religieuses.

— La seule fois que j'ai causé avec elle sur ce sujet, répondis-je, ce fut le 21 mai, cinq semaines avant sa mort, et non pas la veille, comme le croit M. de Lamartine. J'étais depuis une heure avec elle, lorsqu'il arriva. Il est certain que je ne l'avais jamais vue si belle et si vivante. Je trouvais dernièrement cette date et cette réflexion sur mon journal, avec ces mots qui me serrent le cœur : *Elle est cependant toujours souffrante.* Combien j'étais loin de prévoir que je l'embrassais pour la dernière fois ! Je partais le lendemain. Elle est morte pour ainsi dire debout, courageuse jusqu'à la dernière heure, et dans tout le rayonnement de sa beauté physique et morale.

Il me sembla, dans cette dernière entrevue, que cette beauté de l'âme et du corps n'avait jamais été assez vantée : c'est peut-être qu'elle n'avait jamais été aussi complète. Par un étrange effet de la maladie qui la dévorait intérieurement, sa taille, sa figure et ses mains avaient perdu toute trace de l'effet des années. Elle était svelte, elle était pâle, elle n'avait plus, pour ainsi dire, d'âge. Ce n'était pas la fraîcheur rose de la jeunesse, mais c'était la transparente blancheur et le regard clair et pur de l'immortalité. C'est le plus beau et le plus durable souvenir d'elle qu'elle pût laisser dans l'âme de ses amis. On eût dit qu'elle le sentait et qu'elle voulût mettre son cœur et son esprit à l'unisson de cette idéalité, car jamais elle n'aborda devant moi des sphères aussi élevées, et elle y monta d'elle-même avec cette simplicité candide qui formait souvent en elle un puissant contraste avec l'ardente et charmante exubérance de son esprit de saillies. « Je ne crois, me dit-elle, à aucun mystère et à aucun miracle transmis ou expliqués par les hommes. Tout est mystère et tout est miracle dans le seul fait de la vie et de la mort. Je ne crois pas à ma table tournante autant qu'on se l'imagine : ce n'est qu'un instrument qui écrit ce que ma pensée évoque. Je me sens très-bien avec Dieu ; je ne crois ni au diable ni à l'enfer. » Et elle ajouta précisément quelque chose comme ce que vous disiez ici tout à l'heure : « Si je n'ai pas la foi, j'ai l'équivalent : j'ai la confiance. » Tel fut son résumé. Était-il d'un catholicisme orthodoxe ? Quant à moi, sa religion me satisfit pleinement. Je me hâtai d'écarter l'idée de la mort qu'elle semblait évoquer, et que je ne pouvais croire si prochaine pour elle. Il y avait en elle une sérénité si aimable, un rayonnement si doux!

Vous venez de lire tous ces hommages rendus à son génie littéraire. Aucun de nous ici n'a l'idée de les contester ; donc je vous parlerai surtout du côté de son âme qu'elle montrait le moins, et que de funestes circonstances, à moi personnelles, m'avaient mis à même d'apprécier. Je parle de sa sensibilité ardente et de cette tendresse de cœur que la vie du monde couvrait d'un voile de discrétion et d'enjouement. On a dit avec raison qu'elle avait eu le don et le charme de rester femme. Eh bien! elle était plus complète encore, elle était mère dans son cœur et dans ses entrailles, bien qu'elle eût été privée des joies et des douleurs de la maternité. Elle les connaissait, elle les sentait dans les autres. Ses belles et saintes larmes avaient coulé par torrents sur notre désastre à nous! Elle avait été là, soutenant, consolant, partageant le désespoir des autres, l'éprouvant, le cherchant, voulant en prendre sa part, aimant ce que nous avions aimé, et nous montrant, sans y songer, quelle mère elle eût été elle-même. Ce ne fut donc pas une fantaisie, une idée littéraire quelconque, cette adorable pièce de *La joie fait peur*. Elle prit cette idée-là dans ses propres entrailles ; elle eut le *droit* de faire parler une mère, et ce fut là l'apogée de son inspiration. Le sujet semblait scabreux pour elle. Qu'elle l'eût traité par l'esprit seulement, toute mère eût pu lui dire, comme Tell à Gessler : *Ah! tu n'as pas d'enfants!* Il n'en fut point ainsi : elle toucha juste et profondément ; elle fit pleurer jusqu'au sanglot, jusqu'à l'étouffement tous les hommes et, chose plus victorieuse en un pareil sujet, toutes les femmes.

Déjà, dans *Lady Tartuffe*, elle avait peint la mère avec bonheur, avec vérité. Elle avait créé, avec ce type, un développement de talent extraordinaire chez une autre femme de cœur et de mérite ; madame Allan, artiste ravissante d'esprit et de grâce, qui, avec elle et par elle, monta dans la région du drame passionné. Hélas! une même destinée, un même mal a emporté, à six mois de distance, ces deux femmes excellentes d'intelligence et de caractère : l'une qui avait le génie et l'autre le talent, toutes deux l'amour du beau et du vrai.

Dans les commencements de nos relations, madame de Girardin me faisait un peu peur, et je me souviens de l'avoir dit à madame Allan, qui me répondit : « J'ai été comme vous ; je craignais qu'elle n'eût trop d'esprit, mais depuis j'ai reconnu qu'elle avait au moins autant de cœur. » Je répétai ce mot plus tard à madame de Girardin. « Voilà, me dit-elle, l'éloge le plus agréable qu'on puisse faire de moi. »

— Existe-t-il un portrait ressemblant de madame de Girardin parvenue à sa maturité? demanda Julie.

— Oui, répondis-je, un dessin de Chasseriau, gravé par Blanchard. C'est ce que l'on pouvait *sentir* de mieux pour résumer les deux types de beauté qui s'appellent Delphine Gay et madame de Girardin, la jeune fille dans la première fleur de son inspiration, et la femme de génie en possession de tout son éclat. Il y eut un moment dans sa vie, ce moment fatal dont je vous parlais tout à l'heure, où elle fut les deux types à la fois, confondus dans une auréole de suave mélancolie. C'est à ce moment sans doute qu'elle composa ces beaux vers de *la Nuit*.

> Alors la douleur assouvie
> Vous laisse un repos vague et doux,
> On n'appartient plus à la vie,
> L'idéal s'empare de vous.

Julie nous demanda de lui relire tout ce morceau qui est un chef-d'œuvre. C'est comme un résumé énergique et profond des peines et des joies de cette grande existence; c'est comme la clef d'or du sentiment mystérieux qui dicta le beau et charmant poëme de *Napoline*, Madame de Girardin était enthousiaste. Le monde, où elle se sentit longtemps emprisonnée, gênait ses élans, et la nécessité de vivre dans ce monde, qui n'est parfois que convention et apparence, lui avait créé le devoir d'être brillante partout et avec tous. Heureuse fatalité sans doute ! car cette femme de grande inspiration et de généreuse spontanéité devait à la société de son temps la vivifiante et saine chaleur de son âme. Elle avait tout ce qui constitue le véritable esprit, l'imagination toujours prête à peindre et à colorer les objets de sa pensée, le vif sentiment des choses et des êtres, la bonne foi virile, la gaieté candide. On était souvent tenté de la trouver trop moqueuse pour les absents; mais, que ces absents fussent attaqués devant elle, elle les défendait avec ardeur, et il ne fallait pas la voir plus de trois fois pour sentir qu'elle faisait à ses amis beaucoup de bien pour très-peu de mal. Ses véritables gaietés étaient à la fois étincelantes et douces, comme son regard, comme sa voix et comme son talent.

Avec tant de charme et de vitalité dans l'expansion, la vie de retraite et de concentration eût été un contresens, une désobéissance envers elle-même. Elle avait une double mission puisqu'elle avait une double puissance. Elle devait doter son époque de beaux ouvrages, et, en même temps, elle devait à l'élite de la société intelligente de cette époque l'instruction ou le redressement qui découlent, dans les rapports directs de la vie, d'un esprit supérieur et d'une bouche éloquente et persuasive. Si, dans le grand nombre de personnes qu'elle s'est donné la peine de charmer ou de convaincre, toutes n'ont pas senti la portée de son intelligence et profité du bienfait de son commerce, du moins l'on peut être sûr que tout ce qui était digne de l'approcher a reçu d'elle de nouvelles forces. Les plus grands esprits l'ont trouvée à leur niveau dans ce qu'ils avaient de meilleur; les artistes ne l'ont jamais écoutée sans être plus sûrs d'eux-mêmes dans ce qu'ils avaient de bon et de vrai. Elle était donc un foyer, et son rayonnement ne pouvait pas lui appartenir exclusivement.

Comme elle se plaignait un jour à moi de n'avoir pas d'enfants, une idée m'apparut très-claire, et je la lui communiquai avec conviction : Vous n'avez pas eu d'enfants, lui dis-je, parce que Dieu ne l'a pas voulu et n'a pas dû le vouloir. Ce dont vous vous affligez comme d'une disgrâce est une conséquence logique de votre supériorité sur les autres femmes. Si vous aviez été mère, les trois quarts de votre vie auraient été perdus pour votre mission. Il vous eût fallu sacrifier ou les lettres, ou les relations dont vous êtes l'âme. Absorbée par la famille, vous n'eussiez plus été que la moitié de vous-même, c'est-à-dire femme du monde ou écrivain, mais point l'un et l'autre : le temps n'eût pas suffi.

— Avec quelle joie j'aurais sacrifié le monde! s'écriait-elle; le monde ne m'a servi qu'à me désennuyer de ma solitude!

Je l'assurai de ce dont j'étais pénétré; c'est que la Providence ne s'occupait pas de nous en vue de notre satisfaction personnelle, mais en vue de notre utilité pour ses vues générales, et qu'il fallait la remercier de nous placer dans les conditions où nous pouvions la seconder.

Ce que je disais à cette illustre femme, je le pense encore, ajoutai-je en m'adressant à la grand-mère : elle devait être ce qu'elle a été, belle, riche, libre de soins et de fatigues trop intenses, brillante, entourée, admirée. Elle a eu des éléments de sécurité, de calme et de puissance appropriés à l'influence heureuse qu'elle devait exercer.

— Et pourtant, reprit Louise, elle souffrait souvent, m'as-tu dit, de cette situation.

— Elle en souffrait jusqu'au désespoir, parce qu'elle était trop complète pour ne pas désirer la vie complète. Mais la vie complète est impossible en ce monde, et, même préservée de l'absorption de la famille, le temps et la liberté lui manquaient souvent. Elle se trouvait trop sacrifiée aux relations extérieures ; elle nous jalousait un coin où elle eût pu se réfugier pour juger en paix les choses de la vie et sa propre vie intérieure. Son chant de la *Nuit* est un cri de douleur, de fatigue et d'étouffement ; mais on y sent la force quand même, car cette belle nature se retrempait dans ses combats.

Et l'on revient à sa nature

s'écriait-elle,

Comme à son pays bien-aimé.

Elle avait effectivement non-seulement un empire stoïque sur elle-même, mais encore, et grâce au ciel, une généreuse facilité à reprendre ses armes vaillantes, son inspiration, son souffle de poëte, sa parole entraînante et son aimable rire d'enfant. Elle a bravement vécu, noblement lutté et légitimement triomphé. Il n'y a rien de trop dans les éloges que nous venons de lire. Que ce bouquet d'anniversaire, réuni par une main pieuse, soit donc pour elle un parfum de fête et comme un remercîment de cette belle vie qu'elle nous a consacrée à tous, peut-être, hélas ! aux dépens de la sienne en ce monde ; car elle avouait, comme madame de Staël, qu'elle dépensait trop de sa flamme intérieure et qu'elle en était parfois brisée ; mais là où elle vit maintenant, elle recueille les fruits de tant de fleurs jetées par elle sur nos chemins, et la nouvelle tâche qu'elle accomplit dans une autre station de la route éternelle est une récompense, c'est-à-dire une carrière plus glorieuse encore.

Montfeuilly, 5 juillet 1856.

IV

On reçut le lendemain à Montfeuilly un livre déjà bien connu ailleurs, mais qui faisait partie d'un envoi en retard, l'*Oiseau*, par M. Michelet. On se réjouit d'avoir un ouvrage signé de ce beau nom à lire en famille, car les livres de pure science ou de pure philosophie, si clairs et si brillants qu'ils soient, ne peuvent être lus à haute voix que dans une sorte de tête-à-tête. Là où l'attention de tous ne peut se distraire un instant sans perdre le fruit de l'audition, il ne faut guère sortir du domaine de l'art et de la poésie.

Ce livre plut surtout à la grand'mère ; mais Julie, dont les instincts sont olympiens plutôt que terrestres, prit avec impétuosité la cause des aigles et de tous ces fiers *tyrans de l'air* dont l'auteur accuse le rôle terrible, les penchants odieux.

— Cela ne s'est jamais vu, s'écria-t-elle. Jamais on n'a songé à mettre le vautour au-dessus de l'aigle ; c'est renverser toutes les notions humaines ! Quoi ! parce que certains oiseaux de proie tuent avec le bec, au lieu d'étouffer avec la griffe, les voilà qualifiés de nobles ! et l'oiseau de Jupiter sera traité de brigand et de tourmenteur !

— C'est qu'il a, en effet, l'instinct cruel, répondit le curé qui n'avait pas entendu lire, mais qui s'éveilla pour la discussion ; celui qui ne tue que pour se nourrir ne fait pas un plus grand crime que nous autres, qui sommes nés mangeurs de poulets ; mais celui qui s'endort avec la victime râlant dans sa serre cruelle, jusqu'à ce que l'appétit revienne à monseigneur, celui-là est né bourreau. La souffrance de sa proie fait le fond de sa jouissance et les délices de sa réfection. Voyons, Théodore, vous ne dites donc rien aujourd'hui ?

— Je dis, répliqua Théodore, que le livre en question est une agréable fantaisie, rien de plus !

Julie. — Cette fois (et bien à regret, je vous jure, mon excellent ami !) je partage votre opinion.

Moi. — Pourtant, M. Michelet pense avoir fait un livre dont l'idée est philosophique. Est-ce qu'il se serait trompé ?

Théodore. — Si vous voulez que je vous dise mon avis sur la nature du talent de M. Michelet, je vais m'en acquitter en deux mots : c'est encore un de vos hommes de génie incomplets et désordonnés.

Louise. — Ah! prends garde, mon enfant, si tu généralises ainsi la question, Julie va se retourner contre toi.

Théodore. — Je me moque bien de Julie!

Le curé. — Parlez, voyons! Je suis sûr d'avance que vous avez raison contre M. Michelet.

Moi. — Monsieur l'abbé, vous avez dormi tout le temps de la lecture!

L'abbé. — Ça ne fait rien!

Louise. — A la bonne heure! l'abbé appartient à la classe des jugeurs qui décrètent par présomption.

Théodore. — Moi, j'écoute, et très-consciencieusement, je vous assure. Je ne me défends donc pas, par un parti pris d'avance, de l'*entraînement*, que je reconnais être le souverain par excellence en matière d'art et de sentiment; mais je m'obstine à vous dire que je ne veux être vraiment entraîné que par les choses que je comprends bien, et qu'à force d'être concise, pittoresque, originale, la forme de M. Michelet manque souvent de la clarté nécessaire. Telle phrase de lui, qui vous éblouit et vous charme par sa couleur, souffre deux ou trois interprétations différentes. C'est un esprit qui garde au dedans de lui-même la moitié de ce qu'il allait dire. Il suppose qu'on le devine. Ce procédé est celui de plusieurs autres grands esprits qui ont horreur du développement, et dont la manière consiste à peindre à grands traits. C'est une manière excellente quand l'idée est parfaitement nette. Elle réussit à M. Michelet dans le récit des faits. Il est bien certain que là l'émotion gagne à la rapidité colorée de l'expression; mais quand il discute, il est obscur et procède par des réticences qui arrivent à former de véritables lacunes dans son esprit, dans le mien par conséquent.

Nous accordâmes tous à Théodore que ceci était vrai *quelquefois*, mais pas *toujours*. — Il faut bien, lui dit Louise, que tu reconnaisses toi-même que ce défaut fait exception, et non pas règle dans le talent de M. Michelet ; autrement, tu ne le supporterais pas une minute, tandis que tu le goûtes presque toujours.

— Oui, dit Théodore, mais pas *toujours!*

Julie n'y put tenir, et désolée d'avoir approuvé Théodore un instant, elle revint à son indignation contre ceux qui cherchent les défauts avant les beautés, et qui, grâce à leurs habiles découvertes dans le côté faible, sont à jamais privés du bonheur de voir le côté fort.

— Il en sera toujours ainsi, mes chers enfants, dit la grand'mère, et le jour où vous trouverez un ouvrage supérieur quelconque qui ne frappera pas par quelque côté faible ou erroné le sens critique de tous les Théodores dont la plus grande moitié du genre humain se compose, je me demanderai si nous sommes encore sur la terre ou si nous avons pris notre vol vers quelque planète d'un autre ordre. Ce jour-là, nous ne serions plus ce que nous sommes ; la vérité éternelle et absolue nous serait révélée, c'en serait fait de la critique et de tout ce qui la motive, et c'en serait bientôt fait aussi de ce que nous appelons l'art et la science. Ce qu'un homme aurait pu trouver dans une branche quelconque des connaissances humaines, un autre homme le pourrait trouver bientôt dans une autre branche, et, en moins d'un demi-siècle, notre espèce, passant à l'état angélique, n'aurait plus rien de ce qui la caractérise. Il n'est pas probable qu'une pareille révélation nous soit donnée. Je vous conseille donc d'aimer la nature humaine et son génie incomplet, tels qu'il a plu à Dieu de les établir en ce monde. Faites comme moi, si vous pouvez, et vous vous sentirez plus jeunes et mieux portants dans vos âmes; commencez par chérir vos poëtes et vos artistes dès qu'ils ont saisi la notion et trouvé l'expression du beau sous quelque aspect, dans quelque forme que ce soit; et alors, pardonnez à tous leurs défauts. Il ne faut pas un grand effort de cœur pour cela, ce penchant naturel est dans toutes nos affections; il est dans l'amour, il est surtout dans l'amour maternel, qui est le plus naïf, le plus primitif de tous nos instincts. Nous autres mères, nous admirons notre enfant bossu, pour peu qu'il ait dans les yeux un rayon de cette flamme céleste qui divinise toute créature vivante.

— C'est fort bien, répondit Théodore. Votre philosophie de l'art est, ma chère mère, une espèce de béatitude morale.

— Ou de charité chrétienne, observa le curé.

JULIE. — Non. Je comprends la grand'mère mieux que vous : elle veut qu'on soit d'une immense indulgence pour ceux qui voient, sentent et manifestent le beau. Elle ne proscrit point la critique, leçon nécessaire à ceux qui ne l'ont pas encore trouvé.

LOUISE. — Et même à ceux qui, l'ayant trouvé, se négligent ou s'égarent par la faute de leur paresse ou de leur orgueil.

Théodore. — Et comment savoir si c'est la faute de leur caractère ou de leur impuissance? Établirez-vous un tribunal pour peser les consciences? La critique aurait fort à faire!

Louise. — La critique aurait fort à faire en effet, et ce ne serait pas un mal; elle est parfois si légère et si partiale qu'elle ne sert qu'à faire briller l'esprit de celui qui parle, sans être d'aucune utilité à celui dont on parle. Savez-vous ce qui fait qu'un homme est un critique sérieux, c'est-à-dire quelque chose de plus qu'un agréable causeur? C'est le tact qui le fait pénétrer dans l'âme de l'artiste ou du poëte. Il me semble possible, sinon facile, de plonger dans cette âme qui se livre à vous dans ce qui la résume le mieux, dans son œuvre, dans le résultat de son imagination. On peut s'y tromper, je le sais. S'il y avait de ces critiques infaillibles, il y aurait de ces ouvrages dont nous parlions tout à l'heure, de ces chefs-d'œuvre sur lesquels la critique ne peut rien, et nous appartiendrions à ce monde paradisiaque de l'intelligence dont il faut garder le rêve pour une vie meilleure que celle-ci. Mais, sans arriver à l'infaillibilité, on pourrait bien approcher de la justice et faire respecter la critique si peu efficace pour l'art, et si méprisée aujourd'hui par les artistes, que la plupart d'entre eux, m'a-t-on dit, sollicitent des louanges des journalistes, ce qui est la plus grande injure qu'on puisse leur faire.

— Comment cela? dit le curé. Ne peut-on demander de l'indulgence à ces messieurs, comme on nous demande des messes pour le repos de l'âme de N... ou de N...?

Louise. — Votre état, mon cher abbé, est de demander miséricorde pour les vivants et les morts, et c'est, selon nous, un grand mal que vous ne puissiez pas dire vos messes sans les faire payer. En fait de journalisme, on est plus fier et plus scrupuleux. Dans cette église-là, le prêtre qui *vit de l'autel* est déshonoré. Mais il n'est point question de cela. On m'a dit seulement que l'orgueil de certains juges littéraires était flatté des supplications et génuflexions qu'on leur adresse; et moi, il me semble qu'à leur place je serais mortellement offensée de ces platitudes. Je considérerais mon verdict comme une chose sacrée; et, trouvant en moi-même la dose d'indulgence nécessaire pour ne condamner qu'à bon escient d'une manière absolue, je jetterais à la porte quiconque viendrait me demander de faire plus que ma conscience ne peut et ne doit. Mais ceci est une digression; revenons à notre propos. Je me résume en vous disant que la critique, telle que je la rêve, n'existe guère, et je ne m'en prends pas tant aux hommes qui la font qu'au milieu où ils vivent, aux artistes auxquels ils ont affaire, et surtout à ce travers ambitieux de l'esprit humain qui domine le public de tous les temps, travers qui consiste à vouloir l'impossible, des créations à la fois inspirées et calmes, excitantes et mesurées, ardentes et tranquilles; des œuvres enfin qui puissent satisfaire entièrement les enthousiastes et les flegmatiques J'avoue que ceci me paraît la recherche de la pierre philosophale.

Théodore. — Mais cet insatiable désir du mieux, cette soif de la perfection en toutes choses, ce besoin d'un idéal absolu, ne sont-ils pas les conditions *sine qua non* du progrès?

Julie. — La grand'mère voudrait faire marcher ces deux forces de l'esprit dans le même chemin : soif de l'idéal, amour et respect pour tout ce qui s'en rapproche.

Louise. — Soit dans le passé, soit dans le présent, oui ! Quant à l'avenir, c'est-à-dire au progrès, je voudrais que l'on y conduisît ceux qui le cherchent ardemment et sincèrement, comme on conduit par la main l'enfant ou le vieillard dont la marche est incertaine, avec douceur et patience, disant à l'enfant : « Espoir ! tu marcheras encore mieux demain ; » et au vieillard : « Courage ! vous marchez presque aussi bien qu'hier... » Au lieu de cela, je vois qu'en général on gronde durement quand l'enfant tombe, et qu'on rit quand le vieillard trébuche. Les gens sévères comme toi, mon cher Théodore, ont bien des meurtres à se reprocher, et je ne vois pas ce que l'art peut gagner à tous ces coups de poignard qui blessent mortellement l'intelligence lorsqu'elle n'est pas défendue par une philosophie solide ou par un vaillant caractère.

— Mais suis-je donc de ces assassins, s'écria le bon Théodore tout fâché. Ne puis-je dire ici mon opinion autour de la table sans froisser l'orgueil de ceux que je critique?

— Que cela se chuchote autour de la table ou que cela soit crié sur les toits, c'est tout un, répondit Julie. On sort de chez soi tout empesé dans ce préjugé cruel qu'il ne faut rien passer à personne, et juger durement surtout ceux dont la tête dépasse la foule, et on sème le froid de la mort sur son passage. On glace l'inspiration chez ceux qui parlent, on étouffe la sympathie chez ceux qui écoutent, et chacun faisant, comme vous, la part du blâme plus large que celle de l'éloge, on arriverait bien vite à avoir un siècle de critique improductive, et un monde de jugeurs qui n'auraient plus rien à juger.

LOUISE. — Tandis que l'œuvre de la critique devrait être de pousser à la production et de semer la vie avec la confiance. Ainsi, voilà un grand esprit, M. Michelet, que tu condamnes lestement parce qu'il a quelquefois des élans vagues, des définitions obscures, des conclusions brusquées. Moi, si j'avais l'honneur de lui parler, je lui parlerais sans banale complaisance de cœur et sans vaniteuse irrévérence d'esprit.

JULIE. — Voyons, voyons, grand'mère, comment lui parleriez-vous?

LOUISE. — Je lui dirais : « Vous n'avez peut-être pas cédé assez ingénument au sentiment poétique et tendre qui vous a fait écrire ce livre de l'*Oiseau*. Vous avez cru devoir rattacher votre rêve inspiré à une théorie religieuse et philosophique ; vous avez craint de n'avoir pas le droit de chanter pour chanter ; vous vous êtes imposé une sorte de discussion. Eh bien ! ces deux grandes facultés d'artiste et de philosophe qui sont en vous se sont fait ici un peu la guerre. De là quelques contradictions dans ce beau livre. Une suave vision de la réconciliation de l'homme avec les animaux gracieux et faibles, et un droit accordé à l'homme de proscrire et d'écraser d'autres créatures (d'autres oiseaux même) également faibles devant lui; un hardi plaidoyer en faveur de l'âme des bêtes, et une malédiction implacable sur un grand nombre de ces bêtes dont l'âme est peut-être tout aussi précieuse devant Dieu; d'ingénieux efforts de talent et de génie pour lever ce voile mystérieux qui couvre le sens littéral de la création, et de vagues ténèbres tout à coup répandues comme à dessein sur l'impénétrable secret de la Providence.

» Mais ce que vous n'avez pu résoudre, quelque autre l'eût-il résolu mieux que vous? Non, je ne le pense pas. Il est des vérités naissantes dans l'esprit de l'homme qui doivent rester encore longtemps à l'état de lueurs indécises, et qui, pour se révéler, ont besoin d'un état social complétement nouveau; à plus forte raison, les rêves de sentiment, qui ont besoin de l'intervention divine pour se réaliser. Il est hors de doute pour nous tous qu'à l'apparition de notre race sur la terre, elle put vivre en bonne intelligence avec une grande partie des créatures d'un ordre inférieur qui l'avaient précédée dans le jardin de la nature, et que sa vie physique et morale fut complétée par la douceur de ses relations avec la plupart des animaux environnants. La nécessité d'amoindrir ou d'éloigner les espèces nuisibles lui apprit le meurtre, et l'habitude de faire bon marché de l'existence de ces êtres qui n'avaient pas le don de la parole pour protester amena le meurtre inutile, le mépris de la vie animale, l'extermination brutale et cruelle de milliers d'êtres inoffensifs, dont la grâce et la douceur attendrissent encore les femmes et les poëtes...

» Poëte et femme (car vous avez été deux pour rêver ce livre), vous avez entrevu cet idéal d'un paradis ramené sur la terre par le progrès de l'homme, et marquant le bout de la chaîne des temps commencée au paradis de l'innocence irresponsable. Dans ce paradis futur, vous faites rentrer les animaux inoffensifs exclus si longtemps de notre société barbare, et victimes de nos habitudes sanguinaires. Ce rêve est bien permis ; il est bon et beau, mais il repose sur la réalisation de conditions nouvelles dans notre existence ; car de quel droit se nourrira-t-on de la chair des animaux domestiques, le jour où l'on reconnaîtra les droits de la fauvette et du rossignol ?

» Cette objection si simple vous est apparue d'avance au spectacle du grand combat auquel la création terrestre tout entière sert d'arène. Vous avez vu la plante dévorée par l'insecte, l'insecte par le petit oiseau et le petit oiseau par l'oiseau de proie. Vous avez constaté la nécessité fatale de cette alimentation de tous les êtres les uns par les autres, et, devant cette échelle de destruction universelle, vous avez trouvé l'ingénieuse et intéressante distinction de la mort et de la douleur. Vous avez absous celui qui tue, condamné celui qui fait souffrir ; mais si vous permettez la discussion, n'y a-t-il pas quelque chose de bien arbitraire dans la condamnation des animaux prétendus cruels et dans le verdict d'acquittement de ceux qui ne sont que voraces ? Qui donc prononcera sur le degré de férocité que leur a départi la nature et qui n'est qu'un résultat fatal de leur organisation ? Cette douce et intelligente fauvette, ce poétique et divin rossignol détruisent des millions d'insectes et des papillons splendides, merveilles des nuits et des jours, vivantes pierreries que l'artiste, le savant et le poëte ne peuvent se lasser d'admirer, et qui sont, en somme, des créatures non moins innocentes que les autres.

» Qui sera l'arbitre? L'homme seul, à qui le royaume de la terre a été donné ; mais pour quelle fin ? voici la grande question. Est-ce pour la modifier et l'arranger à son usage, pour les satisfactions de sa propre vie physique et morale? Ou bien est-ce pour y établir un système de justice et de compensation entre les différents êtres qui l'y ont précédé? Vous paraissez dire que c'est pour l'une et l'autre fin. Elles semblent cependant inconciliables, ces deux justices souveraines, l'une qui commande de protéger la société humaine contre les animaux pernicieux, petits ou grands, l'autre qui regarderait comme d'institution divine le soin de maintenir, par une sage prévoyance, l'équilibre entre les forces rivales de la création animée. Nous ne voyons nullement le moyen d'associer dans ce monde la loi de douceur et de tolérance, qui entraîne le respect de toute vie, avec la nécessité d'une terrible répression ; et notez que le jour où la terre n'aura plus de cimes ou de déserts inaccessibles à l'homme, la répression sera forcément l'extermination totale d'un nombre immense de races animales.

» Pour admettre l'idée de domestication de tous les êtres, il faut d'ailleurs admettre celle d'une modification si profonde des conditions de la vie terrestre, que les instincts de férocité et de destruction disparaîtraient devant un mode d'alimentation tout nouveau et impossible à prévoir. Vous semblez tourner la difficulté en permettant à l'homme d'aider, par certaines chasses, au travail d'épuration que fait la culture (et la nature elle-même) sur notre planète. Vous l'instituez protecteur du faible contre le fort. Vous reléguez le monde des *monstres* aux archives de la création inachevée ; vous supposez une ère de calme et de sécurité où tout être insociable aura disparu, puisque vous dites à la fin du livre : « *L'art de la domestication doit sortir* » *principalement de la considération de l'utilité dont* » *l'homme peut être aux animaux ; de son devoir d'initier* » TOUS LES HOTES *de ce globe à une société plus douce,* » *pacifique et supérieure.* » J'avoue que je ne vois point la solution du terrible problème : le droit absolu de l'homme sur toute vie inférieure à la sienne, servant de base et de chemin à votre conclusion : *le ralliement de toute vie et la conciliation des êtres*. La création, telle que nous la connaissons, ne nous offre pas cette espérance, à moins de quelque cataclysme indescriptible...

Louise s'arrêta, comme entraînée dans un rêve.

— Eh bien ! chère mère, lui dit en riant Théodore, il me semble que vous faites justement ce que vous me reprochez : vous vous livrez à la critique du livre que je conteste, et vous le prenez par la moelle pour nous en montrer les os vides.

— Non pas, répondit Louise. Je discute la donnée générale pour y signaler des contradictions inévitables dans toute idée hardie et nouvelle. Certains esprits chercheurs et ardents s'éprennent particulièrement de ces idées-là, et il convenait à notre auteur, qui est de cette royale et précieuse famille, de s'y jeter avec vaillance, au risque de se trouver aux prises avec d'inextricables difficultés. S'il est des ouvrages dont la charpente est moins forte que le revêtement, ce sont précisément ceux qui cherchent le point d'appui périlleux du sentiment tendre et du rêve enthousiaste. Il faut admettre et accepter la délicatesse fragile de ces beaux édifices et laisser faire l'artiste. Notre logique intérieure nous force à un peu d'examen préalable, car il faut veiller sur soi-même devant les séductions du génie, et se défendre d'accepter à la lettre les paradoxes poétiques dont l'auteur naïf et généreux s'enivre peut-être ; mais quant à moi, si je vous dis, comme je les lui dirais, mes objections et mes doutes, c'est pour me débarrasser de ce qui gêne mon adhésion, et, cette réserve faite, je me livre au plaisir infini de l'admiration pour le détail.

Dans ce détail, je trouve le beau, c'est-à-dire de solides et touchantes vérités, revêtues d'une forme originale et charmante, souvent magnifique; des pages de sentiment et de poésie qui sont des modèles et qui vous restent dans l'esprit comme des miroirs tournés vers un monde de prestiges divins, où notre œil n'eût su ou osé se fixer. Le rude et ardent historien des annales humaines nous montre là toute la tendresse de ce cœur indigné et généreux qui résout ses colères contre le fort et le violent en larmes de pitié sainte, pour tous les petits quels qu'ils soient ; et ce qui ressort pour moi de cette lecture, c'est comme une insufflation de la force réelle, c'est-à-dire de la bonté intelligente. Qu'exigerez-vous donc de plus d'un écrivain ?

Communiquer sa chaleur à l'âme d'autrui, n'est-ce pas là le vrai *criterium* de l'excellence d'un ouvrage de cette nature? Critique et juge, mon fils Théodore, cela t'est bien permis, pourvu que tu aimes quand même! et si c'est grâce à l'artiste discuté que tu sens ton être retrempé et meilleur, ôte-lui ton chapeau, et demande-lui pardon d'avoir trouvé quelques *si* et quelques *mais* à lui présenter.

— J'avoue, dit Théodore, qu'une face de ce livre m'a touché et frappé particulièrement : c'est celle qui est comme un récit de la vie privée. La description des lieux successivement habités par le couple illustre est faite de main de maître, et devrait servir d'idéal à tous les romanciers *dont c'est l'état.* Il y a là tout ce qu'il faut pour nous faire voir la physionomie complète des contrées et des êtres observés, le fond et la forme. M. Michelet a la pensée profonde qui creuse, l'œil artiste qui colore, le sentiment généreux qui explique : il écoute et regarde en philosophe, en peintre et en musicien, en moraliste et en homme de cœur. Il fait tout cela sans avoir l'air d'y toucher, et, saisissant les points culminants de chaque aspect des choses, il a souvent, dans sa concision pittoresque, une sûreté de pinceau et une *maestria* de touche qui, dans la prose française, n'appartiennent qu'à lui seul. Il est très-certain qu'un court paragraphe de lui, quand il est réussi, résume les impressions de cent voyageurs, et vous initie aux secrets de la vie et aux scènes de la nature par le grand côté.

— A la bonne heure! reprit Louise; tu vois bien qu'on n'est pas un génie si *incomplet* et si *désordonné* quand on peut t'arracher un pareil éloge. Pour moi, une pensée, jetée à travers ce livre, exprime admirablement le livre et l'auteur lui-même. La voici : elle est bonne à relire et à méditer : « *La vraie grandeur de l'artiste, c'est de dépasser son objet et de faire plus qu'il ne veut, et toute autre chose, de passer par-dessus le but, de traverser le possible et de voir encore au delà* »

Montfeuilly, 12 juillet

V

Théodore nous parla beaucoup d'un livre qu'il venait de lire et que j'avais lu aussi. Ce n'était pas un ouvrage à bien entendre à la veillée; mais le sujet fournissait naturellement à la conversation, car il intéresse tout le monde, et même il n'est personne qui ne se croie plus ou moins fondé à émettre son opinion en pareille matière.

Cette matière est l'esthétique ou la philosophie du beau. Le livre en question est de M. Adolphe Pictet, et porte pour titre : *Du beau dans la nature, l'art et la poésie; études esthétiques.*

Avant de faire parler Théodore, il doit m'être permis de dire mon opinion personnelle. L'ouvrage est, selon moi, excellent. C'est un vrai livre, qui doit faire fonds, sinon règle, et qui *restera* comme un important travail à méditer. Il n'est pas de ceux qui, dans notre temps et dans notre pays, sont enlevés de la boutique du libraire en vingt-quatre heures ; mais il est bien certainement de ceux que les esprits d'élite rechercheront toujours comme un des plus précieux documents des notions de notre époque sur la philosophie de l'art. Nous dirons même, en dépit de l'auteur lui-même, qui ne veut faire l'application du mot sacré de *beau* qu'à des œuvres d'art de la plus haute portée, que son livre est un beau livre. L'élévation et la chaleur du sentiment avec l'ordre et la clarté des idées, une grande raison et un noble enthousiasme, voilà des qualités non-seulement rares mais brillantes, et qui méritent d'être placées au premier rang.

Ce livre a donc la haute valeur des beaux livres en même temps que leur profonde utilité, qui est de soulever dans l'esprit les questions les plus vivifiantes, et de le faire pénétrer sans trop d'efforts dans une immense étendue d'idées. Le style est limpide et pur, assez savant et assez familier pour que tout le monde puisse en faire son profit. D'excellentes définitions y résument avec un rare bonheur les parties délicates de la discussion, et restent dans l'esprit comme des lumières acquises une fois pour toutes. On y sent l'autorité d'une intelligence remplie d'ordre et de goût, fruit précieux d'une vie à la fois artiste et savante, sérieusement investigatrice et poétiquement sensitive.

Tout ceci dit avec conviction et sans complaisance, nous ferons pourtant quelques réserves en causant avec Théodore, et nous laisserons parler, sur le sentiment du *beau*, l'enthousiaste Julie et la sensible Louise, bien que ni l'une ni l'autre n'ait encore lu le livre qui nous occupe. Ceci nous conduira plus tard à examiner la théorie du *réalisme*, à laquelle M. Pictet dit un mot en passant, et qui n'est peut-être pas une antithèse aussi *réelle* de l'*esthétique* que son titre semblerait l'indiquer. Nous verrons ce qu'en penseront nos amis autour de la table. Aujourd'hui et demain, nous sommes à la recherche pure et simple du beau dans la nature, l'art et la poésie.

Théodore, voulant donner à Louise, à Julie et à l'abbé une idée du livre de M. Pictet, essaya de le résumer ainsi :

« L'auteur commence par rechercher l'origine et la source du beau. Il les trouve dans le procédé divin, dans ce qu'il appelle les *idées*, qu'il ne faut point confondre avec les *abstractions*, et qu'il entend à peu près comme Platon, en ce sens que le beau est la révélation de l'idée par la forme, et que la forme le constitue aussi bien que l'idée. »

— Si vous voulez que je vous suive avec attention, dit Julie, évitez les formules et parlez-moi comme à une femme.

— Et puis, dites-nous, avant tout, ajouta le curé, si votre auteur croit en Dieu.

Théodore. — Il y croit, puisqu'il attribue, comme vous et moi, toutes choses à une conception et à un procédé divins : « Si quelqu'un, dit-il, s'avisait de demander pourquoi l'idée se revêt de beauté en se révélant dans la forme sensible, il n'y aurait qu'une réponse à faire à cette question, et cette réponse est : *Dieu*. »

— Alors, continuez, dit l'abbé.

— Et parlez familièrement ou poétiquement, dit Julie

Théodore. — C'est à vous de tirer le sens poétique à votre usage de cette simple définition, l'idée divine. Si je vous disais, avec d'autres philosophes, que le monde des essences a précédé celui des substances, me comprendriez-vous mieux?

Julie. — Oui, mais je vous dirais que je n'en sais rien du tout.

Théodore. — Peu importe en ce moment. Disons, si vous voulez, que l'essence a nécessairement revêtu la substance, et que cette substance a revêtu la beauté extérieure, comme une expression de la beauté immatérielle de l'idée.

Julie. — Soit; je comprends tout cela à ma manière, et je dis que Dieu, étant le foyer du sublime, a fait le beau nécessairement. Il l'a laissé tomber sur son œuvre comme un reflet de lui-même.

— Bien! dit l'abbé; mais ne serait-il pas nécessaire de nous dire d'abord, mon cher Théodore, ce que vous entendez par le beau proprement dit?

Théodore. — Ah! voilà une question que le livre ne résout pas d'un seul terme. Pour un esprit étendu comme celui de mon auteur, toute question a plusieurs faces. Il tient compte des deux théories qui sont en présence dans l'histoire de l'esthétique : « l'une, qui ne fait consister le beau que dans l'impression que nous en recevons, et qui lui conteste ainsi toute réalité en dehors de l'âme humaine; l'autre, qui ne saisit, dans le beau, que le principe général et invariable, et néglige, comme indigne d'attention, la partie changeante du phénomène. Toutes deux, ajoute M. Pictet, renferment à la fois de la vérité et de l'erreur. » Il ne veut point que l'on enlève au beau sa réalité, « ce qui le livrerait sans défense aux attaques du scepticisme. Sans le beau naturel, les facultés esthétiques de l'homme seraient demeurées inactives; sans le regard admirateur de l'homme, le beau naturel serait resté sans but et comme perdu dans cette nuit de la réalité que n'éclaire point la lumière de la conscience... Dans le phénomène intuitif du beau, c'est l'esprit qui parle à l'esprit, c'est l'idée à l'intérieur, qui saisit l'idée à l'extérieur, c'est l'élément divin en nous qui reconnaît l'élément divin hors de nous. »

— Voilà, en effet, d'excellentes définitions, dit le curé.

Théodore. — Elles sont de mon auteur. Je cite en abrégeant pour ne pas fatiguer l'impatiente Julie.

Julie. — Je ne m'impatiente plus, j'écoute. Tout cela me rend compte du phénomène, si phénomène il y a, mais ne me définit pas l'essence du beau. Votre auteur semble n'en faire qu'une chose extérieure, un vêtement, pour ainsi dire. Est-ce, selon lui ou selon vous, un attribut de la divinité, ou une pure faculté de l'esprit humain?

Louise. — On t'a répondu, ma chère; c'est l'un et l'autre.

Julie. — Relativement à nous, j'admets cette explication; mais mon imagination va plus loin et demande davantage. Dans nos petites conceptions humaines, nous pouvons, en effet, prétendre que, sans notre admiration, la beauté de la création manquerait son but, parce que, hors de nous, elle n'a pas conscience d'elle-même ; mais c'est bientôt dit, cela, et je n'en suis pas aussi persuadée que Théodore. Je ne jurerai jamais que les bêtes, les plantes, les pierres même soient privées de sentiment.

Le curé. — Mais vous ne jureriez pas le contraire ?

Julie. — Je jurerais, du moins, que si elles sentent quelque chose, c'est le beau répandu comme un souffle de vie dans la nature. et si vous me demandez ce que c'est que le beau, je vais vous répondre sans façon : le beau, c'est la vie de Dieu, comme le bien, c'est la vie de l'homme. Hors du beau et du bien, il n'y a que le néant dans les cieux et le délire sur la terre. Donc le beau existe indépendamment de toute notion et de toute appréciation humaines. Il est absolu, il est éternel, il est indestructible en tant que la loi de création et de renouvellement. Que l'homme disparaisse de notre planète, l'herbe en poussera mieux, les arbres se remettront en forêt vierge, tous les animaux, redevenus libres et forts, vivront en paix avec leur espèce, et la guerre que les espèces se font entre elles pour vivre les unes des autres maintiendra l'équilibre nécessaire. Cette guerre providentielle redeviendra l'état de paix et d'innocence irresponsable ordonné par la nature elle-même, et le soleil éclairera le paradis des âges antérieurs à l'homme. Est-ce donc lui, ce pauvre être vaniteux et vantard, qui a fait le ciel et les soleils ? Et croyez-vous réellement que Dieu ait eu besoin d'un chef de claque tel que lui pour applaudir le sublime décor et l'immense drame de la création ?

— Allez toujours! dit Théodore; pendant que vous êtes montée, ne vous gênez pas; méprisez l'idée de Dieu en vous-même et foulez aux pieds l'âme qu'il vous a donnée, pour attribuer aux cailloux et aux ronces une âme plus pure et un sens plus net! Rêvez la nature affranchie du joug de l'homme, et les astres du ciel brillant pour les lézards et les scarabées. Toute aberration est permise quand on prétend embrasser l'absolu à votre manière.

— N'exagérons rien, dit Louise. Julie ne parle ainsi que par boutade. Je vois qu'elle est vivement pénétrée de la réalité du beau par lui-même, et qu'elle s'indigne contre ceux qui ont voulu en faire une simple convention à l'usage de l'homme. Si j'ai bien compris ce que votre auteur conclut, c'est que le beau est l'expression la plus élevée de la vie divine, et que le sentiment du beau est l'expression la plus élevée de la vie humaine. Or, comme la vie et la pensée de l'homme se rattachent, plus qu'aucune autre en ce monde, à celle de Dieu, dont elles émanent, le beau se compose de sa propre existence et de ce qui répond en nous à cette existence du beau.

— Vous y êtes, dit Théodore.

— Oui, vous êtes sur la terre! reprit Julie avec dédain.

L'ABBÉ. — Eh! que diantre! il le faut bien! Quand nous serons ailleurs, nous jugerons peut-être mieux l'œuvre divine; mais ici-bas, on ne peut voir qu'avec les yeux qu'on a!

JULIE. — Nous avons dans l'âme des yeux plus lucides que ceux du corps. Nous pénétrons par la pensée dans tous les mondes de l'univers. Nous y supposons naturellement une hiérarchie d'êtres analogue à celle qui occupe notre planète, et nous sommes conduits à penser que l'homme ou son analogue est partout à la tête de la création...

Théodore. — Admettez-vous cela? En ce cas, vous convenez que, dans cet infini d'univers soumis probablement à une certaine unité de plan, l'idée divine s'est faite pensée dans un être supérieur aux autres, et que cet être soit par vous qualifié d'homme ou d'ange, il n'en est pas moins le principal appréciateur, sinon le seul, des merveilles de la nature qu'il habite. Donc, *ailleurs* comme ici, le beau existe, mais à la condition d'être vu des yeux de l'âme autant que de ceux du corps.

Julie. — Mais, que savez-vous de l'existence de ce principal appréciateur dans tous les mondes? Je n'admets pas du tout cette hypothèse comme une certitude, moi! Je dis que c'est une supposition qui se présente à nous naturellement, parce que nous vivons dans un monde d'inégalités où nous nous sommes faits tyrans et bourreaux du reste de la création. Il n'est pas du tout prouvé que, dans de meilleures demeures, la vie ne soit pas manifestée par des formes toutes également belles, quoique variées, revêtant des idées toutes également lucides, quoique spéciales, et qu'au lieu d'une monarchie à l'usage de l'homme, il n'existe pas des républiques à l'usage de tous les êtres qu'elles renferment.

Théodore. — Ce sera comme vous voudrez, ma chère devineresse : le beau n'en sera pas moins un phénomène qui n'existera qu'à la condition d'être vu et compris, et la proposition de mon auteur ne reçoit de vos rêveries qu'une nouvelle confirmation.

Julie. — Mais pourtant toutes vos notions sur le beau et le laid tombent à plat dans le monde de mes rêveries. Ne voyez-vous pas d'ici que rien n'est laid, que tout est beau dans l'œuvre divine, et que cette notion du laid dans la nature, posée comme une antithèse à celle du beau, est une pure fiction de notre pauvre cervelle? Vous me direz en vain que sans le laid le beau n'existerait pas, et réciproquement : je tiens pour le beau absolu comme pour le bien absolu dans l'idée divine. Le laid et le mal n'existent pas en Dieu ; nous les créons dans notre existence ; c'est là où commence notre fiction, notre convention, notre erreur, notre blasphème ; c'est là le fruit amer de notre liberté sur la terre, liberté un peu funeste, puisqu'elle est incomplète, lentement progressive, et qu'elle ne nous sert encore qu'à gâter, à mutiler, à enchaîner, à avilir les autres habitants de notre monde, et nous-mêmes encore plus que nos victimes!

Théodore. — Voilà une déclamation très-morose. Sur quelle herbe a donc marché notre enthousiaste? Elle s'en prend aujourd'hui à Dieu et lui reproche d'avoir fait l'homme libre!

Julie. — Non! il ne l'a pas fait libre, puisque partout l'homme exerce ou subit la tyrannie du fait ou de l'idée. Dieu lui a donné l'aspiration à la liberté pour moyen, et la liberté pour but ; mais Dieu tient l'homme sous le poids de mystères insondables et de problèmes insolubles où il s'agitera jusqu'à je ne sais quelle transformation de son intelligence. Et, jusque-là, faites donc des théories sur le beau et sur le bien; je ne demande pas mieux, si c'est un moyen d'approcher de la vérité; mais laissez-moi vous dire que toute votre science me paraît bien peu de chose, et que votre antithèse du beau et du laid répond mal à ma religion intellectuelle. Pour me résumer, je vous dis que, par le sentiment ou par l'imagination, je vois, en songe, Dieu également satisfait de toutes ses œuvres, puisque toutes répondent à des idées qui viennent de lui; je vois belles, dans l'univers et même dans notre petit monde, toutes les choses et toutes les créatures libres, soit que l'homme les admire, soit qu'il les calomnie. Le laid, bien défini, devrait s'appeler accident, comme le mal devrait s'appeler ignorance; et avec vos décrets arbitraires, vous arrivez à inventer la peine de mort et l'enfer par-dessus le marché, ce qui est très-logique et parfaitement odieux.

Là-dessus, le curé fit une semonce à Julie, et Louise eut beaucoup de peine à rétablir la paix. Mais la discussion s'était égarée et ne put être reprise que le lendemain.

Montfeuilly, 15 août 1856

VI

Si vous êtes calmée et tant soit peu raisonnable aujourd'hui, dit Théodore à Julie, je reprendrai mon analyse. Il faut bien que vous descendiez de vos nuages, et que vous m'accordiez que les mots ont un sens exact qui répond en nous au sens exact des choses.

— Je connais peu de ces mots-là, dit Julie. Il n'y a rien de menteur ou de vague comme les mots.

— Encore! s'écria Théodore impatienté. Il n'y a pas moyen de causer avec elle!

— Laisse-la parler comme elle veut, dit Louise. Elle rêve, mais elle vit. Toi, tu ne divagues pas, mais tu raisonnes. Entre vous deux, nous tâcherons de penser.

— *Amen!* dit le curé.

— Voyons, continuez, reprit Julie. Comment votre auteur définit-il le laid?

THÉODORE. — D'une manière à la fois juste et ingénieuse. Il le fait consister dans un manque d'harmonie entre la forme d'une chose ou d'un être et l'idée du type qu'il exprime. « En quoi, dit-il, un être organisé nous paraît-il décidément laid? En ce qu'il ne reproduit son idée ou son type que travesti, en quelque sorte, par une forme rebelle qui s'émancipe d'une façon désordonnée. Un degré moindre de laideur est celui où la forme reste en arrière de son type et ne le révèle qu'imparfaitement. Nous disons qu'une plante est laide quand elle est mal venue, qu'un animal est laid quand il reste chétif dans son développement. Nous les comparons alors au type de leur espèce seulement, et la forme ici pèche par défaut. Mais la laideur, au contraire, est bien plus prononcée quand la forme pèche par excès, s'écarte violemment du type et entre en révolte contre l'idée. Il en résulte alors ce que nous appelons une difformité, une caricature, un monstre... C'est le caractère que nous offrent certaines organisations des animaux inférieurs, parce qu'elles s'écartent le plus du type général de l'animalité. »

— Attends, dit Louise, je ne te suis plus dans cette définition du type particulier confondu avec celle de l'idée générale. Si toute création est une idée divine, Julie a raison de ne pas vouloir entendre dire que quelque chose soit laid dans la nature. Je comprends très-bien comme elle, et comme l'auteur du livre dans la première partie de sa définition, que le laid soit un accident, et qu'une plante avortée, ou un animal fortuitement hors de proportion avec les autres individus de son espèce soit qualifié de nain, de géant, de caricature et de monstre. Je dirais presque, en ce cas, que la laideur est une déformation, une *dénaturation* de l'être ou de l'objet. Mais vouloir agrandir le domaine du laid dans la création jusqu'à y faire entrer des espèces entières, et décréter que le poisson ou le coquillage est laid parce qu'il ne réalise pas l'idée d'un animal aussi complet que le lion et le cheval, ceci me paraît une concession trop grande au préjugé et à la convention de la part d'un esprit aussi largement éclairé que ton auteur semble l'être.

Théodore. — Il ne va pas jusque-là. Il n'admet la laideur que comme une chose relative. Il aime la nature et comprend la grâce, l'éclat extérieur, la physionomie, l'apparence modeste ou comique, le détail enfin qui rachète jusqu'à un certain point chez certains animaux l'infériorité du type comparé à d'autres types.

Voyons (ajouta Théodore en s'adressant à moi), toi qui as lu le livre, n'est-il pas vrai que les lois de l'esthétique n'entraînent pas l'auteur au mépris des caprices apparents du beau naturel?

— C'est vrai, répondis-je. Il proclame que, « dans l'ensemble de la nature, c'est le beau qui domine victorieusement, et que la laideur n'est qu'une exception, un détail. » Pourtant, si vous voulez que je dise toute ma pensée, je trouve des contradictions dans ce beau et bon livre; et, pour me servir d'une de ses expressions, des moments de *disharmonie* entre la théorie et l'application. L'auteur me paraît quelquefois un peu emprisonné dans son rôle de professeur d'esthétique; il semble que son sentiment, sa conscience d'artiste et de poëte se révoltent contre les arrêts de son enseignement, et qu'après avoir posé une règle, un *critère*, comme il dit, il ait besoin de s'écrier : *Et pourtant!*... Enfin, laissez-moi tout vous dire, dussiez-vous m'accuser de faire la cour à Julie. J'admire et j'estime sincèrement la recherche des principes du beau, et je fais le plus grand cas de celle-ci ; mais, en fait d'art, comme devant la nature, je me sens de l'école de Hugo et de Michelet plus que de celle de M. Pictet.

— Voyons, voyons, dit Julie, parlez : vous aimez mieux les poëtes que les théoriciens?

— Eh bien, oui, j'en conviens, et je m'imagine que les artistes qui se laissent aller à leurs impressions, et même, si Théodore le veut, à leurs divagations, nous en apprennent plus long que les amateurs et les raisonneurs les plus éclairés. La théorie de M. Michelet sur l'âme des oiseaux, sur les douloureuses rêveries de la fauvette captive, sur les extases poétiques du rossignol, sur les modestes vertus du pivert, etc., prêtent tant que vous voudrez à la critique des gens sérieux ; mais si l'homme a besoin de quelque chose dans son éducation esthétique, ce n'est pas tant de démonstration que d'émotion, ce n'est pas tant de raison que d'enthousiasme, et de savoir que de sentiment. Quant à moi, il m'est absolument indifférent de savoir que l'Apollon du Belvédère est le prototype du beau, parce que son angle facial dépasse 80 degrés. J'ai vu cet Apollon tant vanté, et il m'a laissé froid comme un marbre qu'il est. C'est sans doute ma faute ; mais n'est-ce pas aussi la faute de son *archétypisme raisonné?* Après l'avoir bien regardé, je rêvai toute la nuit suivante qu'il venait sottement me faire des reproches et me montrer ses beaux bras et ses belles jambes académiques. Or, j'étais furieux de son insistance, et je vous en demande bien pardon, ô Théodore ; mais en rêve on est si naïf et si grossier ! je m'éveillai, ce matin-là, sous le ciel de Rome, en m'écriant brutalement : « Va-t'en ! va-t'en dans ton musée, pédant de beauté, tu m'ennuies ! »

Théodore entra dans une si grande colère qu'il me traita, je crois, de réaliste. Julie et Louise rirent de sa fureur, et il me fut permis de continuer.

— Tout à l'heure, dis-je à Théodore, quand votre indignation s'apaisera, je reviendrai à vos prototypes classiques. Laissez-moi vous demander, quant à présent, pourquoi, dans une petite strophe de Hugo ou dans un court paragraphe de Michelet sur les bestioles ou les fleurettes des champs, j'oublie absolument si la poésie me fait un conte de fées ou si elle m'instruit dans la vraie philosophie de la nature. Ce que je sais, c'est qu'elle me charme et m'attendrit ; c'est qu'elle me fait voir beaux et grands ces coins de paysage et ces divins petits êtres qui animent le ciel et les bois de leur vol et de leur chant ; c'est qu'elle me fait aimer passionnément l'œuvre divine dans la moindre de ses idées ; que dis-je ! c'est qu'elle m'insuffle, sans enseignement, une notion plus étendue et peut-être plus équitable du beau dans la nature que celle de mon éducation positive ; c'est enfin qu'en me poétisant la créature, quelle qu'elle soit, l'imagination émue m'initie à une puissance, tandis qu'en classant la beauté des créatures par rapport à l'homme, le raisonnement critique me a retire.

Théodore. — *Et pourtant!* comme tu disais tout à l'heure, M. Michelet s'égare continuellement à chercher d'assez puériles ressemblances entre ses oiseaux et le type de l'homme. En ceci, il va bien plus loin que M. Pictet.

Moi. — Oui, c'est vrai ; mais nous avons dit, autour de cette table : « Des écarts tant qu'on voudra, pourvu qu'il y ait de la conviction et de l'inspiration ! »

Théodore. — Vous voulez qu'un traité soit une affaire d'engouement et d'enthousiasme déréglé ?

Julie. — Nous voulons, au contraire, que les traités soient bien raisonnables et bien froids, afin de ne pas les lire.

Moi. — Je ne vais pas aussi loin que vous. J'aime les traités bien faits, et celui de M. Pictet est le meilleur que j'aie lu. M. Pictet est le professeur le plus ingénieux qu'il soit possible de désirer. Mais est-ce par nature d'artiste sobre et difficile, est-ce par devoir de la science qu'il traite, qu'il se défend ou semble se défendre de certaines admirations? Il y a peut-être bien un peu de l'un et de l'autre. Ainsi, en parlant de la statuaire, il dit, selon moi, une grande hérésie qui a dû lui coûter certainement : il affirme, à plusieurs reprises, que la statuaire grecque n'a jamais été dépassée, et moi, je sens qu'elle l'a été de cent coudées par Michel-Ange. Jamais, avant le *Moïse* et la chapelle des Médicis, la statuaire n'avait réalisé l'idée de la vie divine dans la vie humaine avec cette sublimité. Il y a, entre Michel-Ange et Phidias, la différence qui sépare l'idée chrétienne de l'idée païenne ; et, par une puissance et une universalité de génie incomparables, Michel-Ange a résumé les deux idées, donnant à la forme toutes les splendeurs de la matière, et à l'idée tout l'éclat du rayonnement divin. Sur cette grande science, et sur cette large compréhension qui font le style du monarque de la statuaire, plane encore son individualité de penseur passionné ; si bien que ses personnages sont l'expression des choses du ciel comme celle des choses de la terre, et encore celle de l'intelligence de Michel-Ange, à nulle autre pareille, à nulle autre comparable dans le domaine de son art.

THÉODORE. — Mais où prends-tu que mon auteur n'apprécie pas Michel-Ange?

MOI. — Il ne le nomme nulle part, et à propos de statuaire, dans son chapitre du *Sublime*, il cite un lion de Thorwaldsen. Ce lion, je ne le connais pas et n'en dis point de mal ; mais le *Moïse!* N'était-ce pas l'occasion de dire qu'il est le prototype du sublime? J'ai peur que M. Pictet ne le range dans les aberrations du génie.

Théodore. — Tu lui fais là un procès de tendance.

Moi. — Alors, je m'arrête, et après avoir fraternisé avec votre satisfaction et votre admiration pour la partie du livre de M. Pictet qui exprime, traduit et critique l'histoire de l'esthétique et celle de l'art (chose bien difficile dans des bornes aussi restreintes que celles d'un cours contenu dans un volume, et pourtant excellemment réussie), j'arrive à sa conclusion, qui peut-être satisfera mieux Julie que son exposition. « Émanée, comme un pur rayon, de l'intelligence suprême, l'idée de l'universalité du beau, dit M. Pictet, se révèle d'abord dans la nature; puis reflétée par l'art, qui la dégage des accidents de la matière, pour la ramener à sa pureté primitive, elle éclate, sous mille formes diverses, au sein de l'humanité. »

— Attendez, dit Julie, voilà encore une définition, la définition de l'art et de sa mission. C'est bien dit, mais je proteste si, par *accidents de la matière*, M. Pictet entend, non-seulement les formes individuelles qui ne réalisent pas le type de l'espèce à laquelle l'être appartient, mais celles qui entrent en révolte contre le type général de beauté défini, préconçu et arrêté par les esthétiques. Dans ce cas-là, j'enverrais promener toute cette prétendue philosophie du beau, parce qu'elle condamnerait la grenouille à être laide de par la Vénus de Milo, et que la grenouille est aussi jolie dans son espèce que la plus grande déesse dans la sienne. Il y a dans ces règles d'esthétique des choses qui me paraissent dangereuses pour le progrès de l'art, et contre lesquelles les réalistes ont le droit de réclamer : c'est qu'en partant d'un prototype convenu pour déclarer inférieures toutes les autres idées divines, on pousse des générations d'élèves à faire de l'art grec à contre-sens et sans inspiration, et à dédaigner l'étude du vrai qui sert de base à tout sentiment du beau. On ne dira jamais rien de plus juste que ce vieil adage (de Platon, je crois), que le beau est la splendeur du vrai.

Louise. — Moi, je suis de ton avis, chère fille : la laideur est une création humaine, et l'antithèse nécessaire qu'elle apporte dans nos conventions est inutile au procédé divin. Cette antithèse a été apportée dans notre monde par les tâtonnements de la liberté de l'homme. Condamné par ses instincts d'imitation à devenir créateur à son tour, l'homme n'arrive à la notion du beau et du bien qu'en commençant par gâter souvent l'œuvre divine. Alors il essaye de choisir entre ce qu'il a fait de bon et ce qu'il a fait de mauvais, et, au temps où nous sommes, il se trompe encore à chaque instant et dans son œuvre et dans son jugement. Dieu, lui, n'a rien fait qui ne soit bien fait et qui ne rentre dans l'harmonie générale. L'homme seul s'en écarte par ignorance et par vanité. N'a-t-il pas réussi à se faire laid lui-même? Lui, le chef-d'œuvre de la création, il détruit, il avilit, il torture par tous les moyens son propre type. C'est lui, l'ingrat, qui a fait entrer la laideur dans son domaine et dans sa propre famille. Dès qu'il s'est vu affermi dans sa royauté sur le reste du monde organique, il s'est empressé de vivre en dehors des conditions naturelles. Ici trop de paresse physique et de nourriture matérielle, de là l'obésité et toutes ses disgrâces ; là, trop de fatigue et de misère, c'est-à-dire la maigreur et l'étiolement. Et puis, en haut comme en bas de la belle échelle sociale inventée par lui, des excès de sentiment, d'intelligence ou de sensualité ; des désordres de vice ou de vertu ; des abus de jouissance et des abus d'austérité qui engendrent mille maladies et mille difformités inconnues aux animaux sauvages et aux plantes libres. De là la laideur qui se transmet à l'enfant dans le sein de sa mère, même après des générations exemptes de misère ou de vice. L'homme s'en prendra-t-il à Dieu de sa propre folie ? Lui reprochera-t-il d'avoir donné à la tortue des pieds trop courts et à l'araignée des jambes trop longues, lui qui a réussi à introduire dans son propre type des ressemblances monstrueuses avec toutes sortes d'animaux ?

Vous avez d'autant plus raison, dis-je à la grand'mère que, pour être logique avec son principe *qu'il y a du laid dans la création*[1], M. Pictet pense rehausser le prix de la beauté en disant qu'elle est une magnificence gratuite de la nature et une superfluité généreuse du Créateur. Il en conclut que la laideur, chez l'homme, ne prouve rien contre l'excellence des individus. Cela est certain ; mais il aurait peut-être dû nous dire qu'elle prouve beaucoup, qu'elle prouve tout, en tant

---

[1]. Il le dit à regret avec mille ménagements. Il dit que la Providence cache soigneusement les écarts de la nature aux regards de l'homme ; que ces écarts sont des exceptions, etc.

que solidarité contre notre race insensée. Elle est un sceau, parfois indélébile, de quelque châtiment infligé à nos pères pour l'abus qu'ils firent sans doute de la beauté primitive départie à tous. Dieu, qui est bon parce qu'il est juste, ne permet pas que l'âme s'en ressente au point d'être enchaînée et rabaissée au niveau de sa forme disgraciée, mais elle souffre du poids de la laideur. L'intelligence en est attristée, si cette laideur est infligée à un être raisonnable et clairvoyant. Si, au contraire, elle est le partage d'un être vaniteux qui s'ignore et se croit beau, elle le condamne à un profond ridicule, et toute sa destinée sociale s'en ressent. Aimons donc beaucoup, estimons infiniment les êtres humains qui supportent la laideur, personnellement imméritée, sans amertume pusillanime et sans grotesque illusion. En général, ces êtres-là sont si bien doués du côté de l'âme ou de l'esprit, qu'un reflet de leur beauté intérieure rachète en eux la sévérité des destinées et illumine leur visage d'une expression qui arrive à plaire et à charmer autant, quelquefois plus, que la beauté.

Mais ne nous en faisons pas accroire. Quand nous devenons laid avant l'âge, c'est souvent par notre faute, et quand nous naissons laids, c'est par la faute de nos ascendants. Dans tous les cas, nous portons la peine de nos erreurs ou de celles d'autrui, car la nature n'échappe pas, comme la société, à la loi de solidarité. Si les maladies nous défigurent, si la petite vérole a labouré de ses affreux stigmates tant de beaux visages, c'est la faute de nos sciences, qui ne marchent pas aussi vite que les fléaux qui nous atteignent. La laideur est donc une plaie sociale, un fait purement humain. Elle n'est pas dans la création. Tout être qui vit dans des conditions normales de son existence est beau dans son espèce ; et ce n'est que par analogie, c'est en voulant *comparer* ce que Dieu a simplement *distingué*, et *graduer* ce qu'il s'est contenté d'enchaîner, que nous sommes arrivés à critiquer avec plus d'orgueil que de clairvoyance la création, l'idée divine elle-même.

— Nous nous entendons, dit Julie. Ce qui prouve bien que la laideur est notre ouvrage, c'est qu'un chardonneret qui vit en liberté n'est pas moins beau que tout autre chardonneret de son espèce, c'est qu'aucun reptile ne louche, c'est qu'aucun pinson n'a la voix fausse, c'est qu'il n'y a point de gazelle bossue.

— Mais le dromadaire a des bosses ! s'écria Théodore, et vous ne sauriez dire que le rhinocéros ou l'hippopotame soient d'agréables personnages !

Julie. — Vous les trouvez affreux parce que vous avez toujours M. Apollon dans vos verres de lunettes. Ces vieux types de la création primitive ont leur caractère de puissance brutale ou terrible. Ils ressemblent à des rochers ou à des troncs de plantes gigantesques ; ils ne sont pas mesquins, j'espère, ils réalisent pleinement leur type monumental ; ils expriment les idées violentes ou paisibles des premiers efforts de la création organique ; et j'aimerais mieux les avoir sans cesse devant les yeux qu'un Cupidon ou un Zéphire sur un candélabre de l'Empire, ou qu'un troubadour avec sa bachelette sur une pendule de la Restauration. Les prétendus écarts de la création divine me jettent dans la rêverie ou dans l'émotion ; ils me font réfléchir ou trembler : mais vos objets d'art manqués me rendraient imbécile.

— Allons, dit Louise qui écoutait Julie avec une complaisance maternelle, tout en feuilletant le livre esthétique placé sur la table ; j'aime tes instincts, mais tu aurais tort d'attribuer à M. Pictet les goûts contre lesquels tu déclames. Je vois, en lisant au hasard, des pages superbes, et en voici une à la fin du livre, qui doit clore la discussion et te réconcilier avec lui :

« L'idée du beau est éternelle, et ses manifestations s'étendent à l'infini dans l'espace et dans le temps. Nous sommes beaucoup trop portés, quand il s'agit des choses divines, à en restreindre la possession à nous-mêmes, à notre petite famille humaine, à notre petite demeure terrestre. Nous oublions que nous ne sommes qu'un point dans l'univers, qu'un instant dans l'éternité... Qui nous dit que l'univers ne renferme pas un nombre indéfini de natures diverses, d'organismes vivants et expressifs, ayant tous leur beauté propre, infiniment supérieure peut-être à ce que nous connaissons ? Le nombre des arts que nous cultivons est forcément limité par les conditions matérielles de notre existence terrestre. Mais là où ces conditions seraient tout autres, là où les données de la forme et de la matière se trouveraient beaucoup plus riches ou plus dociles à l'action de l'intelligence, il devrait naître autant d'arts nouveaux qu'il y aurait de combinaisons nouvelles, et la possibilité de ces dernières n'a pas de bornes. Ainsi chaque nature stellaire doit servir de base à un monde esthétique où elle se reflète et s'idéalise ; chaque planète doit avoir sa poésie, comme elle a sans doute sa vie organique et intellectuelle. »

Julie. — Certes, cette page est belle.

Théodore. — Tout l'ouvrage est beau ; mais vous ne faites grâce à l'auteur que parce qu'il consent à monter un instant votre *dada* du monde stellaire.

Julie. — Mon *dada*! c'est ma religion, à moi, et l'abbé ne s'en courrouce pas trop : je lui ai prouvé qu'en espérant parcourir tous ces beaux habitacles des cieux, je ne faisais qu'étendre le domaine du paradis.

Théodore. — Je ne nie pas votre hypothèse. Je suis de ceux qui ne nient et n'affirment rien sans réflexion ; mais je trouve que tous, ici, vous vous préoccupez trop de ces aspirations locomotrices dans l'infini. Cela vous fait oublier d'apprécier tranquillement et justement les données de ce monde-ci, qu'il ne nous est pas permis de vouloir tant dépasser.

— Restez-y si bon vous semble, répondit Julie ; moi je vous répondrai avec Platon, avec Hugo et avec Michelet, par le cri de l'âme altérée de lumière et de liberté : *Des ailes!*

Montfeuilly, 16 août 1856.

VII

Nous allions entrer dans une sorte de dispute sur la doctrine du *réalisme* dans l'art, lorsqu'un article de la *Presse*, signé Alexandre Bonneau, donna ce soir-là un autre cours à nos pensées. Il ne s'agissait plus seulement d'une question de goût, mais d'une question de civilisation sociale, et l'intérêt de celle-ci nous domina au point de nous faire oublier et ajourner la première.

C'est Julie qui nous avait interrompus en nous demandant de lui expliquer ce que c'était que le *columbarium* des anciens.

— Je vais te le dire, sans être savante, répondit Louise. Quand on a été à Rome, on s'habitue tellement à l'idée de ce genre de sépulture, que l'on ne peut plus admettre sans répugnance la méthode d'ensevelissement adoptée dans le monde moderne : méthode barbare, hideuse, funeste, contre laquelle le genre humain devrait protester avec l'auteur de l'article excellent que tu viens de lire.

Mais, d'abord, je te recommande la lecture d'un autre article sur les *columbarium*, par M. Laurent-Pichat. Tu y trouveras la description extérieure de ces chambres-cimetières, ou plutôt de ces chapelles païennes qui n'ont rien d'incompatible dans la forme et même dans l'usage primitif chrétien avec le culte orthodoxe de nos jours. La promenade de M. Laurent-Pichat à la vigne de Pietro est une relation charmante et très-exacte.

Julie. — Qu'est-ce que la vigne de Pietro?

Louise. — Pietro est un facétieux vigneron de la banlieue de Rome, qui trouva dans son enclos, il y a quelques années, un columbarium très-intéressant, et qui sacrifia gaiement ses ceps de vigne à l'espoir de trouver d'autres antiquités. Cet espoir s'est réalisé. J'ai vu cet intéressant enclos, depuis la visite qu'y a faite M. Pichat, et Pietro n'avait pas fini d'exhumer ses richesses. Il pensait avoir cinq ou six de ces chapelles dans sa vigne, et ne regrettait pas son raisin, remplacé par un musée de bijoux antiques beaucoup plus fructueux. Mais, pour ne te parler que d'un de ces curieux monuments, je te décrirai celui dans lequel j'ai passé une heure, et qui est récemment déblayé et remis en ordre. Je me disais, en l'examinant, que c'est quelque chose de bien étrange de retrouver, après tant de siècles d'ensevelissement et d'oubli, une collection d'objets en apparence aussi fragiles que des urnes de terre et des cendres humaines; et, en y réfléchissant, j'ai reconnu que cette poussière qui fut des hommes, et ces vases qui furent de la poussière, sont, grâce à l'action du feu, les deux choses qui survivent à tous les orages et à tous les cataclysmes du monde social. Les plus antiques témoignages de l'existence des sociétés perdues dans la nuit des temps sont des débris de terre cuite, qui ont servi de tombeaux à des générations dont le nom s'est effacé de la mémoire des hommes.

Le *columbarium* dont je te parle est une chapelle en carré long assez profonde, et retrouvée intacte depuis le fond jusqu'à fleur de terre, où commençait son toit, lequel a été remplacé par un toit nouveau assez rustique. Il ne paraît pas que ce monument ait été jamais autre chose qu'une cave; on ne trouve, au fond, aucune ouverture indiquant que l'on soit de niveau avec l'ancien sol. Peut-être qu'un édifice plus solennel s'élevait au-dessus de celui-ci; c'est même très-vraisemblable. On devait apporter les cendres dans une sorte de temple ou reposoir, et descendre ensuite, avec cérémonie, dans le caveau funéraire.

Ce caveau est sombre et n'a jamais reçu la lumière que d'en haut. Il est, de la base au faîte, creusé de niches à plein cintre d'un à deux pieds d'élévation. C'est là que l'on déposait les petites urnes; c'est là qu'elles sont encore, en grande partie, avec les mêmes cendres blanchâtres et les mêmes petits débris d'ossements calcinés qu'elles contenaient. L'élégance et la diversité de ces récipients, les uns en marbre, les autres en poterie, quelques-uns en matière plus précieuse, forment une charmante galerie, avec les lampes, les statuettes, les petits bustes, les monnaies, et ces fioles lacrymatoires, dont le verre est devenu, par l'effet du temps, d'une si belle irisation, qu'il n'existe pas de pierres précieuses plus brillantes. Les épitaphes, parfaitement conservées, sont au bas de chaque niche, quelquefois accompagnées d'un petit bas-relief d'un travail exquis. Un buste de jeune fille, de grandeur naturelle, est l'objet d'art colossal de cette galerie : c'est un véritable chef-d'œuvre. Par le type et par l'arrangement des cheveux, cette tête ravissante rappelle la jeunesse de madame Récamier.

— Ainsi, dit Julie, *columbarium* veut dire tout bonnement colombier; et l'on appelait ainsi ces chapelles funéraires, parce que les niches rappellent celles que l'on fait pour les pigeons?

— Il y a encore dans ce même caveau que j'ai examiné, reprit Louise, une tombe collective que l'on pourrait appeler une ruche. C'est un banc de marbre blanc dans lequel on a creusé des capsules pour y déposer les cendres. Chacune est protégée par un petit couvercle. C'est le mausolée des membres d'une école de chant. Les clients, les affranchis et les esclaves avaient leur place dans les columbaires des familles patriciennes. Les voûtes étaient ornées de peintures à fresque représentant des fleurs, des oiseaux et des papillons. Cette riante décoration se retrouve aussi dans les catacombes chrétiennes. Elles sont très-complètes dans celles de Sainte-Calyxte, mais plus jolies et d'un ton plus frais dans un des columbaires de Pietro, qui n'est encore qu'à demi-déblayé.

JULIE. — Il me semble que, dans ces conditions-là, la sépulture manque de la solennité des cimetières.

LOUISE. — Elle manque d'horreur, voilà tout; mais elle m'a semblé revêtir le véritable caractère sacré, celui qui s'attache aux souvenirs inaltérables. La création des cimetières est le résultat d'un âge de barbarie succédant aux civilisations épuisées. Ce n'est pas une institution qui tienne à l'établissement du christianisme. Si les premiers chrétiens ne brûlèrent pas leurs morts, ils les embaumèrent, et, quand ils ne purent le faire, ils ne les rendirent pas à la terre pour cela. L'idée de les conserver à l'état de cendres leur fit chercher dans le tuf friable des catacombes un système de columbarium plus vaste, mais où le cadavre était isolé de l'air respiré par les vivants; car on creusait des lits dans ce tuf, et on y murait hermétiquement les cadavres. Ces lits mortuaires sont superposés, le long des galeries souterraines, comme ceux des passagers dans un navire, ou comme les rayons d'une armoire. Un sous-sol favorable à ce genre de sépulture le rendait plus expéditif que tout autre dans un moment de persécution; mais le tuf volcanique de Rome est une condition toute particulière, que nos terrains humides ne peuvent offrir. L'effet de la terre et des cercueils de bois sera toujours la pourriture et les miasmes pestilentiels qu'elle répand.

— La législation chrétienne, dit Théodore, ne peut jamais avoir eu en vue de produire la mort par la mort, et je ne pense pas qu'aujourd'hui elle s'opposât à l'incinération des cadavres, soit par le feu, soit par des moyens chimiques que M. Alexandre Bonneau eût pu nous indiquer.

Julie. — Moi je trouve que cette opération de brûler ceux qui respiraient tout à l'heure a quelque chose d'effrayant pour la pensée.

Théodore. — Il y a quelque chose de bien plus effrayant, c'est l'idée d'enterrer des vivants, et cela arrive souvent, beaucoup plus souvent peut-être qu'on ne se l'imagine. On ne fouille pas un cimetière sans en trouver la preuve, et tout le monde est d'accord sur la nécessité d'une loi nouvelle qui remédie à l'horreur des inhumations précipitées. Nous savons bien tous que le court délai imposé à l'enterrement n'est pas même observé dans les campagnes. Les paysans ont peur de leurs morts. Aucun médecin n'est appelé à constater les décès; on trompe les curés sur l'heure du dernier soupir; on porte le cadavre au cimetière au bout de douze heures, et moins si l'on peut. Souvent l'autorité l'apprend après coup, mais tant pis pour ceux qui n'étaient pas bien morts. On ne recherche pas le délit, le crime peut-être, car il est des retours à la vie qui contrarieraient des intérêts cupides ou des passions coupables.

Quelquefois, le vivant s'éveille dans la tombe. Imaginez l'épouvante de ce réveil, le désespoir, la rage de cette seconde agonie! Il crie, il frappe les parois étroites de sa bière. Un passant l'entend par hasard; mais il croit aux âmes en peine; il promet une messe et s'enfuit.

Hélas! si jamais *âme en peine* mérita ce nom, c'est celle du pauvre martyr enfermé dans ce hideux instrument de torture. Il s'était peut-être endormi avec calme, croyant s'endormir pour toujours; il avait fait ses adieux à la vie, à la famille; résigné, au seuil de l'éternité, il avait édifié ses proches par sa foi ou par son repentir. Il avait expié ou réparé ses fautes. Il était absous par la croyance catholique; il était marqué par elle pour le ciel. Et le voilà qui s'éveille, qui s'étonne, qui s'effraye, qui a froid, et faim, et peur de la mort sous cette forme atroce. Le voilà qui rugit, qui devient fou et furieux, qui ronge ses mains ou déchire sa gorge avec ses ongles, pour finir par le suicide au milieu des hurlements étouffés du blasphème. Et quels regrets, quelle douleur pour ceux qui se savent aimés! O ma mère! ô ma femme! ô ma sœur! si vous pouviez m'entendre! si vous me saviez là vivant!

— Vous me donnez froid, taisez-vous! s'écria Julie. Jamais la mort ne m'a fait peur. Cette idée est, au contraire, très-douce en moi, pleine de poésie, d'espérance religieuse et même d'enthousiasme. Vous me la gâtez, car j'avoue ne me sentir aucune force contre la pensée d'un réveil dans le cercueil et d'une seconde mort dans les accès d'une insurmontable frénésie. Cela se présente à moi comme un cauchemar effroyable. Ah! mes amis, si je meurs près de vous, faites-moi embaumer!... Mais non! L'idée de cette dissection répugne à la pudeur d'une femme. Celle dont nous parlions dernièrement, cette femme illustre qui était le type des distinctions exquises de l'esprit et du sentiment, avait défendu que l'on touchât à son corps.

— Et elle avait raison, dit Théodore. L'embaumement est accompagné de circonstances dégoûtantes ; et l'autopsie, qui n'est pas nécessaire à la science ou à la légalité, devrait être considérée comme une profanation. Précisément, dans les magnifiques vers que madame de Girardin a fait dire à Cléopâtre, elle peignait rapidement le côté antihumain, et, pour ainsi dire, *antivivant* de la vieille Égypte absorbée par *l'art monstrueux* de la momification :

> On dirait un pays de meurtre et de remords :
> Le travail des vivants, c'est d'embaumer les morts ;
> Partout dans la chaudière, un corps qui se consume ;
> Partout l'âcre parfum du naphte et du bitume ;
> Partout l'orgueil humain follement excité,
> Luttant, dans sa misère, avec l'éternité !

— D'ailleurs, reprit Julie, la conservation de nos restes par ces procédés est quelque chose de si laid, que, pour rien au monde, je ne voudrais prévoir que l'on me verra encore dans cinq cents ans.

Louise. — Et puis, la question n'est pas de consulter les gens qui ont le moyen de s'occuper de la figure qu'ils veulent faire après leur vie. Si nous étions tous riches, nous arriverions très-facilement à ne pas rendre nos sépultures dangereuses pour les populations ; mais comme les riches sont le petit nombre, et que le grand nombre est forcé de faire de ses dépouilles une sorte de voirie et un foyer d'infection, il serait grand temps de réformer ce fatal système.

— C'est une réforme où il y aurait donc trois choses à détruire, dit le méthodique Théodore. D'abord, et avant tout, le malheur ou le crime fréquent des inhumations précipitées ; deuxièmement, le manque de respect aux morts ; troisièmement, l'effet désastreux, constant et certain, pour la santé publique, de la méthode actuelle. Donc, il y aurait à trouver :

1° La certitude de la cessation de la vie, problème que la médecine n'a pas résolu, et qu'il serait nécessaire de suppléer par une certitude de la mort, c'est-à-dire par l'épreuve d'un délai sérieux et par une constatation légale réelle. Comme on n'obtiendra jamais ce dernier point dans les campagnes, il faudrait soustraire les morts à l'aversion superstitieuse du paysan, en les plaçant dans un local d'attente, semblable à celui qui est en usage dans d'autres contrées. Ce délai n'offrirait pas de dangers pour la santé publique ; les fonctionnaires particuliers, payés par les communes, veilleraient aux premiers symptômes de la putréfaction, *seul indice certain de la mort*, les médecins l'avouent et plusieurs le déclarent. Les cérémonies du culte conduiraient ce corps à son lit d'attente, comme elles le conduisent au lit définitif de la tombe. Quelle belle cérémonie à instituer que celle de son retour parmi les vivants quand le cas se présenterait !

2° Le système le plus économique, le plus décent et

le plus religieux pour la conservation des restes humains, entassés aujourd'hui, et demain éparpillés et profanés, soit dans les fosses communes des grandes villes, soit dans les cimetières de campagne, où manquent l'ordre et l'espace, et où les enfants sentent craquer sous leurs pieds les ossements de leur grand-père, avec la plus cynique insouciance ou avec le plus insultant dégoût. L'incinération ou la dessication, par le feu ou par les agents chimiques qui viendraient à le remplacer sans grandes dépenses, est le meilleur mode, car l'urne est le meilleur tombeau; le plus portatif, si l'on autorise les parents pauvres et les amis à ne pas se séparer des restes sacrés (liberté que je n'accorderais pourtant pas, si j'étais législateur, dans une société aussi peu religieuse que la nôtre); et le plus durable, parce qu'il est le moins volumineux, le plus facile à préserver des outrages de la préoccupation, de la brutalité des effervescences politiques, et des empiétements des sépultures les unes sur les autres, créés par la nécessité, par le manque d'espace ou de temps.

3° Le moyen le plus efficace de préserver les vivants de la contagion de la mort par les exhalaisons des cadavres, par l'assimilation de l'air, des eaux et des plantes aux principes putrides de ces dissolutions. Je me souviens d'avoir vu, au cimetière Montmartre, la forme d'un corps humain comme tracé en relief sur la terre humide. En me baissant, je vis que ce relief était le résultat d'une couche épaisse de petits champignons vénéneux. Le pauvre mort était dessiné là, tête, corps, bras et jambes, et comme revenu à la surface du terrain, sous forme de végétation hideuse et infecte. Et pourtant c'était un particulier aisé, il avait, pour dernière demeure, son petit carré de terre, sa barrière peinte, sa croix sculptée, son banc de gazon, sa plate-bande de fleurs. Il avait été probablement enterré honorablement, à la profondeur voulue, dans un caveau cimenté et dans un cercueil convenable. La putréfaction avait percé le bois, la pierre et l'épaisseur du sol. Elle avait fait surgir, en dépit des soins donnés à cette sépulture, l'immonde végétation qu'on eût pu appeler le poison vital de la mort, et qui, en se desséchant, devait se répandre en poussière impalpable dans l'air respiré par les vivants.

JULIE. — Vous avez, ce soir, d'abominables historiettes. Dites-nous vite votre remède, et parlons d'autre chose.

— Julie! dit Théodore d'un ton rude et triste, vous n'avez encore perdu aucun de ceux que vous aimez. Quand ce malheur vous arrivera, vous sentirez se joindre à vos regrets je ne sais quel effroi, quelle angoisse physique, et vos genoux trembleront en s'appuyant sur cette terre ou sur ce marbre, au sein desquels s'accomplira la terrible et repoussante transformation de l'être aimé. Alors, vous comprendrez que les restes humains ne devraient pas subir, comme ceux des animaux inutiles, cette opération lente de la destruction par le ver de la tombe. Vous frémirez à l'idée de ce que vous éprouveriez s'il vous fallait revoir ces traits chéris ou vénérés devenus des objets d'épouvante ou de répulsion. Vous aurez besoin de fuir ces sépulcres barbares qui matérialisent l'idée de la mort, qui dégradent et défigurent l'image restée dans nos souvenirs.

Alors, vous regretterez de ne pouvoir pleurer sur une cendre purifiée par le feu, sur un cadavre dont l'annihilation subite laisserait intacte, en vous, la beauté des formes de votre enfant, ou la majesté des traits de votre mère.

— Vous avez raison! dit Julie. L'homme doit disparaître, il ne doit pas pourrir; il ne doit devenir ni une momie ridiculement parée, objet d'horreur grotesque, ni une couche d'immondes champignons, poison répandu dans l'atmosphère. Il doit devenir cendre. S'il pouvait ne rien devenir du tout et se consumer entièrement, ce serait encore mieux, car le rôle de son corps est fini au moment où celui de son âme recommence; et, pour se pénétrer de l'instinct de l'immortalité, ceux qui lui survivent devraient ne pas même savoir ce que la putréfaction peut faire de la beauté de cette forme. Il faudrait l'anéantir comme un vêtement que l'on a vu porter à un ami, et que l'on brûle, plutôt que de le voir traîner dans la boue. J'adopte donc l'idée de l'incinération, et je la trouve religieuse, morale et civilisatrice.

— Oui, oui, dit Julie, demandons qu'on érige le *columbarium*, qui mettra nos morts plus près de nous, et qu'on ferme le cimetière qui nous en sépare à jamais. Dans le *columbarium*, point de corruption, point d'animaux carnassiers attirés par l'odeur de la chair. Une poussière inodore, inaltérable. Pas de terreur laissée après soi, pas de dégoût autour de la dernière demeure. Des flammes purifiantes pour linceul, une petite urne pour sépulcre, relique sacrée qui peut recevoir les baisers et les larmes maternelles tant que la mère existe. Et, dans les fantasmagories de la nuit, que le moyen âge a rêvées si atroces et que l'imagination populaire voit encore sous des couleurs si noires et si grossières, au lieu d'une danse macabre de squelettes grimaçants, des ombres douces et poétiques qui gardent l'apparence et la beauté de la vie, de suaves ou d'imposantes apparitions qui ne viennent pas menacer des tourments éternels le pauvre hors d'état de payer la messe, mais qui, prévoyants et généreux amis au delà de la mort, viennent consoler des maux du présent et préserver des fatalités de l'avenir.

— Sur ce, dit Julie, prions pour que le plaidoyer de M. Alexandre Bonneau ait le retentissement qu'il mérite, et pour que la civilisation l'emporte de nos jours sur la barbarie.

Montfeuilly, 20 octobre 1856.

VIII

— Je vous trouve, quoi que vous en disiez, bien aristocrate dans vos lectures. Il vous faut des noms illustres, et je vois une foule d'excellentes choses, qui n'ont pas encore la consécration d'une célébrité retentissante, passer sur cette table sans qu'on leur fasse l'honneur de les lire et d'en causer.

Ainsi parla Théodore. Julie lui objecta la beauté du temps.

— On se promène et on travaille dehors tant que le jour dure, lui dit-elle, et, à force d'avaler de l'air, on est un peu grisé et somnolent quand on rentre au salon. Alors on n'a pas trop sa tête pour essayer des auteurs nouveaux ; on risque de tomber sur ce qu'il y a de plus médiocre et de s'endormir tout à fait sur sa chaise ; au lieu que, comme des mets de haut goût réveillent l'appétit, les livres éminents qui font naître des disputes raniment les esprits assoupis. Pourtant, si vous avez, dans toutes ces nouveautés, quelque chose de bon à nous lire, faites, nous écoutons.

THÉODORE. — Au train dont vous y allez, toutes les nouveautés sont vieilles. Ainsi, voilà un adorable ouvrage bien court qui n'a pas encore obtenu un regard de vous, superbe Julie, bien qu'il soit sur le piano depuis six mois.

JULIE. — Quoi ? le *Livre du bon Dieu*, d'Édouard Plouvier ? J'ai lu la musique.

THÉODORE. — Moi, je ne la connais pas. Elle est de Darcier ?

JULIE. — Oui.

THÉODORE. — Est-elle jolie ?

JULIE. — Oui.

LOUISE. — Elle est même charmante en plusieurs endroits. Celle de la lune, par exemple, est tout à fait à la hauteur des paroles, et ce n'est pas peu dire.

JULIE. — Vous les avez donc lues, vous, grand'mère ? Moi, je ne lis jamais cela. Ne chantant pas, je ne lis que les notes, et quand même je chanterais, je crois que je dirais les paroles sans y rien comprendre et sans avoir conscience de ce que je prononce. Il m'a toujours semblé que, dans l'association du chant et de la poésie, cette dernière devait être sacrifiée et par celui qui l'a faite et par ceux qui l'écoutent. Les paroles de musique ne sont jamais qu'un prétexte pour chanter, et plus elles sont insignifiantes, mieux elles remplissent leur office.

THÉODORE. — C'est un tort grave. Ce préjugé-là sert à conserver des libretti stupides dans de la musique durable, comme de mauvais fruits que l'on mettrait dans l'esprit de vin. Je vous accorde que les paroles doivent être très-simples, parce que la musique étant une succession d'idées et de sentiments par elle-même, n'a pas besoin du développement littéraire, et que ce développement, recherché et orné, lui créerait une entrave et un trouble insurmontables. Je crois que de la musique de Beethoven sur des vers de Gœthe (à moins qu'ils n'eussent été faits *ad hoc* et dans les conditions voulues) serait atrocement fatigante. Mais de ce que j'avoue qu'il faut que le poëte s'assouplisse et se contienne pour porter le musicien, il n'en résulte pas que j'abandonne, comme vous, le texte littéraire à un crétinisme de commande. Nous sommes, du reste, en progrès sous ce rapport, et j'ai entendu, dans ces derniers temps, des opéras très-bien écrits et d'excellents ou de charmants vers qui ne gênaient en rien la belle musique : entres autres, la *Sapho* de Gounod, dont Émile Augier avait fait le poëme. Et si vous voulez monter plus haut encore dans la région de l'art, vous reconnaîtrez que le *Dies iræ* de Mozart doit l'ampleur sublime de son style à la couleur sombre et large du texte latin.

— D'accord, dit Julie, si vous convenez qu'il faut que les vers lyriques soient faits d'une certaine façon, car c'est de ceux-là qu'on a dit : *Il faut les chanter, non les lire*. Donc les vers de M. Plouvier ne se passeraient pas de musique, et je ne suis pas si coupable de ne pas les avoir lus.

Louise. — Il faut que tu t'avoues coupable. Ces vers-là peuvent être lus sans musique ; ils sont de la musique par eux-mêmes, et quand même le musicien ne se serait pas trouvé, par un rare bonheur, à la hauteur de leur interprétation, ces poëmes n'en resteraient pas moins exquis.

— Des poëmes ! dit Julie ; j'avais pris ça pour des couplets. Lisez-les-moi, *quelqu'un d'ici ?*

Théodore lut les dix pièces de vers dont ce livre-album se compose. Louise et moi nous les savions par cœur ; mais nous en fûmes encore émus comme au premier jour. Théodore ne les lut pas très-bien ; mais je les entendais encore par le souvenir, à travers le suave organe et l'harmonieuse prononciation d'une des plus belles et des meilleures femmes de notre temps, madame Arnould-Plessy. Je me souvins qu'en écoutant ces doux chants récités par cette douce muse, j'avais été attendri jusqu'aux larmes, et qu'elle-même essuyait ses beaux yeux à chaque strophe. C'était un prestige dont il eût fallu peut-être se défendre pour juger l'œuvre, et je ne m'étais pas défendu. Je fus donc enchanté de retrouver mon émotion lorsque Théodore, sans art et sans charme, nous lut ces courts chefs-d'œuvre qu'on devrait apprendre à tous les beaux enfants intelligents, comme un catéchisme moral et littéraire.

— Eh bien, dit Théodore à Julie silencieuse, lorsqu'il ferma le livre : c'est indigne de vos sublimes régions ?

— Non pas, répondit-elle ; cela m'y a conduit par un chemin auquel je ne m'attendais pas ; un chemin sans abîmes et sans vertige ; un sentier de fleurs et de gazon où, d'abord, je me suis impatienté de voir des madones et des angelots, figures trop jolies pour n'être pas usées en poésie, mais qui se sont trouvées rajeunies tout à coup par un symbolisme clair et pénétrant. Et puis voilà ces deux pièces vraiment admirables, la *Mère providence*, limpide et tendre comme un cantique chanté par un chérubin ; le *Père*, un poême biblique, une parabole d'Évangile racontée par un patriarche. Et je me trouve remontée au grand ciel de ma croyance nouvelle, à travers les images qui plaisaient jadis à mon enfance, mais qui, depuis longtemps, ne satisfaisaient plus mon imagination lassée. Comment cela se fait-il ? Comment ce petit vallon en pente douce, où je croyais ne plus pouvoir repasser sans sourire, m'a-t-il menée si haut que j'ai quitté la terre et regardé encore une fois dans le vieux paradis avec des larmes d'enthousiasme et des élans de foi ? Je n'en sais rien. Quelqu'un pourrait-il me le dire ?

— C'est peut-être, répondit Louise, que les idées vraies sont *unes*. Les formes allégoriques ou philosophiques dont on les revêt nous paraissent vagues ou lucides, neuves ou vieilles, selon le degré de conviction, selon la force du sentiment de l'artiste qui les emploie. Au fond, quand la grande et sereine notion du bon, du bien et du beau est au sommet du temple, nous n'avons point à critiquer les figures et les ornements de l'édifice. L'auteur de ces gracieux poëmes est-il un philosophe ou un mystique? croit-il réellement aux anges et à la vierge Marie? Ceci ne nous regarde pas. Il a dans l'âme la révélation des vrais attributs de la divinité : l'amour infini, la miséricorde sans limites qui, chez l'être parfait, n'est que la stricte justice. Sa foi parle le langage de la légende. Il a gardé de ce symbolisme ce qui sera éternellement frais pour l'imagination, éternellement chaud pour le cœur; mais, fils du siècle, il n'est pas resté en arrière du progrès de la révélation et du développement de la vraie doctrine; et, si vous y regardez bien, la conclusion du *Livre du bon Dieu* est la même que celle des *Contemplations :*

> ... Hélas! c'est qu'au dehors de la maison en fête,
> Le fils rebelle est là, qui, d'un œil ébloui,
> Contemple le festin, et de la voix arrête
> Chaque enfant, chaque ingrat attendu comme lui.
>   Mais, dans son ombre même,
>   Le père a reconnu
>   Ce premier-né qu'il aime,
>   Ce révolté vaincu!
>   Oh! dit-il, qui l'enchaîne
>   Loin de moi, dans ce jour?
>   A-t-il donc plus de haine
>   Que mon cœur n'a d'amour?
> Il sait qu'un seul regret à jamais me désarme,
> Que je souffre avec lui de son iniquité;
> Que, pour lui pardonner, je n'attends qu'une larme,
> Et que je l'attendrai toute une éternité!

Comparez cette conclusion, d'une suavité et d'une simplicité adorables, avec le grandiose tableau de la dernière apocalypse annoncée par la *Bouche d'Ombre* et ces vers sublimes que nous redisions l'autre jour :

Et Jésus, se penchant sur Bélial qui pleure,
    Lui dira : C'est donc toi ?

Vous verrez que, chez les poëtes vraiment inspirés de ce temps-ci, la réhabilitation par l'expiation est annoncée, et que cette doctrine, sortant victorieuse de la démonstration philosophique, a trouvé dans l'art son expression éloquente et sa forme vulgarisatrice. C'est la prédiction du progrès indéfini, c'est la bonne nouvelle des âges futurs, l'accomplissement des temps, le règne du bien vainqueur du mal par la douceur et la pitié ; c'est la porte de l'enfer arrachée de ses gonds, et les condamnés rendus à l'espérance, les aveugles à la lumière ; c'est la loi du sang et la peine du talion abolies par la notion du véritable Évangile ; c'est en même temps les prisons de l'inquisition rasées et semées de sel ; ce sont les chaînes, les carcans et les chevalets à jamais réduits en poussière ; c'est l'échafaud politique renversé, la peine de mort abolie ; c'est la révolte de Satan apaisée, le jour où finira son inexorable et inique supplice.

Le dix-neuvième siècle a pour mission de reprendre l'œuvre de la Révolution dans ses idées premières. Avant que la fièvre du combat eût enivré nos pères, ce monde nouveau leur était apparu ; puis il s'effaça dans le sang. Nos poëtes descendent aujourd'hui dans l'arène du progrès pour purifier le siècle nouveau, et cette fois leur tâche est à la hauteur d'un apostolat.

THÉODORE. — Puisque votre thèse favorite revient toujours sur le tapis...

JULIE. — Il faut vous attendre à cela!

THÉODORE. — Je ne demande pas mieux, et c'est pour cela que je vous prie de prendre connaissance de quelques poëmes que vous avez là sous la main. L'un est en italien : c'est la *Tentation*, de Giuseppe Montanelli, un des hommes dont s'honore l'Italie patriotique et littéraire.

JULIE. — Je ne sais pas assez l'italien pour être juge d'une forme plus ou moins belle dans la langue moderne. Je comprends mieux le Dante que Foscolo, parce que mes premières études ont été classiquement tournées de ce côté, et je suis un peu, à l'égard de cette langue, comme certains Anglais et certains Allemands, qui comprennent Montaigne aussi bien que nous, et nos écrivains d'aujourd'hui tout de travers. Racontez-moi en peu de mots le poëme de Montanelli.

THÉODORE. — Raconter un poëme? Dieu m'en garde! Parcourez-le. Vous savez assez la langue pour voir que c'est très-beau, comme sujet et comme pensée; et, quant au dénouement, vous serez servie à votre goût : Satan se repent et se convertit.

JULIE. — Satan est-il donc le héros du poëme, et, comme dans Milton, le plus intéressant des personnages?

THÉODORE. — Non; ici, c'est Jésus; c'est l'idée de douceur, de chasteté, de dévouement et de pitié qui domine le poëme. D'abord, on voit ce type de vertu divine sur la montagne avec le tentateur qui lui montre les royaumes de la terre, et, comme dans l'Évangile, le Sauveur répond simplement : « Satan, ne me tente point; c'est inutile. » Au second chant, Satan voit passer les martyrs dans leur gloire, et, renonçant à perdre le Christianisme par la terreur des supplices, il espère que les prêtres du Christ succomberont aux séductions de l'orgueil. Au troisième chant, nous le voyons égarer l'esprit du grand Hildebrand. Il le surprend au milieu de sa prière et lui offre l'empire du monde. Le saint zèle du pontife s'égare, et, trompé par l'espérance de soumettre tous les esprits à la loi du Christ, il est saisi de la fièvre de l'ambition du monde temporel. Satan le quitte en s'écriant : « Spiritualisme superbe ! te voilà enchaîné par le plus tenace de mes liens : l'orgueil ! »

De ce moment, la papauté entre dans la voie de perdition. Le Christ pleure sur les guerres iniques dont l'Italie devient l'arène sanglante. L'ange de la renaissance italienne appelle à lui les grands Italiens : Dante, Pétrarque, Raphaël, Michel-Ange, Colomb, Arioste, Tasse, Galilée, etc. Ils se lèvent avec de sublimes aspirations et d'immenses promesses; mais Satan vient, avec la papauté corrompue, exploiter et avilir l'art, la science, l'idéal. Dante lui-même s'égare au sein de la tourmente, et, dans sa douleur, il invoque le secours de César. Puis, apparaît le pape Borgia, au milieu d'une orgie tracée rapidement de main de maître : cardinaux, moines, abbés, démons et courtisanes mènent la danse. Savonarola passe avec le Christ; ils vont vers l'Allemagne, vers Luther... Mais je vois que je vous raconte le poëme, et c'est le déflorer. Arrivons au dénouement.

— Attendez, dit Julie, c'est donc un poëme historique ?

Théodore. — C'est une œuvre philosophique et patriotique ; c'est une large esquisse symbolique de l'histoire de l'Italie papale et politique.

Julie. — Qui résume, ce me semble, la pensée d'un travail du même auteur, intitulé : *Le parti national italien, ses vicissitudes et ses espérances.* J'ai lu cela dernièrement dans la *Revue de Paris.* C'est très-bien fait et très-intéressant. M. Montanelli appartient, je crois, à la politique révolutionnaire libérale de son pays. Il conclut, comme Manin, par l'alliance avec la monarchie sarde pour sauver la nationalité italienne. Est-ce là le dénouement de son poëme ?

Théodore. — Non ; son poëme finit, comme je vous l'ai dit, par l'embrassement final du Sauveur et du démon.

Julie partit d'un éclat de rire ; puis elle soupira.

— Qu'est-ce qui vous prend ? lui demanda Théodore.

— Rien, dit-elle d'un ton mélancolique. Je songeais à Dante appelant César au secours de l'Italie dévorée par les discordes intestines. Je vois que votre poëte repousse la souveraineté temporelle du pape ; je sais qu'il maudit le trône de Naples et qu'il dévoile les turpitudes des autres tyrans de la Péninsule. Je comprends que son espérance se rallume à l'idée d'une grande fusion d'efforts et de sympathie avec le vaillant peuple sarde. Ma !... comme ils disent là-bas !

— Eh bien ! dit Théodore, qu'ont-ils de mieux à faire, ces pauvres Italiens qu'on a coutume d'assister en paroles ?

Julie. — Je ne sais pas, et je ne ris plus.

— Pourquoi avez-vous ri?

Julie. — Que sais-je? Jésus, cet éternel martyr, ouvrant ses bras à celui dont le métier est de susciter les puissances temporelles et d'enivrer souvent ceux qu'il place sur les trônes... J'ai fait un rapprochement, et j'ai ri de chagrin... ou de crainte! Mais ne parlons pas politique... Donc, dans le poëme, Satan se convertit?

Théodore. — N'est-ce pas votre rêve? La fin du règne de Satan, c'est-à-dire la vraie lumière du progrès chassant les ténèbres de la fausse science?

Julie. — Oui; le mal considéré comme un accident passager dans l'histoire des hommes, et prenant fin par la diffusion de la lumière, qui, seule, est une chose absolue et impérissable; c'est là l'avenir, ou bien la race humaine disparaîtra de la terre sans mériter un regret. Racontez-nous le dernier chant de Montanelli.

Théodore. — Satan est seul sur la montagne où, jadis, il essaya de tenter le Christ. Il est seul à jamais, car les autres esprits de ténèbres ont cessé de lui obéir. Les vices grossiers ont disparu devant la vraie civilisation. Satan, type de l'orgueil et de l'ambition, résiste encore; mais l'effroi de la solitude et l'horrible ennui de l'égoïsme l'ont saisi. Pour la première fois il se rend compte de son épouvantable souffrance. Jésus a pitié et vient à lui. « J'ai vaincu tes sujets, lui dit-il; j'ai fait la lumière dans les âmes; j'ai plié les puissants de la terre au *droit*, et le droit à la charité. Souviens-toi que tu es né de la lumière, et reviens à la lumière. » Satan, ébranlé, s'écrie : « O Nazaréen! à ton tour, voudrais-tu tenter Satan? » Mais il se débat dans sa douleur jusqu'à ce qu'une larme tombe des yeux de Jésus. Cette larme divine transforme le diable en chérubin. *Esprit d'amour, tu as vaincu : j'aime!* s'écrie Satan en prenant son vol vers les cieux. Tout cela est dit en vers nerveux, pleins de pensées, c'est-à-dire gros de vérités. Mettez donc Giuseppe Montanelli parmi vos poëtes.

— Accordé, dit Julie. Mais vous avez dit qu'il n'était pas le seul : où prenez-vous les autres ?

THÉODORE. — Pour aujourd'hui, je vais vous lire, si vous voulez, la *Mort du Diable*, de Maxime du Camp[1].

JULIE. — Nous voulons bien : j'y ai déjà jeté les yeux; je suis restée en route, pensant que c'était un poëme burlesque.

THÉODORE. — Vous vous êtes trompée. La forme est un mélange de tristesse, d'ironie et d'enthousiasme : c'est ce que l'on peut appeler de l'*humour*, et vous verrez que cela mène à une conclusion philosophique aussi forte que vous pouvez la souhaiter.

Théodore nous lut ce poëme remarquable, abondant, facile, un peu trop facile parfois, mais dont les longueurs sont rachetées par des traits brillants et un sentiment profond. Une vive fantaisie le traverse et le soutient : c'est l'amour inextinguible du vieux Satan pour la belle Ève. Condamné à avoir la tête écrasée par elle, le tentateur vient, à la fin des temps, subir l'arrêt céleste. La femme s'avance, et Satan,

---

1. *Revue de Paris*, 15 juillet 1850.

En voyant s'approcher l'Ève du premier jour,
Sentit une lueur, dernier rayon d'amour,
Adieu suprême et doux, glisser sur sa paupière.
La femme contemplait, dans la pleine lumière
Avec un sentiment d'ineffable pitié,
Son antique ennemi, pantelant, châtié,
Et qui, vaincu, devait enfin mourir par elle ;
Des larmes de pardon brillaient sur sa prunelle ;
Une larme coula de son œil éperdu,
Satan cria : Merci ! . . . .
Alors chacun cria dans un immense chœur :
Il est mort ! il est mort !. . . . .
. . . Et puis. . . . .
On entendit un cri terrible, à tout courber :
C'était l'arbre du mal qui venait de tomber.

— Dans ce poëme, le diable n'est pas réhabilité, dit Théodore ; mais il est absous, puisque las de vivre, il ne demandait pour pardon que d'être débarrassé de l'éternité. Vous voyez que votre utopie est à la mode en poésie.

— Eh bien, dit Louise, c'est là un bon et grand symptôme ; et, dans la bouche de l'Italien Montanelli, ce que tu appelles notre utopie prend beaucoup de portée. L'Italie est le pays du diable par excellence. C'est par lui, en effet, bien plus que par Jésus, que l'Église romaine a gouverné les esprits, c'est-à-dire par la personnification du mal absolu, menaçant l'homme d'une éternelle société avec lui et d'une torture éternelle sous ses lois. Cette création des âges de barbarie a fait son temps, et, en attendant qu'elle tombe sous la risée du peuple, il est permis aux poëtes de la conduire au tombeau avec tous les honneurs dus à un symbole qui a tant vécu ; mais il est bien temps que

l'homme soit guidé vers le bien par l'idée du beau, et
que le laid périsse en prose comme en vers.

— Ainsi, dit Théodore, vous arrivez toujours à votre
conclusion que l'homme doit devenir l'ange de cette
pauvre terre? Je voudrais en être aussi persuadé que
vous.

— Si vous voulez que ce ne soit pas un rêve, dit
Julie, partagez-le, vous tous qui vous en défendez! C'est
par la foi, ce rêve sublime, que tout ce à quoi l'homme
aspire devient une certitude, une conquête, une réalité.

Montfeuilly, 20 septembre 1855.

I

ESSAI
SUR LE DRAME FANTASTIQUE

GŒTHE — BYRON — MICKIEWICZ.

Le vrai nom qui conviendrait à ces productions étranges et audacieuses, nées d'un siècle d'examen philosophique, et auxquelles rien dans le passé ne peut être comparé, serait celui du *drame métaphysique*. Parmi plusieurs essais plus ou moins remarquables, trois se placent au premier rang : *Faust*, que Gœthe intitule *tragédie*, *Manfred*, que Byron nomme *poëme dramatique*, et la troisième partie des *Dziady*, que Mickiewicz désigne plus légèrement sous le titre d'*acte*.

Ces trois ouvrages sont, j'ose le dire, fort peu connus en France. *Faust* n'est bien compris que de ce qu'on appelle l'aristocratie des intelligences ; *Manfred* n'a guère contribué, même en Angleterre, à la gloire de Byron, quoique ce soit peut-être le plus magnifique élan de son génie. Jeté comme complément dans le recueil de ses œuvres, s'il a été lu, il a été déclaré inférieur au *Corsaire*, au *Giaour*, à *Childe-Harold*, qui n'en sont pourtant que des reflets arrangés à la taille de lecteurs plus vulgaires, ou des essais encore incomplets dans la pensée du poëte. Quant à cet acte des *Dziady*, d'Adam Mickiewicz, je crois pouvoir affirmer qu'il n'a pas eu cent lecteurs français, et je sais de belles intelligences qui n'ont pas pu ou qui n'ont pas voulu le comprendre.

Est-ce que la France est indifférente ou antipathique aux idées sérieuses qui ont inspiré ces ouvrages? Non, sans doute. Dieu me préserve d'accorder à l'Allemagne cette supériorité philosophique à laquelle le moindre de nos progrès politiques donne un si éclatant démenti, car je ne comprends rien à une sagesse qui ne rend pas sage, à une force qui ne rend pas fort, à une liberté qui ne rend pas libre; mais je crains que la France ne soit beaucoup trop classique pour apprécier de longtemps le fond des choses, quand la forme ne lui est pas familière. Quand *Faust* a paru, l'esprit académicien qui régnait encore s'est récrié sur le désordre, sur la bizarrerie, sur le décousu, sur l'obscurité de ce chef-d'œuvre, et tout cela, parce que la forme était une innovation, parce que le plan, libre et hardi, ne rentrait dans aucune de nos habitudes consacrées par la règle, parce que *Faust* ne pouvait pas être mis à la scène, que sais-je? parce que l'Académie en était encore à l'*Art poétique* de Boileau, qui certes n'eût pas compris, et eût été très-bien fondé, de son temps, à ne pas comprendre ce mélange de la vie métaphysique et de la vie réelle qui fait la nouveauté et la grandeur de la forme de *Faust*.

Il ne fut peut-être donné qu'à un seul contemporain de Gœthe de comprendre l'importance et la beauté de cette forme, et ce contemporain, ce fut le plus grand poëte de l'époque, ce fut lord Byron. Aussi n'hésita-t-il pas à s'en emparer; car, aussitôt émise, toute forme devient une propriété commune que tout poëte a droit d'adapter à ses idées; et ceci est encore la source d'une grave erreur, dans laquelle est tombée trop souvent la critique de ces derniers temps. Elle s'est imaginé devoir crier à l'imitation ou au plagiat, quand elle a vu les nouveaux poëtes essayer ce nouveau vêtement que leur avait taillé le maître, et qui leur appartenait cependant aussi bien que le droit de s'habiller à la mode appartient au premier venu, aussi bien que le droit d'imiter la forme de Corneille ou de Racine appartient encore, sans que personne le conteste, à ceux qui s'intitulent aujourd'hui les conservateurs de l'art.

Et cependant on n'avait pas crié au plagiat lorsque Molière et Racine avaient traduit littéralement des pièces quasi-entières d'Aristophane et des tragiques grecs. C'est que le siècle de nos vrais classiques avait été plus tolérant et plus naïf que le nôtre, et c'est pourquoi ce fut un grand siècle.

Byron prit donc la forme du *Faust*, à son insu sans doute, par instinct ou par réminiscence; mais, quoiqu'il ait récusé la véritable source de son inspiration pour la reporter au *Prométhée* d'Eschyle (qui, disons-le en passant, lui a inspiré la plus faible partie de *Manfred*), il n'en est pas moins certain que la forme appartient tout entière à Gœthe : la forme et rien de plus. Mais pour faire comprendre la distinction que j'établirai plus tard entre ces poëmes, je dois remettre sous les yeux des lecteurs le jugement de Gœthe sur *Manfred*, et celui de Byron sur lui-même.

JUGEMENT DE GŒTHE

TIRÉ DU JOURNAL L'ART ET L'ANTIQUITÉ

La tragédie de Byron, *Manfred*, me paraît un phénomène merveilleux et m'a vivement touché. Ce poëte métaphysicien s'est approprié mon *Faust*, et il en a tiré une puissante nourriture pour son amour hypocondriaque. Il s'est servi pour ses propres passions des motifs qui poussaient le docteur, de telle façon qu'aucun d'eux ne paraît identique, et c'est précisément à cause de cette transformation que je ne puis assez admirer son génie. Le tout est si complétement renouvelé, que ce serait une tâche intéressante pour la critique, non-seulement de noter ces altérations, mais leur degré de ressemblance ou de dissemblance avec l'original. L'on ne peut nier que cette sombre véhémence et ce désespoir exubérant ne deviennent, à la fin, accablants pour le lecteur ; mais, malgré cette fatigue, on se sent toujours pénétré d'estime et d'admiration pour l'auteur.

FRAGMENT DE LETTRE DE LORD BYRON A SON ÉDITEUR

Juin 1820

Je n'ai jamais lu son *Faust*, car je ne sais pas l'allemand; mais Matthew Lewis, en 1816, à Coligny, m'en traduisit la plus grande partie de vive voix, et j'en fus naturellement très-frappé; mais c'est le Steinbach, la Jungfrau et quelques autres montagnes, bien plutôt que *Faust*, qui m'ont inspiré *Manfred*. La première scène, cependant, se trouve ressembler à celle de *Faust*.

AUTRE FRAGMENT
1817

J'aimais passionnément le *Prométhée* d'Eschyle. Lorsque j'étais enfant, c'était une des pièces grecques que nous lûmes trois fois dans une année à Harrow. Le *Prométhée*, *Médée* et les *Sept chefs devant Thèbes* sont les seules tragédies qui m'aient jamais plu. Le *Prométhée* a toujours été tellement présent à ma mémoire, que je puis facilement concevoir son influence sur tout ce que j'ai écrit; mais je récuse Marlow et sa progéniture, vous pouvez m'en croire sur parole.

Je ne comprends pas plus l'assertion de Gœthe se croyant imité, que les dénégations de Byron craignant d'être accusé d'imitation. D'abord la ressemblance des deux drames, quant à la forme, ne me paraît pas aussi frappante qu'il plaît à Gœthe de le dire. Cette forme n'est qu'un essai dans *Faust*, essai magnifique, il est vrai, mais que l'on voit élargi et complété dans *Manfred*. Ce qui fait la nouveauté et l'originalité de cette forme, c'est l'association du monde métaphysique et du monde réel. Ces deux mondes gravitent autour de *Faust* et de *Manfred* comme autour d'un pivot. Ce sont deux milieux différents, et cependant étroitement unis et habilement liés, où se meuvent tantôt la pensée, tantôt la passion du type Faust ou du type Manfred.

Pour me servir de la langue philosophique, je pourrais dire que Faust et Manfred représentent le *moi* ou le sujet; que Marguerite, Astarté et toutes les figures réelles des deux drames représentent l'objet de la vie, du *moi;* enfin que Méphistophélès, Némésis, le sabbat, l'esprit de Manfred et tout le monde fantastique qu'ils traînent après eux, sont le rapport du *moi* au *non moi*, la pensée, la passion, la réflexion, le désespoir, le remords, toute la vie du moi, toute la vie de l'âme, produite aux yeux, selon le privilége de la poésie, sous des formes allégoriques et sous des noms consacrés par les croyances religieuses chrétiennes ou païennes, ou par les superstitions du moyen âge. Cette représentation du monde intérieur, ce grand combat de la conscience avec elle-même, avec l'effet produit sur elle par le monde extérieur dramatisé sous des formes visibles, est d'un effet très-ingénieux et très-neuf.

Oui, neuf, malgré le Prométhée d'Eschyle, malgré les furies d'Oreste et tout le monde fantastique des anciens, malgré les spectres d'Hamlet, de Banco et de Jules César, malgré, enfin, le don Juan de Molière et le don Juan de Mozart. Toute cette intervention du remords ou de la fatalité dans l'action dramatique sous la forme de larves et de démons a été de tout temps du domaine de la poésie, et Voltaire, le plus froid et le plus positif des écrivains dramatiques, n'a pas dédaigné de reproduire à la scène l'ombre de Ninus. Mais dans les anciens comme dans les modernes qui les ont imitées ou reproduites, ces apparitions n'ont pas le caractère purement métaphysique que Gœthe leur a donné. Elles tiennent à des croyances ou à des superstitions contemporaines, et si les intelligences supérieures en ont saisi le sens allégorique, les masses qui ont assisté à leur représentation scénique les ont prises au sérieux. Les femmes enceintes avortaient à la représentation d'Oreste tourmenté par les furies. Au temps de Shakespeare, l'ombre d'Hamlet produisait plus d'effroi et d'émotion qu'elle n'éveillait de réflexions philosophiques, et au temps de Molière, la statue du commandeur, malgré le comique au milieu duquel elle se présentait, faisait encore passer un certain frisson dans les veines des spectateurs. Quelle qu'ait été la pensée frivole ou sérieuse de tous ceux qui, avec Gœthe, avaient fait intervenir des êtres surnaturels dans l'action dramatique, il est certain qu'ils ont eu recours à cette intervention comme moyen dramatique bien plus que comme moyen philosophique. Ils ont eu, sans doute, en ceci, une pensée de haute moralité ou de critique incisive ; mais cette pensée n'était pas la pensée fondamentale de leur œuvre, comme il a plu à la critique moderne de le croire. Il n'en pouvait pas être ainsi, et le temps montrera que nos interprétations du xix° siècle sur les mystères des poésies antérieures, comme sur les mythes historiques, ont manqué de circonspection, et sont, en grande partie, très-arbitraires. Malgré l'ingénieuse explication d'Hamlet par Gœthe, je suis persuadé que Shakespeare a conçu son magnifique drame beaucoup plus naïvement que Gœthe ne put se le persuader, et que ce qui semblait à celui-ci si subtil et si mystérieux dans le héros de Shakespeare, avait une explication très-claire et très-ingénue dans les idées superstitieuses de son temps. Autrement, comment concevoir l'immense popularité des drames les plus profonds de Shakespeare? Il faudrait supposer un public composé de métaphysiciens et de philosophes, assistant à la première représentation d'*Hamlet* ou de *Macbeth*. Or, malgré le progrès des temps, John Bull serait encore aujourd'hui fort scandalisé des interprétations fines et poétiques de Gœthe; et le bon Shakespeare, lui-même, beaucoup plus artiste et beaucoup moins sceptique qu'on ne le croit en Allemagne et en France, serait sans doute émerveillé, s'il revenait à la vie, de lire tout ce qui s'est publié en tête ou en marge de nos traductions depuis vingt ans.

Tout *Hamlet*, tel qu'il est analysé dans *Wilhem Meister*, appartient donc à Gœthe, et non à Shakespeare, de même que tout le *Don Juan* de Mozart, tel qu'il est analysé dans le conte d'Hoffmann, appartient à Hoffmann et nullement à Mozart, nullement à Molière, nullement à la chronique espagnole, de même encore que *Faust* n'appartient ni à la chronique germanique, ni à Marlow, ni à Widmann, ni à Klinger, mais à Gœthe seul. Et c'est ici le lieu de dire que *Faust* est né de l'*Hamlet* de Shakespeare indirectement, vu qu'il est né directement de l'*Hamlet* de Gœthe dans *Wilhem Meister*, heureux témoignage du génie puissant et créateur de Gœthe, qui, ne trouvant pas encore suffisante la grandeur d'*Hamlet*, a su s'élever à la taille du génie de son siècle et lui donner un héritier tel que *Faust!*

Le drame de *Faust* marque donc, à mes yeux, une limite entre l'ère du fantastique *naïf* employé de *bonne foi* comme ressort et effet dramatique, et l'ère du fantastique profond employé philosophiquement comme expression métaphysique, et... dirai-je religieuse? Je le dirai, car ces grands ouvrages dont j'ai à parler appartiennent à la philosophie, c'est-à-dire à la religion de l'avenir, le scepticisme de Gœthe, comme le désespoir de Byron, comme la sublime fureur de Mickiewicz.

Mais nous n'en sommes pas encore là. Je demande hardiment, vu mon inaptitude à écrire sur ces matières, qu'on me pardonne la longueur de ces développements sur une simple question de forme. Il ne me semble pas que ma tâche soit frivole. Il ne s'agit de rien moins que de restituer à deux des plus grands poëtes qui aient jamais existé, la part d'originalité qu'ils ont eue chacun en refaisant ce qu'il a plu à la critique d'appeler le même ouvrage. Je m'imagine accomplir un devoir religieux envers Mickiewicz en suppliant la critique de bien peser ses arrêts quand de tels noms sont dans la balance.

Ainsi toute l'Europe littéraire a cru Gœthe sur parole lorsqu'il a décrété, avec une bienveillance superbe, que Byron s'était *approprié son Faust, et qu'il s'était servi pour ses propres passions, des motifs qui poussaient le docteur.* Byron lui-même était effrayé de cette ressemblance qui frappait Gœthe, lorsqu'il écrivait avec une légèreté affectée : « Sa première scène, cependant, *se trouve ressembler* à celle de *Faust.* » Ainsi le peu de critiques français qui ont daigné jeter les yeux sur la magnifique improvisation de Mickiewicz, ont dit à la hâte : « Ceci est encore une contrefaçon de *Faust,* » comme Gœthe avait dit que *Faust* était l'*original* de

Manfred. Eh bien! soit : *Faust* a servi de modèle dans l'art du dessin dramatique à Byron et à Mickiewicz, comme Eschyle à Sophocle et à Euripide, comme Cimabue dans l'art de la peinture à Raphaël et à Corrége, et leurs drames ressemblent à celui de Gœthe beaucoup moins qu'une pièce classique quelconque en cinq actes et en vers ne ressemble à une autre pièce classique quelconque en vers et en cinq actes, comme *Athalie* ressemble au *Cid*, comme *Polyeucte* ressemble à *Bajazet*, etc. Le drame métaphysique est une forme. Elle a été donnée ; elle est retombée dans le domaine public le jour où elle a été conçue, et il ne dépendait pas plus de Gœthe de s'en faire le gardien jaloux, qu'il ne dépend de ceux qui s'en serviront après lui d'ôter quelque chose à la gloire de l'avoir trouvée. C'est une invention dont l'honneur revient à Gœthe et qui lui a été payée par d'assez magnifiques apothéoses. Maintenant elle appartient à l'avenir, et l'avenir lui donnera, comme Byron et Mickiewicz ont déjà commencé à le faire, les développements dont elle est susceptible.

J'ai essayé de prouver qu'il n'y avait ni plagiat ni servilité à modeler son œuvre sur une forme connue. Il me reste à prouver que le fond, la portée et l'exécution des trois drames métaphysiques dont je m'occupe diffèrent essentiellement. Je ne reviendrai plus au point de vue de la défense des deux grands poètes prétendus imitateurs du premier. Je m'efforcerai de faire ressortir, quant au fond et quant à la forme, le grand progrès philosophique et religieux que signalent ces trois poëmes, nés pourtant à des époques très-rapprochées.

FAUST

Gœthe ne vit et ne put voir dans l'homme qu'une victime de la fatalité; soit qu'il croupît dans l'ignorance, soit qu'il s'élevât par la science, l'homme lui sembla devoir être le jouet des passions et la victime de l'orgueil. Il ne reconnut qu'une puissance dans l'univers, l'inflexible réalité. Gœthe ferma le siècle de Voltaire avec un éclat qui effaça Voltaire lui-même. « On sent dans cette pièce, dit madame de Staël en parlant de *Faust* et en le comparant *à plusieurs écrits de Voltaire*, une imagination d'une toute autre nature ; ce n'est pas seulement le monde moral tel qu'il est qu'on y voit anéanti, mais c'est l'enfer qui est mis à sa place. Il y a une puissance de sorcellerie, une pensée de mauvais principe, un enivrement du mal, un égarement de la pensée, qui fait frissonner, rire et pleurer tout à la fois. Il semble que, pour un moment, le gouvernement de la terre soit entre les mains du démon. Vous tremblez, parce qu'il est impitoyable; vous riez, parce qu'il humilie tous les amours-propres satisfaits; vous pleurez, parce que la nature humaine, ainsi vue des profondeurs de l'enfer, inspire une pitié douloureuse. »

Ce passage est beau et bien senti. Gœthe, tout disciple de Voltaire qu'il est, le laisse bien loin derrière lui dans l'art de rapetisser Dieu et d'écraser l'homme: c'est que Gœthe a de plus que Voltaire la science et le lyrisme, armes plus puissantes que l'esprit, et auxquelles il joint encore l'esprit, dernière flèche acérée qu'il tourne contre la patience de Dieu aussi bien que contre la misère de l'homme.

Certes, Gœthe passe pour un grand poëte, et le nier semblerait un blasphème. Cependant, dans les idées que nous nous faisons d'un idéal de poëte, Gœthe serait plutôt un grand artiste ; car nous, nous ne concevons pas un poëte sans enthousiasme, sans croyance ou sans passions, et la puissance de Gœthe, agissant dans l'absence de ces éléments de poésie, est un de ces prodiges isolés qui impriment une marche au talent plus qu'aux idées. Gœthe est le vrai père de cette théorie, tant discutée et si mal comprise de part et d'autre, de *l'art pour l'art*. C'est un si puissant artiste que ses défauts seuls peuvent être imités, et qu'en faisant, à son exemple, de *l'art pour l'art*, ses idolâtres sont arrivés à ne rien faire du tout. Cette théorie de Gœthe ne devait pas et ne pouvait pas avoir d'application puissante dans d'autres mains que les siennes : ceci exige quelques développements.

Je ne sais plus qui a défini le poëte, un composé d'artiste et de philosophe : cette définition est la seule que j'entende. Du sentiment du beau transmis à l'esprit par le témoignage des sens, autrement dit *du beau matériel*, et du sentiment du beau conçu par les seules facultés métaphysiques de l'âme, autrement dit *du beau intellectuel*, s'engendre la poésie, expression de la vie en nous, ingénieuse ou sublime, suivant la puissance de ces deux ordres de facultés en nous. L'idéal du poëte serait donc, à mes yeux, d'arriver à un magnifique équilibre des facultés artistiques et philosophiques; un tel poëte a-t-il jamais existé? Je pense qu'il est encore à naître. Faibles que nous sommes, en ces jours de travail inachevé, nous sentons toujours en nous un ordre de facultés se développer aux dépens de l'autre. La société ne nous offre pas un milieu où nos idées et nos sentiments puissent s'asseoir et travailler de concert. Une lutte acharnée, douloureuse, funeste, divise les éléments de notre être et nous force à n'embrasser qu'une à une les faces de cette vie troublée, où notre idéal ne peut s'épanouir. Tantôt, froissés dans les aspirations de notre âme et remplis d'un doute amer, nous sentons le besoin de fuir la réflexion positive et le spectacle des sociétés humaines; nous nous rejetons alors dans le sein de la nature éternellement jeune et belle, nous nous laissons bercer dans le vague des rêveries poétiques, et, nous plaçant pour ainsi dire tête à tête avec le créateur au sein de la création, aspirant par tous nos pores ce qu'Oberman appellerait *l'impérissable beauté des choses*, nous nous écrions avec Faust, dans la scène intitulée *Forêts et Cavernes* : « Sublime esprit, tu m'as donné, tu m'as donné tout, dès que je te l'ai demandé... tu m'as livré pour royaume la majestueuse nature et la force de la sentir, d'en jouir. Non, tu ne m'as pas permis de n'avoir qu'une admiration froide et interdite : en m'accordant de regarder dans son sein profond, comme dans le sein d'un ami, tu as amené devant moi la longue chaîne des vivants, et tu m'as instruit à reconnaître mes frères dans le buisson tranquille, dans l'air, dans les eaux... »

Dans cette disposition nous sommes artistes; dans

cette disposition Gœthe était panthéiste, ce qui n'est qu'une certaine manière d'envisager la nature en artiste, en grand artiste, il est vrai.

Mais la solitude et la contemplation ne suffisent pas plus à nos besoins qu'elles ne suffisent à ceux de Faust, et ce n'est pas la voix de Méphistophélès qui vient nous arracher à ces retraites, c'est la voix même de l'humanité qui vient nous crier comme lui : *Comment donc aurais-tu, pauvre fils de la terre, passé ta vie sans moi?* En effet, nous sentons que toutes nos aspirations vers la Divinité sont impuissantes, que nous travaillons à nous élever jusqu'à elle hors de la voie qu'elle nous a assignée. Nous sentons que cette belle nature n'est rien sans l'action de l'humanité, à qui Dieu a confié le soin de continuer l'œuvre de la création. En vain notre imagination peuple ces solitudes de rêves enchantés : les anges du ciel ne descendent pas à notre voix. Notre puissance ne peut évoquer ni les génies de l'air, ni les esprits de la terre. Nous savons trop bien que le génie qui protége la nature terrestre, que l'esprit qui alimente sa fécondité, que l'ange qui forme un lien entre la beauté intelligente de la matière et la sagesse aimante de Dieu, nous savons bien que tout cela c'est l'homme, c'est l'être voué ici-bas au travail persévérant, et investi de l'intelligence active. D'ailleurs, notre vie ne se borne pas seulement à la faculté de voir et d'admirer le monde extérieur. Il faut qu'il aime, qu'il souffre, qu'il cherche la vérité à travers le travail et l'angoisse. C'est en vain qu'il voudrait se soustraire aux orages qui grondent sur sa tête; l'orage éclate dans son cœur, la société ou la famille le réclament, le lien des affections ne veut pas se rompre ; il lui faut retourner à la vie !

Et bientôt recommence autour de nous le tumulte du monde ; bientôt les sentiments humains s'agitent en nous plus héroïques ou plus misérables que jamais ; et si, dans cet ouragan qui nous entraîne, les pensées de notre cerveau et les besoins de notre cœur cherchent une foi, une vertu, une sagesse, un idéal quelconque, nos travaux d'esprit prennent une direction nouvelle. Ce sentiment du beau matériel, dont l'art était pour nous l'expression naguère, s'applique désormais, riche des formes que l'art nous inspire, à des sujets plus étendus et plus graves. Dans cette disposition nous sommes philosophes ; nous serions vraiment poëtes si nous pouvions manier assez bien l'art pour en faire l'expression de notre vie métaphysique aussi bien que celle de notre vie poétique.

Mais cela serait un progrès que l'art n'a pu porter encore à un degré assez éminent pour vaincre les résistances du préjugé qui veut limiter la tâche de l'artiste-poëte à la peinture de la vie extérieure, lui permettant, tout au plus, d'entrer dans le cœur humain assez avant pour y surprendre le mystère de ses passions. Gœthe, le plus grand artiste littéraire qui ait jamais existé, n'a pas su ou n'a pas voulu le faire. Dans le plus philosophique et le plus abstrait de ses ouvrages, dans *Faust*, on le voit trop préoccupé de l'art pour être complétement ou du moins suffisamment philosophe. Dans ce poëme magnifique où rien ne manque d'ailleurs, quelque chose manque essentiellement, c'est le secret du cœur de Faust. Quel homme est Faust? Aucun de nous ne peut le dire. C'est l'homme en général, c'est la lutte entre l'austérité et les passions, entre l'idéal et l'athéisme. Mais que cette lutte est faible, et comme le frivole esprit du doute l'emporte aisément sur cet homme mûri dans l'étude et la réflexion ! Comme on voit le néant de cet homme, que Dieu pourtant appelle son serviteur, dans un prologue puéril et de mauvais goût, étroit portique d'un monument grandiose [1] !

Il me cherche ardemment dans l'obscurité, et je veux bientôt le conduire à la lumière.

Si c'est de l'homme en général que la Divinité parle ainsi, il faut avouer que l'esprit de malice a beau jeu contre elle, et qu'il n'a qu'à effleurer la terre de son aile pour que la terre entière tombe en sa puissance. Si le fameux docteur Faust est là seulement en question, Dieu et le lecteur se trompent grandement au début, sur la puissance intellectuelle de ce sage que la moindre plaisanterie de Méphistophélès va déconcerter, que la moindre promesse de richesse et de luxure va précipiter dans l'abîme. Si c'est Gœthe lui-même dont la grande figure nous apparaît à travers celle du docteur, nous voici éclairés, et nous comprenons pourquoi, dans la forme et dans le fond de son œuvre, l'artiste est resté incomplet, obscur, embarrassé ou dédaigneux de se révéler. Nous comprenons pourquoi la chute de Faust est si prompte et le triomphe de Méphistophélès

---

1. Sauf les strophes chantées dès le début par les trois archanges, qui sont d'une poésie sublime.

si naïf. Nous pensions assister à la lutte de l'idéal divin contre la réalité cynique; nous voyons que cette lutte ne peut se produire dans une âme toute soumise par nature à la réalité la plus froide. Là où il n'y avait pas de désirs exaltés, il ne peut arriver ni déception, ni abattement, ni transformation quelconque. Voilà pourquoi Gœthe ne m'apparaît pas comme l'idéal d'un poëte, car c'est un poëte sans idéal.

Il nous faut donc chercher le secret de Faust au fond du cœur de Gœthe. Alors que le poëte nous est connu, le poëme nous est expliqué. Sans cela, Faust est une énigme, il est empreint de ce défaut capital que l'auteur ne pouvait pas éviter, celui de ne pas agir conformément à la nature historique du personnage et au plan du poëme. Il y avait longtemps que Gœthe était intimement lié avec Méphistophélès lorsqu'il imagina de raconter les prouesses de celui-ci à l'endroit du docteur Faust, et, s'il lui fut aisé de faire agir et parler le malin démon avec toute la supériorité de son génie, il lui fut impossible de faire de Faust un disciple de l'idéal détourné de sa route. Faust, entre ses mains, est devenu un être sans physionomie bien arrêtée, un caractère flottant, tourmenté, insaisissable à lui-même; il n'a pas la conscience de sa grandeur et de sa force; il n'a pas non plus celle de son abaissement et de sa faiblesse. Il est sans résistance contre la tentation; il est sans désespoir après sa chute. Son unique mal, c'est l'ennui; il est le frère aîné du spleenétique et dédaigneux Werther. Avant son pacte avec le diable, il s'ennuie de la sagesse et de la réflexion : à peine s'est-il associé ce compagnon *froid et fier*, qu'il s'ennuie encore plus de cette éternelle et monotone raillerie qui ne lui permet de s'abandonner naïvement ni à ses rêveries, ni à ses passions. Avant Marguerite, il s'ennuyait de la solitude; depuis qu'il la possède, il ne l'aime plus, ou du moins il la néglige, il l'oublie, il sent le vide de toutes les choses humaines, et c'est Méphistophélès qui vient le rappeler à sa maîtresse : *Il me semble qu'au lieu de régner dans les forêts, il serait bon que le grand homme récompensât la pauvre fille trompée de son amour.* A quoi Faust répond : *Qu'est-ce que les joies du ciel dans ses bras? Qu'elle me laisse me réchauffer contre son sein, en sentirai-je moins sa misère? Ne suis-je pas le fugitif, l'exilé?*

Puis il retourne vers elle, car il est bon, compatissant et juste ; et cette loyauté naturelle, que le démon ne peut vaincre en lui, est encore un trait distinctif du caractère de Goethe, qui rend le personnage de Faust plus étrange et plus inconséquent. Où est le crime de Faust? Il est impossible d'imaginer en quoi il a pu mériter l'abandon où Dieu le laisse, et en quoi il remplit ses engagements envers le diable. Son cerveau poursuit toujours un certain idéal de gloire et de puissance surhumaine qui n'est pas pourtant l'idéal divin; il n'est ni assouvi ni entraîné par les passions que lui suggère l'esprit du mal. On ne voit pas en quoi il a trompé Marguerite. Il n'y a trace d'aucune promesse de sa part, ni d'aucune exigence intéressée de celle de la jeune fille. S'il se laisse ravir loin d'elle par les beautés de la solitude, quelques mots de Méphistophélès, instincts de concupiscence que Faust sait ennoblir par le remords, le ramènent auprès d'elle. Si

Marguerite lui manifeste ses naïves terreurs, loin de la détacher de ses croyances, il tâche de la rassurer en lui expliquant les siennes propres, et il semble chérir en elle la candeur naïve et la pieuse ignorance. Si, bientôt entraîné de nouveau loin d'elle par l'inquiète curiosité, il s'élance sur le Broken, au milieu du sabbat magique, c'est-à-dire au milieu des passions délirantes, de la débauche et de la fausse gloire humaine (si spirituellement chantée par des girouettes et des étoiles tombées); l'horreur que lui inspirent le blasphème et l'obscénité vient le saisir dans les bras d'une impure beauté, pour faire passer devant ses yeux l'image fantastique de Marguerite. Ce passage du sabbat de Faust est étincelant d'esprit et admirable de terreur.

Méphistophélès à Faust qui a quitté la jeune sorcière. — Pourquoi as-tu donc laissé partir la jeune fille qui chantait si agréablement à la danse?

Faust. — Ah! au milieu de ses chants, une souris rouge s'est élancée de sa bouche.

Méphistophélès. — C'était bien naturel. Il ne faut pas faire attention à ça. Il suffit que la souris ne soit pas grise. Qui peut y attacher de l'importance, à l'heure du berger?

Faust. — Que vois-je?

Méphistophélès. — Quoi?

Faust. — Méphisto, vois-tu une fille pâle et belle qui demeure dans l'éloignement? Elle se retire languissamment de ce lieu, et semble marcher les fers aux pieds. Je crois m'apercevoir qu'elle ressemble à la bonne Marguerite.

Méphistophélès. — Laissons cela! personne ne s'en trouve bien. C'est une figure magique, sans vie, une idole. Il n'est pas bon de la rencontrer; son regard fixe engourdit le sang de l'homme et le change presque en pierre. As-tu déjà entendu parler de la Méduse?

Faust. — Ce sont vraiment les yeux d'un mort qu'une main chérie n'a point fermés. C'est bien là le sein que Marguerite m'abandonna ; c'est bien le corps si doux que je possédai!

Méphistophélès. — C'est de la magie, pauvre fou ! car chacun croit y retrouver celle qu'il aime.

Faust. — Quelles délices! et quelles souffrances! Je ne puis m'arracher à ce regard. Qu'il est singulier, cet unique ruban rouge qui semble parer ce beau cou... pas plus large que le dos d'un couteau!

Méphistophélès. — Fort bien ! je le vois aussi ; elle peut bien porter sa tête sous son bras, car Persée la lui a coupée. Toujours cette chimère dans l'esprit? Viens donc sur cette colline, etc.

Et quand Faust, revenu du sabbat, apprend le malheur où Marguerite est tombée, il exprime sa douleur et sa colère contre le démon en un style digne des plus beaux élans de Shakespeare. Son âme s'élance vers la Divinité, et il fait entendre ce cri de juste reproche : « Sublime esprit! toi qui m'as jugé digne de te contempler, pourquoi m'avoir accouplé à ce compagnon d'opprobre qui se nourrit de carnage et se délecte de destruction? » Dans son indignation véhémente, Faust, se dessinant pour la première fois, est animé de cette puissance de droiture et de cette franchise grande et simple qui rachètent si admirablement dans Gœthe l'absence des facultés idéalistes. Il terrasse l'insolence du démon, et le force à le conduire auprès de Marguerite pour la sauver. Ici le rôle de l'amant ayant cessé, et celui de l'homme commençant, on ne s'aperçoit plus de tout ce qui a manqué à Faust pour répondre à l'amour de Marguerite, on voit seulement la probité et le zèle qui s'efforcent de racheter des crimes bien involontaires, car il n'a pas dépendu de Faust que l'amour d'une femme comblât le vide de son cœur, et Méphistophélès s'empare de lui au dénouement d'une façon bien arbitraire. D'où il faut conclure que Gœthe, grand artiste, sublime lyrique, savant ingénieux et profond, noble et intègre caractère, mais non pas philosophe, mais non pas idéaliste, mais non pas tendre ou passionné dans un sens délicat, n'a pas pu ou n'a pas voulu exécuter Faust tel qu'il l'avait conçu. Toute cette histoire, tout ce drame, tous ces personnages, tous ces événements si admirablement posés, si pleins d'intérêt, de grâce, d'énergie et de pathétique, n'encadrent pas le sujet qu'ils devaient encadrer, c'est-à-dire la lutte du sentiment divin contre le souffle de l'athéisme. Ce n'est pas le drame de *Faust* tel que nous le concevrions aujourd'hui, et tel que Gœthe l'avait rêvé sans doute avant d'y mettre la main : c'est l'histoire du cerveau de Gœthe esquissée moitié d'après nature, moitié d'après sa fantaisie; c'est l'histoire du siècle dernier, c'est l'existence de Voltaire et de son école; c'est le résultat des systèmes de Descartes, de Leibnitz et de Spinosa, dont Gœthe est le lyrique et l'admirable vulgarisateur; et voici comment je résumerais *Faust* : — Le culte idolâtre de la *nature déifiée* (comme l'entendait le xviiie siècle), troublant un cerveau puissant jusqu'à le dégoûter de la condition humaine, et lui rendant impossible le sentiment des affections et des devoirs humains. — Pour châtiment terrible à cette aberration de la science et de la philosophie qui divinise la matière et oublie la cause pour l'effet, le principe pour le résultat, Gœthe, poussé par un instinct prophétique qu'il n'a pas compris lui-même, a infligé au disciple de Spinosa un horrible ennui, un lent désespoir, contre lequel échouent la raillerie voltairienne, l'orgueil scientifique et la puissante sérénité de la propre organisation de Gœthe.

Une telle philosophie (si c'en est une) ne pouvait pas avoir un autre résultat. Après l'enivrement de la victoire remportée sur la superstition du catholicisme, après le bien-être que doit éprouver l'esprit humain lorsqu'il vient de se débarrasser d'un obstacle et de faire un grand pas dans sa vie de perfectibilité le besoin d'idéal se manifeste, et pour quiconque se refuse à reconnaître ce besoin, l'absence d'idéal devient un supplice profond, mystérieux, non avoué, non compris; une sorte de damnation fatale qu'il appellera satiété, spleen, misère humaine, mais qui s'explique facilement pour les disciples de l'idéal. Le culte de la nature, renouvelé par Gœthe de J.-J. Rousseau et de l'école du XVIII° siècle, étendu et ennobli par le génie synthétique qu'il manifesta dans l'étude des sciences naturelles, ne pouvait toutefois suffire aux besoins d'une intelligence aussi vaste et d'un esprit aussi droit que le sien. Cette création sublime qu'il chanta sur les plus harmonieuses cordes de sa lyre, privée de la pensée d'amour créatrice, que Dante appelle *il primo amor*, dut bientôt lasser le désir de son âme, et se montrer à son imagination effrayée, muette, insensible, terrible, *inconsciente*, comme la fatalité qui l'avait produite et qui présidait à sa durée. Son génie fit le tour de l'univers, et, dans son vol immense, il salua toutes les splendeurs de l'infini; mais, quand son vol l'eut ramené sur la terre, il sentit ses ailes s'affaiblir et se paralyser; car, aux cieux comme ici-bas, il n'avait compris et senti que matière, et ce n'était pas la peine d'avoir franchi de tels espaces pour ne rien découvrir de mieux. Il eût consenti à mourir pour en savoir davantage :

Un char de feu plane dans l'air, et ses ailes rapides s'abattent près de moi. Je me sens prêt à tenter des chemins nouveaux dans la plaine des cieux, au travers de l'activité des sphères nouvelles; mais cette existence sublime, ces ravissements divins, comment, ver chétif, peux-tu les mériter? C'est en cessant d'exposer ton corps au doux soleil de la terre, en te hasardant à enfoncer ces portes devant lesquelles chacun frémit... Ose d'un pas hardi aborder ce passage, au risque même d'y rencontrer le néant !

Il faudrait citer d'un bout à l'autre tous ces monologues de *Faust*, où Gœthe a peint de couleurs si magnifiques la soif de la connaissance de l'infini. Mais qu'on y cherche une seule phrase qui prouve que cette soif de l'orgueil et de la curiosité soit échauffée par un sentiment d'amour divin, à peine trouvera-t-on quelques mots qu'il fallait bien mettre dans la bouche du docteur Jean Faust pour lui conserver un peu la physionomie de la légende et l'esprit du moyen âge, mais qui sont si mal enchâssés, si peu dans la conviction ou dans les instincts de l'auteur, qu'ils y répandent une obscurité et une contradiction évidentes. Il faut bien le dire : le sentiment de l'amour a manqué à Gœthe ; ses passions de femme n'ont été que des désirs excités ou satisfaits ; ses amitiés, qu'une protection et un enseignement ; sa théosophie symbolique, qu'une allégorie ingénieuse voilant le culte de la matière et l'absence d'amour divin. Une seule pensée d'amour eût ouvert à Faust cet abîme des cieux dont le mystère écrase son ambition. Qu'il croie à la providence, à la sagesse, à la bonté, à l'amour du créateur ; qu'au lieu de traduire ainsi le texte de la Genèse : *Au commencement était la force*, il écrive : *Au commencement était l'amour*, il ne se sentira plus seul dans l'univers en lutte avec un esprit jaloux dont, à son tour, il jalouse la puissance ; l'amour lui révélera dans son être une autre faculté que celle de dominer tous les êtres ; cette royauté du souverain esprit qui l'étonne et l'indigne lui semblera légitime et paternelle ; il n'aura plus ce besoin cuisant et insensé d'être le maître de l'univers, l'égal de Dieu ; il reconnaîtra une puissance devant laquelle il est doux de se prosterner dès cette vie, et dans le sein de laquelle il est délicieux de s'abîmer en espérance lorsqu'on s'élance vers l'avenir.

Privé de cet instinct sublime, Gœthe a-t-il été vraiment poëte ? Non, quoique pour l'expression et pour la forme il soit le premier lyrique et le premier artiste des deux siècles qu'il a illustrés. A-t-il été philosophe ? Non, quoiqu'il ait fait des travaux sur les sciences naturelles qui le placent, dit-on, au rang des plus illustres naturalistes, et qu'il ait su, le premier, exprimer dans un magnifique langage poétique les idées d'une métaphysique assez abstraite.

La longue et riche chaîne des travaux de Gœthe me confirme dans cette conviction, qu'il est artiste plus que poëte. Nulle part je ne le vois enthousiasmé, entraîné par le sentiment du beau idéal dans le caractère humain. Esclave du sujet qu'il traite, adepte impassible de la réalité, il tracera d'une main chaste et froide les obscénités qui doivent caractériser la plaisanterie de Méphistophélès ; il assujettira le génie de Faust aux formes étroites et grossières de l'art cabalistique dont il est aisé de voir qu'il a fait *ad hoc* une étude consciencieuse. S'il crée l'intéressante figure de Marguerite, il se gardera pourtant de nous la montrer sous une forme trop angélique. Ce sera toujours une simple fille de village, vaine au point de se laisser séduire par des présents, soumise à l'opinion au point de commettre un infanticide. Sa douleur et son infortune nous émeuvent profondément, mais nous comprenons fort bien que Faust ne puisse avoir pour elle qu'un amour des sens. Si Gœthe fait parler le préjugé implacable qu'on appelle honneur de la famille, c'est par la bouche grossière et cruelle d'un soudard, ou par la voix amère et médisante d'une méchante villageoise. Qui est le coupable dans la tragédie de Marguerite ? Est-ce Faust parce qu'il l'a rendue mère ? Est-ce Marguerite parce qu'elle a tué son enfant ? Est-ce son frère Valentin parce qu'il l'a maudite et déshonorée ? Est-ce sa compagne Lisette parce qu'elle l'a décriée et trahie ? Est-ce l'opinion ou les lois humaines qu'il faut détester pour avoir poussé Marguerite à ce crime ? Est-ce la vanité ou la lâcheté de cette infortunée qu'il faut maudire ? Est-ce l'indifférence du ciel qui abandonne cette faible victime à Méphistophélès, et la voix effrayante des prêtres catholiques qui la pousse au désespoir? En vérité, Faust me paraît le moins coupable de tous, et le diable, qui sans cesse ramène Faust auprès de Marguerite, est beaucoup moins haïssable que le Dieu du prologue. Ainsi Gœthe, esclave du *vraisemblable*, c'est-à-dire de la vérité vulgaire, ennemi juré d'un héroïsme romanesque, comme d'une perversité absolue, n'a pu se décider à faire l'homme tout à fait bon, ni le diable tout à fait méchant. Enchaîné au présent, il a peint les choses telles qu'elles sont, et non pas telles qu'elles doivent être. Toute la moralité de ses œuvres a consisté à ne jamais donner tout à fait raison ni tout à fait tort à aucune des vertus ou des vices que personnifient ses acteurs. Il vaudrait mieux dire encore que ses acteurs ne personnifient jamais complétement ni la vertu ni le vice. Les plus grands ont des faiblesses, les plus coupables ont des vertus. Le plus loyal de ses héros, le noble Berlichingen, se laisse entraîner à une trahison qui ternit la fin de sa carrière, et le misérable Weislingen expire dans des remords qui l'absolvent. Il semble que Gœthe ait eu horreur d'une conclusion morale, d'une certitude quelconque.

Aussi malheur à qui a voulu imiter Gœthe! En dépouillant systématiquement toute espèce de conviction, en déclarant la guerre dans son propre cœur à toute sympathie, pour se soumettre à la loi étroite du *vraisemblable* vulgaire, qui pourrait être grand? Gœthe seul a pu le faire, Gœthe seul a pu demeurer bon, et ne jamais écrire une ligne qui dût devenir funeste à un esprit droit, à un cœur honnête. C'est que Gœthe (je veux le répéter) n'était pas seulement un grand écrivain, c'était un beau caractère, une noble nature, un cœur droit, désintéressé. Je ne le juge d'après aucune de ses biographies, je sais le cas qu'on doit faire des biographies des vivants ou des morts de la veille. Je n'ai pas même encore lu les Mémoires de Gœthe; je me méfie un peu du jugement que l'homme, vieilli sans certitude, doit porter sur lui-même et sur les faits de sa vie passée; je ne veux juger Gœthe que sur ses créations, sur Gœtz de Berlichingen, sur Faust, sur Werther, sur le comte d'Egmont. Dans tous ces héros je vois des défauts, des faiblesses, des erreurs qui m'empêchent de me prosterner; mais j'y vois aussi un fonds de grandeur, de probité, de justice, qui me les fait aimer et plaindre. Ce ne sont pas des héros de roman, mais ce sont des hommes de bien. Je m'afflige de ne point trouver en eux ce rayon céleste qui me transporterait avec eux dans un monde meilleur; mais je sais qu'ils ne peuvent pas avoir été éclairés de cette lumière nouvelle. Elle n'était pas encore sur l'horizon lorsque Gœthe jetait sa vie et son génie dans le creuset du siècle. C'est une grande figure sereine au milieu des ombres de la nuit, c'est une majestueuse statue placée au portique d'un temple dont le soleil n'illumine pas encore le faîte, mais où le pâle éclat de la lune verse une lumière égale et pure. Une autre figure est placée immédiatement au-dessus, moins grandiose et moins parfaite; elle va pourtant l'éclipser, car déjà la nuit se dissipe, le soleil monte, et le front de Byron se dore aux premiers reflets. L'idéal, un instant éclipsé par le travail rénovateur du siècle, reparaît dégagé

8.

des nuages de cette philosophie transitoire, vainqueur de la nuit du despotisme catholique. Il vient lentement, mais ceux qui sont placés pour le voir saluent sa venue du haut de la montagne.

MANFRED

J'ai omis, à dessein, de mentionner Schiller à propos de Gœthe. Ce continuel parallélisme entre eux, ces partialités ardentes pour l'un ou pour l'autre, cette sorte de rivalité qu'on a voulu établir entre deux grands cœurs unis par l'amitié, ne sont pas de mon goût. Je ne puis me résoudre à troubler, par une indiscrète analyse, la majesté de ces mânes illustres qui s'embrassent maintenant dans le sein de Dieu, après avoir, sur la terre, oublié souvent leurs dissidences dans l'échange d'une noble sympathie. Sans doute, sous un point de vue important, je sens, moi aussi, mon cœur se porter plus vivement vers Schiller; mais parce que la nature de son génie répond plus directement aux aspirations de mon âme, oublierai-je la grandeur de Gœthe et sa bonté calme et patriarcale à laquelle le jugement d'aucune vanité blessée, d'aucune médiocrité jalouse ne saurait m'empêcher de croire? Il put être vain, il dut être orgueilleux, cet homme si favorisé du ciel! Il dut surtout sembler tel à de grossiers adulateurs ou à de lâches envieux; et quelle gloire échappe à cette poussière que le char du triomphe soulève sur les chemins? Mais Gœthe aima Schiller, ce génie si différent du sien. Il l'aima tendrement, délicatement, paternellement, il supporta les inégalités de son humeur, il sut adoucir les orages de son âme, il comprit, apprécia et chérit les facultés exquises de son cœur. O Gœthe! je vous aime pour cette amitié que vous avez sentie, et dont les devoirs difficiles peut-être ont été du moins une religion dans votre vie superbe. Je ne puis vous haïr pour l'absence de cet idéal qui eût élevé votre immense génie au-dessus des lois régulières maintenues dans notre progrès humain par la sagesse divine. Cette sagesse ne l'a pas voulu ainsi. Mais elle vous a trop donné d'ailleurs, pour que notre impatience de l'avenir et notre soif de religion aient le droit de disputer vos couronnes. Nous ne sommes pas encore assez initiés aux mystérieux desseins de cette Providence pour savoir ce que sera un jour l'importance de certains travaux de pure intelligence qui nous semblent frivoles aujourd'hui, préoccupés que nous sommes de besoins moraux et religieux plus pressants. Un temps viendra, sans doute, où tous les efforts de l'esprit humain auront leur application, leur emploi nécessaire. Rien n'est inutile, rien ne sera perdu dans ce grand laboratoire où l'humanité entasse lentement et avec ordre ses matériaux divers pour le grand œuvre d'une régénération universelle. Déjà une appréciation plus philosophique de l'histoire nous montre qu'aucune grande intelligence n'a été vraiment funeste au progrès de l'humanité, mais qu'au contraire toutes ont été des instruments plus ou moins directs que la Providence a suscités à ce progrès, même celles qui, relativement aux contemporains et relativement à leurs propres idées sur le progrès, semblaient agir en un sens contraire ; ce qui est applicable aux hommes politiques du passé l'est aussi aux hommes philosophiques, et conséquemment aux poëtes et aux artistes. Les erreurs et les aveuglements des grandes intelligences dans les sciences exactes n'ont même pas nui au progrès de la vérité scientifique. En limitant ou en suspendant l'essor de l'esprit humain vers certains points de vue, ces erreurs le poussaient irrésistiblement vers d'autres horizons jusque-là négligés, et où des découvertes imprévues l'attendaient.

Ainsi, laissons à la postérité le soin d'assigner à nos grands contemporains leur véritable place. Gardons-nous d'imiter les jugements étroits et les absurdes proscriptions du catholicisme, en rejetant du sein de notre nouveau temple les grands hommes dont les formules ne s'accordent pas encore avec notre orthodoxie idéaliste. Contemplons avec respect ces faces augustes, qu'un nuage nous dérobe encore à demi. Gardons notre foi et préservons-nous de ce qui pourrait la détruire ; que les brillantes séductions du génie ne nous fascinent pas et ne nous détournent pas du chemin où nous devons marcher ; mais que notre rigidité de nouvelle date ne s'attaque pas insolemment à ces vastes génies qui, sans formules de principes, ont servi du moins à nous faire aimer, désirer et chercher la perfection. Une belle forme dans l'art est encore un bienfait pour nos intelligences. Elle élève notre jugement, elle aiguise et retrempe notre goût, elle ennoblit nos habitudes et ravive nos sentiments. Il n'appartient qu'aux organisations grossières et lâches de se laisser corrompre par les richesses matérielles ; une âme noble sait en faire un usage noble. Les richesses intellectuelles doivent-elles appauvrir l'intelligence qui s'en nourrit? Non, sans doute, et dans ce sens Gœthe nous a légué un précieux héritage. Quelle qu'ait été la pensée du testateur, recevons ses bienfaits avec reconnaissance, et tâchons qu'ils nous profitent.

Si cette manière de sentir et de raisonner est juste, c'est à Byron encore plus qu'à Gœthe qu'il nous faut l'appliquer, à *Manfred* encore plus qu'à *Faust*. Dans ce poëme, successeur du premier, nous voyons au premier coup d'œil un homme encore plus malheureux, encore plus coupable, encore plus damné que Faust. Historiquement c'est le même homme que Faust, car c'est Faust délivré de l'odieuse compagnie de Méphistophélès, c'est Faust résistant à toute l'armée infernale, c'est Faust vainqueur des sens, vainqueur de la vaine curiosité, de la vaine gloire et des ardentes passions. Psychologiquement, ce n'est plus le même homme, c'est un homme nouveau, car c'est Faust transformé, Faust ayant subi les tortures de la vie active. Faust meurtrier involontaire, mais désolé, Faust veuf de Marguerite, veuf d'espérances et de consolations. Ce n'est plus l'ennui et l'inquiétude qui dévorent son âme, c'est le remords et le désespoir. Il est entré dans une nouvelle phase de sa terrible existence. Le milieu fatal qui l'enveloppait a changé de nature ; son être a changé de nature aussi. Ce n'est plus le railleur Méphisto qui l'aiguillonne de ses sarcasmes et l'enivre de voluptés pour le forcer à vivre sous la loi du hasard; c'est toute l'armée des ténèbres, ce sont les dews d'Ahriman, c'est le roi des démons en personne, qui vient avec Némésis et les funestes destinées entamer une lutte à mort d'où Faust-Manfred sortira vainqueur, mais où des tortures plus affreuses encore que les précédentes assiégeront son agonie. Dans cette phase nouvelle, qu'on pourrait appeler la phase expiatoire de Faust, le grand criminel, le maudit sublime n'a plus à subir, il est vrai, les tourments d'une intelligence avide; l'intelligence s'est arrêtée dans son vol audacieux le jour où le cœur a été brisé. Mais dans ses déchirements ce cœur qui, chez Faust, n'avait pas vécu, puise chez Manfred une vie intense, toute de regret et de repentir, supplice incessant, inexprimable, inouï. Ce nouveau Faust est bien plus vivant, bien plus accessible à nos sympathies, bien plus noblement humain que le premier. Nous ne rencontrons plus chez lui les contradictions qui, chez Faust, nous remplissaient d'étonnement et de doute. Le mystère qui enveloppe sa vie passée ne porte plus que sur des faits qu'il nous est inutile de sonder. Son histoire nous est inconnue, mais son cœur nous est dévoilé. Ce cœur est entr'ouvert et saignant devant nous; il souffre, et dès lors nous le comprenons, nous le savons, car la souffrance est notre partage à tous, et il n'est pas besoin que nous ayons commis ou causé un crime pour savoir ce que c'est que pleurer éternellement et souffrir sans remède.

Manfred est donc un homme bien supérieur à Faust. Il n'a pas moins que lui le sentiment et l'enthousiasme lyrique des beautés de la création; mais il les sent d'une autre manière, il les divinise autrement que

Spinosa et Gœthe; il ne matérialise pas la pensée divine, il spiritualise, au contraire, la création matérielle. Lui aussi *reconnaît ses frères dans le buisson tranquille, dans l'air, dans les eaux;* mais ce n'est pas en s'annihilant au niveau de la matière, ce n'est pas en abjurant l'immortalité de sa pensée pour fraterniser dans un désespoir résigné avec les éléments grossiers de la vie physique. Au contraire, Manfred, à la manière des païens pythagoriciens, prête du moins une vie divine aux muettes beautés de la nature, ou leur attribue une intelligence supérieure à celle de l'homme. Il évoque les fées dans la blancheur immaculée des neiges et dans la vapeur irisée des cataractes. Au son de la flûte des montagnes, il s'écrie : *Ah! que ne suis-je l'âme invisible d'un son délectable, une voix vivante, une jouissance incorporelle!* C'est que l'idéal qui manquait à Faust déborde dans Manfred; c'est que le sentiment, la certitude de l'immortalité de l'esprit le transportent sans cesse du monde évident au monde abstrait.

Je ne pense pas que personne vienne faire ici la grossière objection que ce fantastique de *Manfred* est un jeu d'esprit, un caprice de l'imagination, et que Byron n'a jamais cru à la fée du Mont-Blanc, au palais d'Ahriman, à l'évocation d'Éros et d'Antéros, etc. Chacun sait de reste que dans la poésie fantastique toutes ces figures sont de libres allégories. Mais, dans le choix et l'action de ces allégories, la portée de l'idéal du poëte se révèle clairement. Où Faust ne rencontre que sorciers montés sur des boucs et des escargots, que monstres rampants et venimeux, laides et grotesques visions d'une mémoire délirante, obsédée de la laideur des vices humains, Manfred rencontre sur la montagne de *beaux génies* sur le front *calme et pur* desquels se *reflète l'immortalité*. C'est-à-dire qu'Éros, le principe du bien, la pensée d'amour et d'harmonie dont l'univers est la manifestation, apparaît à Manfred à travers la beauté des choses visibles; tandis qu'Antéros, l'esprit de haine et d'oubli, c'est-à-dire la muette indifférence d'une loi physique, qui n'a pour cause et pour but que sa propre existence et sa propre durée, apparaît à Faust à travers la bizarrerie, le désordre et l'effroi de la vie universelle. Le fantastique de Faust est donc le désordre et le hasard aveugles, celui de Manfred la sagesse et la beauté divines.

Voilà pourquoi Byron, moins artiste que Gœthe, c'est-à-dire moins habile, moins correct, moins logique à beaucoup d'égards, me semble beaucoup plus poëte que lui, et beaucoup plus religieux que la plupart de nos poëtes spiritualistes modernes. — Et même, j'en demande humblement pardon au grand lyrique qui a adressé à Byron ces vers fameux :

> Esprit mystérieux, mortel, ange ou démon,
> Qui que tu sois, Byron, bon ou fatal génie !…

Byron me semble beaucoup plus préoccupé de la science des choses divines que M. de Lamartine lui-même. M. de Lamartine accepte une religion toute faite, et la chante admirablement, sans se donner la peine d'examiner cette philosophie, beaucoup trop étroite et beaucoup trop erronée pour pénétrer et convaincre réellement sa haute intelligence. Né à la gloire dans une époque de réaction contre l'athéisme grossier, le chantre des *Méditations*, poussé par de nobles instincts, a été une des grandes voix qui ont prêché avec fruit, avec honneur, avec puissance, le retour au spiritualisme. *Tout était juste alors* pour la défense du grand principe; mais, après la première chaleur du combat, il est impossible que le lyrique n'ait pas jeté un regard profond sur cette croyance catholique dont il s'était fait l'apôtre. Pourquoi donc ne l'a-t-il pas abjurée ouvertement, à l'exemple de ce grand homme qui, de nos jours, donne au monde le spectacle d'une sincérité si sublime, et d'un courage si vénérable, en disant : *Jusqu'alors je m'étais cru catholique; il paraît que je m'étais trompé.* A coup sûr l'absurde et l'odieux de ces doctrines catholiques n'ont point échappé à la sagacité et à la loyauté de M. de Lamartine. Cependant, au lieu d'entrer dans une nouvelle phase d'inspiration et de lumière, il a continué à accorder sa lyre sur le même mode. Il nous a vanté en de très-beaux vers l'excellence de ces sacrifices humains dont Jocelyn est un exemple funeste; il a lancé plus que jamais l'anathème sur notre grande révolution française, où pourtant il eût à coup sûr joué un rôle, non à l'étranger, dans un honteux exil, mais sur le banc des girondins peut-être. La soif d'action politique qui dévore aujourd'hui le poëte sacré prouve bien qu'il n'est pas l'homme du passé, le Jérémie de la Restauration. Aujourd'hui les nouveaux vers de M. de Lamartine ont été, dit-on, mis à l'index par le Saint-Père, par le chef suprême de la religion qu'il a si vaillamment défendue, si généreusement servie. Cette nouvelle sottise du Vatican ébranlera-t-elle la foi du chantre des *Méditations?* Nous pensons bien que la chose est faite depuis longtemps, car les hérésies du dernier poëme de M. de Lamartine nous montrent la révolte irrésistible de son intelligence contre le joug catholique; mais nous ne croyons pas que M. de Lamartine, absorbé par les soucis parlementaires, ait beaucoup de temps de reste pour se demander désormais s'il est philosophe ou chrétien. Il est député! c'est une autre affaire; ce n'est pas tout à fait le chemin de l'idéal.

Quel regret pour nous, pauvres rêveurs! faudra-t-il donc conclure que notre grand lyrique ne se soucie plus guère de la philosophie du Christ, et que peut-être il ne s'en est jamais tourmenté bien profondément? A voir comme il entre ardemment dans les questions positives du siècle, nous sommes bien persuadé que la raison, l'esprit d'analyse et la tranquillité d'âme ne lui ont jamais manqué au point d'accepter aveuglément le catholicisme. A-t-il donc chanté tout simplement pour chanter, comme il agit aujourd'hui tout simplement pour agir? Poëte, il lui fallait un dieu. Il accepta celui qui était alors au pouvoir; homme politique, il lui a fallu un parti, il a accepté celui qui est au pouvoir aujourd'hui.

A Dieu ne plaise qu'entraîné par des dissidences d'opinions, nous venions à dessein analyser ici le fond des croyances de M. de Lamartine. Quand même ce droit appartiendrait à la critique, nous ne pourrons jamais oublier les larmes que les *Méditations* autrefois, et, récemment encore, certaines pages de *Jocelyn* nous ont fait verser. Nous ne dirons jamais que l'idéal a tenu peu de place dans la vie intellectuelle de M. de

Lamartine, lui qui a fait vibrer si souvent dans nos âmes les cordes de l'enthousiasme, et qui ravivait en nous le sentiment de l'idéal, alors que le déchaînement du matérialisme s'efforçait de nous le ravir. Nous dirons seulement, parce que nous devons le dire ici, que M. de Lamartine s'est montré, en poésie comme en politique, peu scrupuleux sur les moyens de connaître et de saisir son idéal. M. de Lamartine est peut-être un homme de *sentiment* plus qu'un homme de *connaissance;* tout lui a été bon, la royauté dévote et la royauté bourgeoise, pourvu qu'il exerçât sa royauté à lui, sa seule royauté légitime, celle du génie [1].

Ainsi, qu'on me permette de le dire, lord Byron, cet autre roi légitime qui ne dédaignait pas non plus les succès littéraires et les succès parlementaires, était beaucoup plus préoccupé de la science de Dieu que M. de Lamartine ne l'a jamais été. Il n'a jamais accepté l'erreur coupable du catholicisme ; il n'a rien accepté à la légère, la chose lui paraissait trop grave pour n'être pas discutée chaudement et amèrement dans le sanctuaire de son âme. Il se souciait fort peu de passer pour un athée ou pour un sceptique, lui, le plus instinctivement religieux des poëtes! Condamné, par la nature même de ce sentiment religieux, à une sincérité farouche, il cédait à tous les mouvements

---

[1]. J'écrivais ceci en 1839. Depuis M. de Lamartine s'est noblement vengé de nos doutes et de nos reproches sur sa religion et sa politique, en écrivant d'admirables vers remplis du sentiment de la vraie religion de l'avenir et en s'asseyant sur les bancs de l'opposition à la Chambre (*Note de* 1845).

anarchiques de sa conscience. Lorsque, lassé de chercher en vain, à travers ce siècle superstitieux d'une part et incrédule de l'autre, une formule qui éclairât sa croyance, il succombait à un désespoir sublime, il écrivait d'une main brûlante de fièvre : « *Mourir!* redevenir le rien que j'étais avant de naître à la vie et à la douleur vivante! » ... « Le silence de ce sommeil sans rêve, je l'envie trop pour le déplorer! » ... « Les hommes deviennent ce qu'ils ne s'avouent pas à eux-mêmes, ce qu'ils n'osent se confier les uns aux autres. » Mais ces heures de découragement n'attestent-elles pas la lassitude douloureuse d'une âme qui s'épuise à la recherche d'une certitude d'immortalité ? Dans son dialogue avec la fée des Alpes, Manfred raconte ainsi sa vie ; je cite ce passage à dessein, pour montrer que cette vie passée de Manfred est bien celle de Faust, mais que celui qui la raconte n'est plus Faust, car il croit à l'immortalité de l'intelligence.

Dans mes rêveries solitaires, je descendais dans les caveaux de la mort, recherchant ses causes dans ses effets ; et de ces ossements, de ces crânes desséchés, de cette poussière amoncelée, j'osais tirer de criminelles conclusions. Pendant des années entières, je passai mes nuits dans l'étude des sciences autrefois connues, maintenant oubliées ; à force de temps et de travail, après de terribles épreuves et des austérités telles qu'elles donnent à celui qui les pratique autorité sur l'air, et sur les esprits de l'air et de la terre, de l'espace et de l'infini peuplé, je rendis mes yeux familiers avec l'éternité... Et, avec ma science, s'accrut en moi la soif de connaître et la puissance et la joie de cette brillante intelligence, jusqu'à ce que...

Ici, Manfred raconte l'épisode d'Astarté qui a le tort de ressembler à l'histoire de René et d'Amélie de M. de Chateaubriand ; mais ceci s'est fait, à coup sûr, à l'insu de Byron : son génie était fait de telle sorte que les réminiscences y prenaient souvent la forme de l'inspiration. Puis Manfred reprend :

Je me suis plongé dans les profondeurs et les magnificences de *mon imagination autrefois si riche en créations; mais, comme la vague qui se soulève, elle m'a rejeté dans le gouffre sans fond de ma pensée.* Je me suis plongé dans le monde, j'ai cherché l'oubli partout, excepté là où il se trouve, et c'est ce qu'il me reste à apprendre. Mes sciences, ma longue étude des connaissances surnaturelles, tout cela n'est qu'un art mortel : — J'habite dans mon désespoir, *et je vis et vis pour toujours!*

Lorsque Manfred approche de son agonie, il s'adresse au soleil, et, admirant la nature comme Faust, il lui parle pourtant comme Faust n'eût pas su le faire :

Astre glorieux ! tu fus adoré avant que fût révélé le mystère de ta création ! Dieu matériel ! tu es le représentant de *l'inconnu,* qui t'a choisi pour son ombre !

Dans la scène du commencement, qui ressemble si peu à celle de Faust, quoique Byron ait avoué cette ressemblance, Byron proclame encore l'immortalité de l'âme, en des termes plus clairs que les précédents :

Les Génies. — Que veux-tu de nous, fils des mortels ? parle!

Manfred. — L'oubli... l'oubli de moi-même. . . . . .
. . . .

Le Génie. — Cela n'est point dans notre essence, dans notre pouvoir, mais tu peux mourir.

Manfred. — La mort me le donnera-t-elle ?

Le Génie. — Nous sommes immortels et nous n'oublions pas. Le passé nous est présent aussi bien que l'avenir. Tu as notre réponse.

Manfred. — Vous vous raillez de moi... esclaves, ne vous jouez pas de ma volonté. L'âme, l'esprit, l'étincelle de Prométhée, l'éclair de mon être, enfin, est aussi brillant que le vôtre, et... répondez!

Le Génie. — Tes propres paroles contiennent notre réponse.

Manfred. — Que voulez-vous dire?

Le Génie. — Si, comme tu le dis, ton essence est semblable à la nôtre, nous avons répondu en te disant que ce que les mortels appellent la mort n'a rien de commun avec nous.

Manfred. — C'est donc en vain que je vous ai fait venir de vos royaumes ! Vous ne pouvez ni ne voulez me donner l'oubli ?

Ici les esprits cherchent à séduire Manfred par l'appât de la prospérité humaine. Ils lui offrent « l'empire, la puissance, la force, et de longs jours. » Mais l'ancien Faust est lassé de jouissances terrestres, et désormais il appelle le néant pour refuge à son immortelle douleur, le néant dont il n'osait parler jadis à Méphistophélès, tant il le craignait, et qu'il invoque aujourd'hui avec la certitude de ne le pas trouver!

Permettez-moi une dernière citation de Manfred. Vous connaissez tous cette dernière scène, incomparablement supérieure à tous les dénoûments de ce genre; mais vous n'avez peut-être pas *Faust* et *Manfred* sous la main. Mon office est de vous les mettre en parallèle sous les yeux. Rappelez-vous qu'à la fin de *Faust*, Méphistophélès s'écrie : *Maintenant, viens à moi!* et que Faust, toujours esclave du démon, se laisse arracher au dernier soupir de Marguerite. Comparez cette lâcheté à la force sublime de Manfred expirant, et voyez le rôle que joue chez Byron l'homme animé d'un souffle divin, en regard avec tout le rôle qu'il joue dans Gœthe, aux prises avec l'esprit des ténèbres, c'est-à-dire avec sa propre misère privée de toute assistance céleste.

Manfred est dans la tour. Entre l'abbé de Saint-Maurice.

L'Abbé. — Mon bon seigneur, pardonne-moi cette seconde visite ; ne sois point offensé de l'importunité de mon zèle : que ce qu'il a de coupable retombe sur moi seul, que ce qu'il peut avoir de salutaire dans ses effets descende sur ta tête, — que ne puis-je dire ton cœur ! — Oh ! si, par mes paroles ou mes prières, je parvenais à toucher ce cœur, je ramènerais au bercail un noble esprit qui s'est égaré, mais qui n'est pas perdu sans retour !

Manfred. — Tu ne me connais pas, mes jours sont comptés, et mes actes enregistrés ! Retire-toi ! ta présence ici pourrait te devenir fatale. Sors !

L'Abbé. — Ton intention, sans doute, n'est pas de me menacer ?

Manfred. — Non, certes ; je t'avertis seulement qu'il y a péril pour toi à rester ici, et je voudrais t'en préserver.

L'Abbé. — Que veux-tu dire ?

Manfred. — Regarde là. Que vois-tu ?

L'Abbé. — Rien.

MANFRED. — Regarde attentivement, te dis-je. — Maintenant, dis-moi ce que tu vois.

L'ABBÉ. — Un objet qui devrait me faire trembler. Pourtant, je ne le crains pas. — Je vois sortir de terre un spectre sombre et terrible qui ressemble à une divinité infernale; son visage est caché dans les plis d'un manteau et des nuages sinistres forment son vêtement. Il se tient debout entre nous deux, mais je ne le crains pas.

MANFRED. — Tu n'as aucune raison de le craindre; mais sa vue peut frapper de paralysie ton corps vieux et débile. Je te le répète, retire-toi.

L'ABBÉ. — Et moi je réponds : Jamais. Je veux livrer combat à ce démon. Que fait-il ici ?

MANFRED. — Mais oui, effectivement, que fait-il ici ? Je ne l'ai pas appelé. Il est venu sans mon ordre.

L'ABBÉ. — Hélas ! homme perdu ! quels rapports peux-tu avoir avec de pareils hôtes? Je tremble pour toi. Pourquoi ses regards se fixent-ils sur toi et les tiens sur lui ? Ah ! le voilà qui laisse voir son visage ; son front porte encore les cicatrices qu'y laissa la foudre ; dans ses yeux brille l'immortalité de l'enfer. — Arrière !

MANFRED. — Parle ; quelle est ta mission ?

L'ESPRIT. — Viens !

L'ABBÉ. — Qui es-tu, être inconnu ? Réponds ! Parle !

L'ESPRIT. — Le génie de ce mortel. — Viens ! il est temps.

MANFRED. — Je suis préparé à tout; mais je ne reconnais pas le pouvoir qui m'appelle. Qui t'envoie ici ?

L'ESPRIT. — Tu le sauras plus tard. Viens ! viens !

MANFRED. — J'ai commandé à des êtres d'une essence bien supérieure à la tienne; je me suis mesuré avec tes maîtres. Va-t'en.

L'ESPRIT. — Mortel, ton heure est venue. Partons, te dis-je.

MANFRED. — Je savais et je sais que mon heure est venue, mais ce n'est pas à un être tel que toi que je rendrai mon âme. Arrière! Je mourrai seul, ainsi que j'ai vécu.

L'Esprit. — En ce cas, je vais appeler mes frères. — Paraissez ! (D'autres esprits s'élèvent).

L'Abbé. — Arrière ! maudits ! — arrière ! vous dis-je. — Là où la pitié a autorité, vous n'en avez aucune, et je vous somme au nom de...

L'Esprit. — Vieillard ! nous savons ce que nous sommes, nous connaissons notre mission et ton ministère ; ne prodigue pas en pure perte tes saintes paroles, ce serait en vain : cet homme est condamné. Une fois encore je le somme de venir. — Partons ! partons !

Manfred. — Je vous défie tous. — Quoique je sente mon âme prête à me quitter, je vous défie tous ; je ne partirai pas d'ici tant qu'il me restera un souffle pour vous exprimer mon mépris, — une ombre de force pour lutter contre vous, tout esprit que vous êtes ; vous ne m'arracherez d'ici que morceaux par morceaux.

L'Esprit. — Mortel obstiné à vivre ! Voilà donc le magicien qui osait s'élancer dans le monde invisible et se faisait presque notre égal ? Se peut-il que tu sois si épris de la vie, — cette vie qui t'a rendu si misérable !

Manfred. — Démon imposteur, tu mens ! ma vie est arrivée à sa dernière heure ; — cela, je le sais, et je ne voudrais pas racheter de cette heure un seul moment ; je ne combats point contre la mort, mais contre toi et les anges qui t'entourent ; j'ai dû mon pouvoir passé, non à un pacte avec ta bande, mais à mes connaissances supérieures, — à mes austérités, — à mon audace, — à mes longues veilles, — à ma force intellectuelle et à la science de nos pères, — alors que la terre voyait les hommes et les anges marcher de compagnie, et que nous ne vous cédions en rien ! Je m'appuie sur ma force, — je vous défie, — vous dénie — et vous méprise !

L'Esprit. — Mais tes crimes nombreux t'ont rendu...

Manfred. — Que font mes crimes à des êtres tels que toi ? Doivent-ils être punis par d'autres crimes et par de plus grands coupables ? — Retourne dans ton enfer ! tu n'as aucun pouvoir sur moi, *cela* je le sens ; tu ne me

9.

posséderas jamais, *cela* je le sais : ce que j'ai fait est fait ;
je porte en moi un supplice auquel le tien ne peut rien
ajouter. L'âme immortelle récompense ou punit elle-même
ses pensées vertueuses ou coupables ; elle est tout à la fois
l'origine et la fin du mal qui est en elle ; indépendante des
temps et des lieux, son sens intime, une fois affranchi de
ses liens mortels, n'emprunte aucune couleur aux choses
fugitives du monde extérieur ; mais elle est absorbée dans
la souffrance ou le bonheur que lui donne la conscience
de ses mérites. *Tu* ne m'as pas tenté et tu ne pouvais me
tenter ; je ne fus point ta dupe, je ne serais point ta proie ;
— je fus et je serai encore mon propre bourreau. Retirez-
vous, démons impuissants ! La main de la mort est étendue sur moi, — mais non la vôtre ! (Les démons disparaissent).

L'Abbé. — Hélas ! comme tu es pâle !... tes lèvres sont
décolorées, ta poitrine se soulève... et, dans ton gosier, ta
voix ne forme plus que des sons rauques et étouffés...
Adresse au ciel tes prières... prie,... ne fût-ce que par la
pensée ; mais ne meurs point ainsi.

Manfred. — Tout est fini, mes yeux ne te voient plus
qu'à travers un nuage ; tous les objets semblent nager
autour de moi, et la terre osciller sous mes pas : adieu !
donne-moi ta main.

L'Abbé. — Froide ! froide !... et le cœur aussi... Une
seule prière !... Hélas ! comment te trouves-tu ?

Manfred. — Vieillard ! il n'est pas si difficile de mourir. (Manfred expire).

L'Abbé. — Il est parti !... son âme a pris congé de la
terre, pour aller où ? je tremble d'y penser ; mais il est
parti.

Je ne pense pas que le fantastique ait jamais été et
puisse jamais être traité avec cette supériorité. Jamais, avec des moyens aussi simples, on n'a produit
un effet plus dramatique. Cette lente apparition de
l'Esprit, que le vieux prêtre n'aperçoit pas d'abord, et

qu'il contemple avec douleur mais sans effroi, à mesure qu'elle se dessine entre Manfred et lui, est d'une gravité lugubre. Je crois qu'il n'y avait rien de si difficile au monde que d'évoquer le démon sérieusement. Gœthe, après avoir rendu Méphistophélès étincelant d'esprit et d'ironie, avait été obligé, pour le rendre terrible à l'imagination, de faire jouer tous les ressorts de son invention féconde en tableaux hideux, en cauchemars épouvantables. Après lui, rien dans ce genre n'était plus possible, et marcher sur ses traces n'eût produit qu'une parodie. Byron n'a pas couru ce danger; son génie sombre et majestueux méprisait les petits moyens que le génie à mille facettes de Gœthe savait rendre si puissants; Byron n'a vu dans le diable que la personnification du désespoir qu'il portait en lui-même, et pourtant, dans l'apparition de cette divinité infernale, il a été aussi grand artiste que Gœthe. Il a même fait preuve d'un goût plus pur, en ne donnant à aucune de ses figures fantastiques les formes effrayantes qui sont du domaine de la peinture. Il ne les a rendues telles que par l'idée qu'elles représentent, et cependant ce ne sont pas de froides allégories, du moins on ne les accueille pas comme telles. Elles glacent l'imagination tout aussi bien que ces sorciers qui *sèment et consacrent* autour des gibets, lorsque Faust, à cheval, traverse avec Méphistophélès la nuit mystérieuse. Elles font d'autant plus d'impression qu'on est moins en garde contre elles. C'est un coup de maître que d'avoir ainsi obtenu cet effet et d'avoir su rendre insaisissable la nuance qui sépare l'allégorie philosophique de la fantaisie poétique. Le rôle de l'abbé de

Saint-Maurice est un chef-d'œuvre et l'emporte de beaucoup sur celui du prêtre Pierre, que nous verrons tout à l'heure dans le drame de Mickiewicz. Dans le premier jet de la composition de *Manfred*, Byron voulait rendre ce personnage odieux ou ridicule. Il sentit bientôt qu'il avait un meilleur parti à en tirer, que *Manfred* était un ouvrage de trop haute philosophie pour descendre à lutter contre telle ou telle forme de religion. Il se borna à personnifier, dans l'abbé de Saint-Maurice, la bonté, l'humble zèle, la foi, la charité. Pas une seule déclamation de sa part; aussi, pas la moindre amertume de celle de Manfred. Et cette bonté du vieillard n'est pas stérile pour Manfred; elle l'aide à triompher des angoisses et des terreurs de la mort, elle le ranime et lui fait retrouver le sublime orgueil de sa puissance. *Que fait-il ici?* dit le vieillard.—*Mais oui, effectivement*, s'écrie Manfred, *que fait-il ici? Je ne l'ai pas appelé.*

Est-il rien de plus magnifique dans le sentiment et dans l'expression que cette invincible puissance de Manfred à l'heure de sa mort, méprisant le désespoir qui lui dispute son dernier souffle, et triomphant de tous les remords, de tous les doutes, de toutes les souffrances de la vie, à l'aide de cette grande notion de la sagesse et de la justice éternelles : *L'âme immortelle récompense ou punit elle-même ses pensées vertueuses ou coupables?* Il y a là tout un dogme, et un dogme de vérité. Quel incroyable aveuglement, sur la foi des prudes et des bas-bleus puritains de l'Angleterre, a donc accrédité ce préjugé que Byron était le poëte de l'impiété? Mais nous, qui, je l'espère, sommes suffisamment dégagés de l'affreuse croyance à la damnation éternelle, la plus coupable notion qu'on puisse avoir de la Divinité; nous, qui n'admettons pas qu'à l'heure suprême un démon, ministre tout-puissant d'une étroite et basse vengeance, et un ange, faible appui d'une créature plus faible encore, viennent se disputer l'âme des mortels, comment avons-nous pu répéter ces niaises accusations, qu'il faudrait renvoyer à leurs auteurs? N'est-ce pas le plus vraiment inspiré des poëtes, n'est-ce pas, parmi eux, le plus noble disciple de l'idéal, celui qui, au sein d'une époque gouvernée par les cagots et les royales prostituées qui leur servaient d'agents, a osé jeter ce grand cri de révolte contre le fanatisme, en lui disant : Non, l'esprit du mal ne contrebalance pas dans l'univers la puissance céleste! Non, Satan n'a pas prise sur nous, Ahriman est subjugué. Le mauvais principe doit tomber sous les pieds de l'archange, et cet archange, c'est l'homme, éclairé enfin du rayon divin que Dieu a mis en lui ; car son œuvre à lui homme inspiré, à lui archange, à lui savant, philosophe ou poëte, est de dégager ce rayon des ténèbres dont vous imposteurs, vous impies, vous calomniateurs de la perfection divine, l'avez enveloppé.

Il ne faut pas oublier qu'à cette époque où Byron était traduit devant l'inquisition protestante et catholique, à cette époque où Béranger, avec cette religion sage et naïve qui lui inspirait *le Dieu des bonnes gens* et tant d'odes touchantes et admirables, était cité à la barre des tribunaux civils comme écrivain impie et immoral; il ne faut pas oublier, dis-je, que la jeunesse se pressait en foule à des cours de philosophie et de science d'où elle ne rapportait que la croyance au matérialisme, la certitude glaciale que l'âme de l'homme n'existait pas, parce qu'elle n'était saisissable ni à l'analyse métaphysique, ni à la dissection chirurgicale; et Byron osait dire à cette génération d'hypocrites ou d'athées : — Non! l'âme ne meurt pas; un instinct divin, supérieur à vos analyses métaphysiques et anatomiques, me l'a révélé. Je sens en moi une puissance qui ne peut tomber sous l'empire de la mort. L'ennui et la douleur ont ravagé ma vie, au point que le repos est le besoin le plus impérieux qui me soit resté de tous mes besoins gigantesques. J'aspire au néant, tant je suis las de souffrir; mais le néant se refuse à m'ouvrir son sein. Ma propre puissance, éternelle, invincible, se révolte contre les découragements de ma pensée; elle me poursuit, elle est mon infatigable bourreau, elle ne me souffre pas abattu et couché sur cette terre dont j'invoque en vain le silence et les ténèbres. Elle me pousse dans des espaces inconnus, elle m'enchaîne à la poursuite de mystères impénétrables, elle proteste contre moi-même de mon immortalité, elle défie les terreurs de la superstition; mais elle s'approche tristement de l'heure où, dégagée de ses liens, elle entrera dans une sphère d'intelligence supérieure, où elle comprendra les mérites ou les torts de son existence précédente, où elle *punira ou récompensera elle-même,* par la connaissance d'elle-même et de la vérité divine, *ses pensées coupables ou vertueuses!*

O misérable vulgaire! troupeau imbécile et paresseux qui te traînes à la suite de tous les sophismes et accueilles toutes les impostures, combien te faut-il de temps pour reconnaître ceux qui te guident et pour démasquer ceux qui t'égarent? L'heure n'est-elle pas venue, enfin, où tu vas cesser de vénérer les hommes qui te méprisent, et d'outrager ceux qui travaillent à ton émancipation? Entraîné malgré toi par une loi divine, tu recueilles à ton insu les bienfaits que de grands cœurs et de grandes intelligences ont semés sur ton chemin; mais tu ignores la reconnaissance et le respect que tu leur dois. Condamné à être ta propre dupe, tu te nourris de ces bienfaits du génie, mais en continuant de blasphémer contre lui et de répéter, à l'instigation de tes ennemis, les amères accusations qui portent sur la vie privée de tes libérateurs. Que savent aujourd'hui de Jean-Jacques les enfants du peuple? qu'il mettait ses enfants à l'hôpital. Ceci est une grande faute sans doute; mais la grande révolution française, qui a commencé leur émancipation, savent-ils, les enfants du peuple, que c'est à Jean-Jacques qu'ils la doivent? De même pour Byron; la plèbe des lettrés sait fort bien que le poëte avait dissipé les biens de sa femme, qu'il était puérilement humilié de sa claudication, qu'il s'irritait immodérément des critiques absurdes, et c'est beaucoup quand elle n'accueille pas ces accusations de meurtre que les ennemis de Byron se plaisaient à répandre, et que le grand Gœthe lui-même répétait avec une certaine complaisance. En toutes occasions, les contemporains s'emparent avidement de la dépouille des victimes qu'ils viennent de frapper; ils examinent pièce à pièce ces trophées dont ils étaient jaloux et dont il leur est facile de nier l'éclat quand ils les ont traînés dans la poussière. Semblable à ces anatomistes qui disent en essuyant leur scalpel : — Nous avons cherché sur ce cadavre le siége de l'âme et nous ne l'avons pas trouvé; donc cet homme n'était que matière, — le vulgaire dit en se partageant des lambeaux de vêtement : Ce grand homme n'était pas d'une autre taille que nous ; il connaissait, comme nous, la vanité, la colère; il avait toutes nos petites passions. « Il n'y a pas de grand homme pour son valet de chambre. » Le vulgaire a raison, les laquais ne peuvent apprécier dans le grand homme que ce que le grand homme a de misérable; mais les nobles passions, les inspirations sublimes, les mystérieuses douleurs de l'intelligence divine comprimée dans l'étroite et dure prison de la vie humaine, ce sont là des énigmes pour les esprits grossiers. Rien, d'ailleurs, ne s'oppose à la publicité de ces misères du foyer domestique; tout y aide au contraire, et, dans le même jour, mille voix diffamatoires s'élèvent pour les promulguer, cent mille oreilles, avides de scandales, s'ouvrent pour les accueillir. Mais une pensée neuve, hardie, généreuse, bien qu'émise par la voix irréfrénable de la presse, combien lui faut-il d'années pour se populariser? Les préjugés, les haines, le fanatisme, toutes les mauvaises passions qui veulent enchaîner l'essor de la vérité, sont là, toujours éveillées, toujours ingénieuses à dénaturer le sens des mots, toujours impudentes dans les interprétations de mauvaise foi, et le vulgaire, aisément séduit par cet appel à sa conscience, se range naïvement du côté de l'injure et de la calomnie.

Et cependant le vulgaire est généralement bon. Il a des instincts de justice; il est crédule parce qu'il est foncièrement loyal. Il se tourne avec indignation contre ceux qui l'ont trompé, quand ils viennent à lever le masque. Il porte aux nues ce qu'il foulait aux pieds la veille. On en conclut que le peuple est extravagant, qu'il a des caprices inouïs, insensés, qu'il est sujet à des réactions inexplicables, et qu'en conséquence il faut le craindre et l'enchaîner. Dernière hypocrisie, plus odieuse que toutes les autres! On sait fort bien que la brute elle-même n'a point de fureurs qui ne soient motivées par ses besoins. A plus forte raison l'homme en masse n'a pas de colères qui ne soient justifiées par d'odieuses provocations. Quand le peuple brise ses dieux, c'est que les oracles ont menti, et que l'homme simple ne veut pas être récompensé de sa confiance par la trahison. O médiocrité! ô ignorance! peuple dans toutes les conditions, infériorité dans toutes les sphères de l'intelligence! sors donc de tes langes, brise tes liens, essaye tes forces! Le génie n'est pas une caste dont aucun de tes membres doive être exclu. Il n'y a pas de loi divine ni sociale qui t'enchaîne à la rudesse de tes pères. Le génie n'est pas non plus un privilége que Dieu confère arbitrairement à certains fronts, et qui les autorise à s'élever dédaigneusement au-dessus de la foule. Le génie n'est digne d'hommages et de vénération qu'en ce sens qu'il aide au progrès de tous les hommes, et, comme un flambeau aux mains de la Providence, se lève pour éclairer les chemins de l'avenir. Mais cette lumière, qui marche en avant des générations, tout homme la porte virtuellement dans son sein. Déjà le moindre d'entre nous en sait plus long sur les fins de l'humanité, sur la vérité en religion, en philosophie, en politique, que les grands sages de l'antiquité. Le bon et grand Socrate, interrogeant aujourd'hui le premier venu parmi les enfants du peuple, serait émerveillé de ses réponses. Un jour viendra donc où les jugements grossiers qui nous choquent aujourd'hui seront victorieusement réfutés comme de vieilles erreurs par les enfants de nos moindres prolétaires. Prenons donc patience. La postérité redressera bien des erreurs et réparera bien des injustices. A toi, Byron, prophète désolé, poëte plus déchiré que Job et plus inspiré que Jérémie, les peuples de toutes les nations ouvriront le panthéon des libérateurs de la pensée et des amants de l'idéal !

KONRAD

Konrad étant le nom du type privilégié de Mickiewicz, et en particulier celui du héros des *Dziady*, j'intitule ainsi le fragment de Mickiewicz dont je vais essayer de rendre compte, quoique ce fragment n'ait point de titre, ni dans la traduction ni dans l'original, et soit seulement désigné : *Troisième partie des Dziady*, acte I*er*. C'est donc un simple fragment que je vais mettre en regard de *Faust* et de *Manfred*. Mais qu'importe une lacune entre le travail publié en 1833 et celui que l'auteur poursuit sans doute en ce moment? Qu'importe une suspension dans le développement des caractères et la marche des événements, si ces événements et ces caractères sont déjà posés et tracés d'une main si ferme que nous reconnaissons au premier coup d'œil dans le poëte l'égal de Gœthe et de Byron? D'ailleurs, le drame métaphysique n'étant pas astreint, dans sa forme, à la marche régulière des événements, mais suivant à loisir les phases de la pensée qu'il développe, le lecteur se préoccupe assez peu de l'accomplissement des faits, pourvu que la pensée soit suffisamment développée. Les deux premiers actes de *Faust* feraient une œuvre complète, et l'arrivée de Marguerite dans le drame ouvre déjà un drame nouveau où *Faust* n'a guère à se développer, et ne se développe guère en effet. La fin de *Faust* reste en suspens, et c'est Byron qui s'est chargé de terminer cette grande carrière d'une manière digne de son début. — Mais encore, dans *Manfred*, la première et la dernière scène suffiraient rigoureusement au développement de l'idée. Contentons-nous donc, quant à présent, du fragment de Mickiewicz. Nous verrons qu'il suffit bien pour constater la fraternité du poëte avec ses deux illustres devanciers. Je ne le prouverai point par des assertions qu'on pourrait suspecter d'engouement, mais par des citations qui perdront en français tout autant que celles de *Faust* et de *Manfred*. Ainsi, la pensée, dépouillée de toute la pompe du style, mise à nu, et passant, pour ainsi dire, sous la toise de la traduction en prose, n'aura de mérite que par elle-même et dans l'ordre purement philosophique. Je dirai seulement quelques mots préliminaires sur la forme qui sert de cadre à cette pensée.

Nous avons dit que la nouveauté de cette forme

créée par Gœthe consistait dans l'association du monde métaphysique et du monde extérieur. Chez *Faust*, le mélange est très-habilement combiné. Il y a presque toutes les qualités d'un drame propre à la représentation scénique, et on conçoit qu'en donnant moins d'extension au monologue, et en ne faisant du sabbat qu'une scène de ballet, les théâtres aient pu s'en emparer. Mais ce qui, probablement, aux yeux du plus grand nombre des lecteurs est une qual.té dans *Faust*, nous paraît un défaut, si nous considérons la véritable nature du drame métaphysique. Celui-là entre beaucoup trop dans la réalité. Faust devient trop aisément un homme pareil aux autres, et Méphistophélès n'est bientôt lui-même qu'un habile coquin, demi-escroc, demi-entremetteur, qui trouverait facilement son type dans la nature humaine. Byron, au contraire, a porté le drame dans le monde fantastique beaucoup plus que dans le monde réel. Ce dernier mode n'est, pour ainsi dire, qu'entrevu dans *Manfred*, et, par une admirable logique de sentiments, il y apparaît pur, paisible, presque idéal dans sa candeur. C'est bien là le regard qu'un grand et courageux désespoir jette en passant sur la vie tranquille des hommes simples. Le chasseur de chamois et l'abbé de Saint-Maurice caractérisent l'innocence et la piété. Ce rôle du chasseur égale en beauté et rappelle, pour le sentiment général, le Guillaume Tell de Schiller; mais ce qui rend la scène particulièrement touchante, c'est la douceur et la sagesse de Manfred, qui, loin de railler et de mépriser ce naïf montagnard, comme eût fait peut-être Faust, sympathise avec lui par la mémoire de sa jeunesse et l'intelligence de tous les aspects de la beauté morale. Le même sentiment se retrouve dans la scène avec le prêtre. Manfred n'est despotique et arrogant qu'avec les personnes infernales, c'est-à-dire avec ses propres passions et ses propres pensées. C'est pourquoi son orgueil est toujours légitime et respectable. Il triomphe de la vengeance, des furies, de la fatalité, de la mort même, pour s'élever, sans espoir de bonheur, il est vrai, mais avec une force surhumaine, à la connaissance de la justice divine. Là est tout le drame, et non pas dans la tentative de suicide de Manfred, ni dans les exhortations du prêtre. Ces accessoires servent rigoureusement à marquer le contraste entre l'existence mystérieuse de Manfred et celle des autres hommes. Ce sont de magnifiques ornements, nécessaires seulement comme le cadre l'est au tableau pour en reculer l'effet et en détacher les profondeurs sur un fond brillant.

Mais peut-être serait-on en droit de dire que Byron a été trop loin dans l'opposition avec *Faust*; tandis que celui-ci est trop dans la réalité, *Manfred* est peut-être trop dans le rêve. La donnée de Mickiewicz me semble la meilleure. Il ne mêle pas le cadre avec l'idée, comme Gœthe l'a fait dans *Faust*. Il ne détache pas non plus le cadre de l'idée, comme Byron dans *Manfred*. La vie réelle est elle-même un tableau énergique, saisissant, terrible, et l'idée est au centre. Le monde fantastique n'est pas en dehors, ni au-dessus, ni au-dessous; il est au fond de tout, il meut tout, il est l'âme de toute réalité, il habite dans tous les faits. Chaque personnage, chaque groupe le porte en soi et le manifeste à sa manière. L'enfer tout entier est déchaîné ; mais l'armée céleste est là aussi ; et, tandis que les démons triomphent dans l'ordre matériel, ils sont vaincus dans l'ordre intellectuel. A la puissance temporelle, les ukases du czar *Knutopotent*, les tortures, les bras des bourreaux, l'exil, les fers, les instruments de supplice. Aux anges, le règne spirituel, l'âme héroïque, les pieux élans, la sainte indignation, les songes prophétiques, les divines extases des victimes. Mais ces récompenses célestes sont arrachées par le martyre, et c'est à des scènes de martyre que le sombre pinceau de Mickiewicz nous fait assister. Or, ces peintures sont telles, que ni Byron, ni Gœthe, ni Dante n'eussent pu les tracer. Il n'y a eu peut-être pour Mickiewicz lui-même qu'un moment dans sa vie où cette inspiration vraiment surnaturelle lui ait été donnée. Du moins la persécution, la torture et l'exil ont développé en lui des puissances qui lui étaient inconnues auparavant ; car rien, dans ses premières productions, admirables déjà, mais d'un ordre moins sévère, ne faisait soupçonner dans le poëte cette corde de malédiction et de douleur que la ruine de sa patrie a fait vibrer, tonner et gémir en même temps. Depuis les larmes et les imprécations des prophètes de Sion, aucune voix ne s'était élevée avec tant de force pour chanter un sujet aussi vaste que celui de la chute d'une nation. Mais si le lyrisme et la magnificence des chants sacrés n'ont pu être surpassés à aucune époque, il y a de nos jours une face de l'esprit humain qui n'était pas éclairée au temps des prophètes hébreux, et qui jette sur la poésie moderne un immense éclat : c'est le sentiment philosophique qui agrandit jusqu'à l'infini l'étroit horizon du peuple de Dieu. Il n'y a plus ni juifs, ni gentils: tous les habitants du globe sont le peuple de Dieu, et la terre est la cité sainte qui, par la bouche du poëte, invoque la justice et la clémence des cieux.

Telle est l'immense pensée du drame polonais : on y peut voir l'extension qu'a prise le sentiment de l'idéal depuis *Faust* jusqu'à *Konrad*, en passant par *Manfred*. On pourrait appeler *Faust* la chute, *Manfred* l'expiation, *Konrad* la réhabilitation ; mais c'est une réhabilitation sanglante, c'est le purgatoire, où l'ange de l'espérance se promène au milieu des supplices, montrant le ciel et tendant la palme aux victimes; c'est un holocauste où la moitié du genre humain est immolée par l'autre moitié, où l'innocence est en cause au tribunal du crime, où la liberté est sacrifiée par le despotisme, la civilisation du monde nouveau par la barbarie du monde ancien. Au milieu de cette agonie, les démons rient et triomphent, les anges prient et gémissent; Dieu se tait! Alors le poëte exhale un cri de désespoir et de fureur; il rassemble toutes les puissances de son cœur et de son génie, pour arracher à Dieu la grâce de l'humanité qui va périr. Rien n'est sublime comme cet appel désespéré de l'homme au ciel; c'est la voix de l'humanité tout entière qui invoque l'intercession divine et proteste contre le règne de Satan... Mais Konrad est, comme l'ange rebelle, tombé dans le péché d'orgueil. Le ciel se ferme, Dieu se voile; un simple prêtre, que les anges bénissent en l'appelant *serviteur humble, doux*, a seul le pouvoir de chasser les démons qui l'obsèdent, et c'est à ce pieux serviteur, dont les lèvres pures n'ont jamais blasphémé, que Dieu révélera les mystères de l'avenir.

Ici la critique serait facile, trop facile même. On pourrait dire que les révélations inintelligibles du dieu rappellent un peu les énigmes sans mot des antiques oracles, et que c'est un assez pauvre secours accordé à la foi et à la prière, que cette vision où dans un chiffre mythique la patrie du poëte se voit délivrée par une réunion de quarante-quatre villes, ou par un personnage dont le nom se compose de quarante-quatre lettres, ou par une armée composée de quarante-quatre phalanges, etc. Les Polonais se perdent en commentaires sur cette prédiction. Nous n'en grossirons pas le nombre, et nous nous abstiendrons de relever beaucoup d'autres passages bizarres et obscurs des *Dziady*, que ne rachèteraient pas, pour nous autres Français, le mérite de l'expression et le charme du merveilleux ressortant de superstitions toutes locales. Un seul mot d'ailleurs doit imposer silence à toute censure pédantesque : la Pologne est catholique, et Mickiewicz est son poëte mystique. Son idéal n'a pas encore conçu une forme nouvelle. La majorité de la race slave est rangée sous la loi sincère de l'Évangile. Respectons une foi naïve, qui ne s'est pas dégradée, comme chez nous, par une restauration jésuitique, et que d'ailleurs le saint-siége a réhabilitée pour longtemps peut-être en se détachant d'elle. Rappelons-nous le mot sublime de M. de La Mennais en parlant de la concession infâme faite par le souverain Pontife aux puissances coalisées : *Tiens-toi là près de l'échafaud, lui a-t-on dit, et, à mesure qu'elles passeront, maudis les victimes!* N'imitons pas le pape; gardons-nous de railler les victimes. C'est bien assez que Nicolas les décime et que Capellari les anathématise. Ne les citons pas à la barre de notre tribunal philosophique. Avant de passer de la philosophie chrétienne à une philosophie plus avancée, la France a passé par la glorieuse expiation d'une révolution terrible. La Pologne subit maintenant son expiation, non moins douloureuse, non moins respectable. Il serait aussi lâche de lui reprocher aujourd'hui son catholicisme, qu'il l'eût été alors de nous reprocher notre athéisme.

Nous regrettons sans doute qu'après d'aussi magnifiques élans vers la vérité, Mickiewicz soit forcé, par les convictions auxquelles il est patriotiquement fidèle, de proclamer de pieux mensonges, à la manière des sibylles. Avec une idée plus hardie de la justice éternelle et des fins providentielles de l'humanité, il eût résolu plus clairement la question. Il eût pu prophétiser que la défaite de la Pologne sera pour la suite des temps un triomphe sur la Russie, et que, comme l'empire romain a subi le triomphe intellectuel de la Grèce terrassée, l'empire russe subira le triomphe intellectuel et moral de la Pologne. Oui, sans aucun doute, la barbarie tombera devant la civilisation, le despotisme sous la liberté. Ce ne sera peut-être pas par la force des armes que s'opérera la résurrection de cette nation sacrifiée aujourd'hui au brutal instinct de la haine et de la violence, mais, à coup sûr, la main de Dieu s'étendra sur la tyrannie et tournera les esclaves contre les oppresseurs. La Russie se fera justice elle-même. Croit-on que dans ce vaste empire tout ce qui mérite le nom de peuple ne nourrit pas une profonde haine contre les bourreaux, une profonde sympathie pour les victimes? C'est par là que la Pologne retrouvera sa nationalité, et l'étendra des rives de la Vistule aux rives du Tanaïs. Il y a certainement dans cette moitié de l'Europe une puissance formidable qui gronde, et qui renversera l'odieux empire de la monarchie barbare. Tout ce qui sent, tout ce qui pense, tout ce qui, en Russie, mérite le nom d'homme, pleure des larmes de sang sur la Pologne. Comprimée encore, cette puissance éclatera. Elle aura de terribles luttes à soutenir contre la force matérielle; mais que sont les machines contre le génie de l'homme? Les armées du czar ne sont que des machines de guerre; qu'un rayon d'intelligence y pénètre, et ces machines obéiront à l'intelligence et fonctionneront pour elle, comme le fer et le feu pour les besoins de l'industrie humaine.

Mais qu'importe la langue dans laquelle le génie rend ses oracles! la langue de Mickiewicz est le catholicisme. Soit! je ne puis croire que pour les grandes intelligences, qui restent encore sous ce voile, il n'y ait pas dans les formules un sens plus étendu que les mots ne le comportent. Le catholicisme de Mickiewicz, quelque sincère qu'il soit, se prête à l'allégorie aussi bien que le catholicisme railleur de Faust, et le fantastique païen de Manfred. La foudre qui tombe à la fin de l'acte sur la maison du docteur est, dit-on, un fait historique. On y peut voir le symbole du châtiment céleste qui est suspendu sur le trône du czar. Il y a, dans les prédictions du prêtre Pierre, une légende profonde dans sa naïveté. Interrogé par le sénateur et ses complices sur ce coup de foudre qui vient de frapper un des leurs, il leur raconte que plusieurs malfaiteurs étaient endormis au pied d'un mur. Le plus scélérat d'entre eux fut éveillé par un ange qui lui annonça que la muraille allait s'écrouler. Il s'éloigna au plus vite, et, comme il vit en effet ses compagnons écrasés, il se hâta de remercier l'ange qui l'avait sauvé; mais celui-ci lui répondit : « Garde-toi de me remercier. Ton châtiment est réservé pour le dernier, afin qu'il soit le plus cruel de tous. »

On voit qu'il y a loin de ce catholicisme énergique et menaçant à la résignation apathique de Silvio Pellico. Konrad est le type le plus opposé à ce genre de soumission extatique digne de l'Inde peut-être, mais à coup sûr indigne de l'Europe. Sa brûlante énergie déborde en accents qui feraient pâlir Dieu même, si Dieu était ce misérable Jéhovah qui joue avec les peuples sur la terre comme un joueur d'échecs avec des rois et des pions sur un échiquier. Aussi, le silence de cette divinité dont Konrad ne comprend pas les lois impitoyables le jette dans la fureur et dans l'égarement, remarquable protestation du poëte catholique contre le Dieu que son dogme lui propose, protestation à laquelle le catholicisme n'a rien à répondre, et que Mickiewicz lui-même ne peut réfuter après l'avoir lancée! O grand poëte! philosophe malgré vous! vous avez bien raison de maudire ce Dieu que l'Église vous a donné! Mais pour nous qui en concevons un plus grand et plus juste, votre blasphème nous paraît l'élan le plus religieux de votre âme généreuse! Nous mettrons sous les yeux du lecteur une citation pour l'étendue de laquelle nous ne lui faisons aucune excuse, certain que nous sommes de bien mériter de lui en lui faisant connaître cet incomparable morceau de l'*Improvisation*, précédé de la scène des prisonniers. Ces deux scènes résument les deux faces du génie de Mickiewicz, le génie du récit dramatique, et le génie de la poésie philosophique. La scène s'ouvre à Wilna, dans le cloître des prêtres Basiliens, transformé en prison d'État. *Un prisonnier* (Konrad) s'endort appuyé sur la fenêtre. Son ange gardien lui fait de doux reproches durant son sommeil :

Méchant, insensible enfant ! par ses vertus ici-bas, par ses prières dans le ciel, ta mère a longtemps préservé ton jeune âge de la tentation et des malheurs... Que de fois, à sa supplication et avec la permission de Dieu, j'ai descendu vers ta cellule, silencieux dans les silencieuses ombres de la nuit ! je descendais dans un rayon et je planais sur sa tête. Quand la nuit te berçait, moi, j'étais là, penché sur ton rêve passionné comme un lit blanc sur une source troublée...

L'ange rappelle à Konrad ses révoltes, son oubli des cieux.

Je versais alors des larmes amères, je serrais mon visage dans mes mains... je voulais... et je n'osais pas retourner vers le ciel. Ta mère était là pour me demander : Quelles nouvelles me rapportes-tu de la terre, de ma cabane ? Quel a été le rêve de mon fils ?

A ce monologue de l'ange, gracieux et suave péristyle placé au seuil d'un abîme, succèdent les attaques des démons. « Glissons sous sa tête un noir duvet, » disent-ils, « chantons... bien doucement... ne l'effrayons pas! »

Un Esprit du côté gauche. — La nuit est triste dans ta prison... Là, dans la ville, elle se passe joyeuse : le son des instruments anime les convives, la coupe pleine en main, les ménestrels entonnent des chansons...

Konrad s'éveille. — Toi qui égorges tes semblables, toi qui passes le jour à tuer et le soir à célébrer des banquets, te rappelles-tu le matin un seul de tes songes?... Et quand tu te le rappellerais, le comprendrais-tu?... Il s'endort.

L'Ange. — La liberté te sera rendue... Dieu nous envoie te l'annoncer...

Konrad s'éveillant. — Je serai libre... oui... j'ignore d'où m'en est venue la nouvelle; mais je connais la liberté que donnent les Moscovites!... Les infâmes!... ils me briseront les fers des mains et des pieds; mais ils me les feront peser sur l'âme!... L'exil, voilà ma liberté!... Il me faudra errer parmi la foule étrangère, ennemie, moi, chanteur!.. et personne ne saisira rien de mes chants... rien, qu'un bruit vain et confus! Les infâmes!... c'est la seule arme qu'ils ne m'aient pas arrachée; mais ils me l'ont brisée dans les mains. Vivant, je resterais mort pour ma patrie, et ma pensée demeurerait enfermée sous l'ombre de mon âme, comme le diamant dans la pierre.

Ces fragments suffisent à montrer comment l'idée est posée. C'est bien la lutte du désespoir contre l'héroïsme; c'est bien d'un côté la voix de l'enfer qui essaye de vaincre en redoublant la souffrance, de l'autre, la voix du ciel qui console et qui engage à persévérer.

Un Esprit. — Homme! pourquoi ignores-tu l'étendue de ta puissance? Quand la pensée dans ta tête, comme

l'éclair au sein des nuages, s'enflamme invisible encore, elle amoncèle déjà les brouillards et crée une pluie fertile, ou la foudre et la tempête. . . . .
Toi aussi, comme un nuage élevé, mais vagabond, tu lances des flammes, sans savoir toi-même où tu vas, sans savoir ce que tu fais ! Hommes ! il n'est pas un de vous qui ne puisse, isolé dans les fers, par la pensée et par la foi, faire crouler ou relever les trônes.

On voit que les anges de Mickiewicz ont un mysticisme bien large et bien philosophique. Les diables font une opposition furieuse, et pour qui lira en entier le petit volume des *Dziady*, traduit en français, ces diables paraîtront au premier abord empruntés à Callot ou aux légendes du moyen âge, beaucoup plus qu'à l'allégorie poétique. Mais, qu'on y réfléchisse, cet enfer est approprié au sujet et renferme une sanglante satire. Parmi ces innombrables phalanges d'esprits pervers, dont la poésie religieuse fait l'emblème de tous les vices et de tous les maux, il est diverses hiérarchies. Le démon moqueur de Gœthe est un Français voltairien. Le sombre génie de Byron est l'esprit romantique du xix° siècle. Le Belzébuth de Mickiewicz, c'est le despotisme brutal, c'est le patron du czar : c'est un monstre ignoble, sanguinaire, grossier, féroce et stupide. S'il venait faire de l'esprit comme Méphistophélès, il ne serait guère compris des tyrans auxquels il souffle son abrutissement et sa rage. S'il se montrait à eux menaçant et terrible, comme le génie de Manfred, il ramènerait le remords et la crainte dans ces âmes lâches et superstitieuses. Il les caresse au contraire et les berce de doux rêves. *N'épouvante pas mon*

gibier, dit-il à ses acolytes rangés autour du lit d'un sénateur endormi. — *Quand il dort, le brigand, son sommeil n'est-il pas à moi?* répond le diable subalterne. — *Si tu l'effrayes trop pour une fois*, lui dit le maître, *il va se rappeler son rêve et nous duper.* — *Il est ivre et ne veut pas dormir. Coquin, nous tiendras-tu éternellement debout?*
— Alors le sénateur rêve, et s'imagine être dans la faveur du czar. Créé grand-maréchal, il s'enfle, il se promène avec orgueil dans les salons, puis tout à coup il est disgracié. On le raille ; un coquin de chambellan lui fait l'outrage d'un sourire.

Ah! je meurs! je suis mort! Me voilà dans la tombe, rongé par les vers, par les sarcasmes... On me fuit! Ah! quelle solitude! quel silence... — Quel bruit! Ah! c'est un calembour. — O laide mouche!... Des épigrammes, des railleries... Des insectes qui m'entrent dans l'oreille... Ah! mon oreille!... — Les Kameriumkiers crient comme des hiboux. Ah! voici les dames dont les queues de robe sifflent comme des serpents à sonnettes. — Quel horrible vacarme! Des cris..., des rires... Le sénateur est en disgrâce! en disgrâce! en disgrâce!

Il tombe de son lit par terre, les diables descendent sur lui.

Détachons son âme des sens, comme on détache un chien hargneux du collier.

La plaisanterie de Mickiewicz est pleine de fiel et de verve. Il fait aux courtisans des plaies plus profondes avec son vers incisif et mordant, qu'ils n'en ont fait à leurs victimes avec les knouts. Aussi l'armée diabolique qu'il a évoquée est-elle pour lui, non un jeu de l'imagination, mais un enfer vivant, une peinture réelle des turpitudes et des atrocités du régime moscovite. Tous les soldats de Belzébuth sont des bourreaux, des geôliers, des blasphémateurs, des cannibales. Ils ne parlent que de tortures physiques, ils lèchent le sang sur les lèvres des martyrs. On voit bien de quels hommes ils sont les maîtres et les dieux ! Quand ils s'adressent aux prisonniers ou aux prêtres, ils cherchent à les vaincre par le désespoir, par la vengeance, par l'appât des plaisirs dont leurs souffrances et leurs jeûnes augmentent le besoin, par la peur surtout. Quand Pierre, prosterné auprès de Konrad évanoui, prie pour conjurer le démon, l'un d'eux lui murmure à l'oreille des paroles de menace... *Et sais-tu ce que deviendra la Pologne dans deux cents ans ? Et sais-tu que demain tu seras battu comme un Haman ?*

Je m'arrête, car je citerais tout le poëme, et, ne voulant pas retirer au lecteur le plaisir de le lire en entier, je me bornerai aux deux scènes que j'ai annoncées, et qui sont indispensables pour lui faire connaître le génie de Mickiewicz.

SCÈNE I

Un corridor. — La sentinelle se tient au loin la carabine au bras. — Quelques jeunes prisonniers sortent de leurs cellules avec des chandelles. — Il est minuit.

JACOB. — Vraiment, nous allons nous réunir ?

ADOLPHE. — La sentinelle boit la goutte, le caporal est des nôtres.

JACOB. — Quelle heure est-il ?

ADOLPHE. — Près de minuit.

JACOB. — Mais si la garde nous surprend, notre pauvre caporal est perdu.

ADOLPHE. — Éteins donc la chandelle : tu vois comme la lumière se réfléchit sur la fenêtre. *Ils éteignent la chandelle.* La ronde est un vrai badinage : il lui faudra frapper longtemps, échanger le mot d'ordre, chercher les clefs... Puis les corridors sont longs... Avant d'être surpris nous nous séparons, les portes se ferment, chacun se jette sur le lit et ronfle.

Les autres prisonniers arrivent de leurs cellules.

FREJEND. — Amis, allons dans la cellule de Konrad, c'est la plus éloignée; elle est adossée au mur de l'église : nous pouvons, sans être entendus, y chanter et crier à l'aise. Aujourd'hui, je me sens disposé à donner un libre cours à ma voix : en ville on se figurera que les chants partent de l'église, c'est demain Noël... Eh! camarades, j'ai quelques bouteilles aussi.

JACOB. — A l'insu du caporal?

FREJEND. — Le brave caporal aura sa part aux bouteilles; c'est un Polonais, un de nos anciens légionnaires que le czar a transformé de force en Moscovite. Le caporal est bon catholique, et il permet aux prisonniers de passer ensemble la soirée les veilles des fêtes.

JACOB. — Si on l'apprend, nous le payerons cher.

Les prisonniers entrent dans la cellule de Konrad, y font du feu et allument la chandelle.

JACOB. — Mais voyez comme Jegota se fait triste : il ne s'était pas douté qu'il pouvait bien avoir dit à ses foyers un éternel adieu.

FREJEND. — Notre Hyacinthe a dû laisser sa femme en couches, et il ne verse pas une larme.

FÉLIX KOLAKOWSKI. — Pourquoi en verserait-il? Qu'il rende plutôt gloire à Dieu! Si elle met au monde un fils, je lui prédirai son avenir... Donne-moi ta main; j'ai quelque talent en chiromancie, je te dévoilerai l'avenir de ton fils. *Il regarde dans la main.* S'il est honnête sous le gouvernement moscovite, il fera infailliblement connaissance avec les juges et la kibitka... Qui sait? peut-être nous trouvera-t-il encore tous ici? — Vivent les fils! ce sont nos compagnons pour l'avenir.

Jegota. — Êtes-vous ici depuis longtemps?

Frejend. — Comment le savoir? Nous n'avons pas de calendrier, personne ne nous écrit : le pire est d'ignorer quand nous en sortirons.

Suzin. — Moi, j'ai sur ma fenêtre une paire de rideaux de bois, et je ne sais pas même quand il fait nuit ou jour.

Thomas. — J'aimerais mieux être sous terre, affamé, malade, livré au supplice du knout et même de l'inquisition, que de vous voir ici partager ma misère. Les brigands!... Ils veulent nous enfouir tous dans la même tombe!...

Frejend. — Quoi! c'est peut-être pour moi que tu pleures? Pour moi peut-être? Je le demande, de quelle utilité est ma vie? Encore si nous avions la guerre; j'ai quelque talent pour me battre, et je pourrais larder les reins à quelques cosaques du Don. Mais en paix! A quoi bon vivrais-je une centaine d'années?... Pour maudire les Moscovites, puis mourir et devenir poussière! Libre, j'aurai passé ma vie inaperçu, comme la poudre ou le vin médiocre. Aujourd'hui que le vin est bouché et la poudre bourrée, j'ai en prison toute la valeur d'une bouteille ou d'une cartouche. Libre, je m'évaporerais comme le vin d'un broc débouché, je brûlerais sans bruit, comme la poudre sur un bassinet ouvert. Mais si l'on m'entraîne, chargé de fers, en Sibérie, les Lithuaniens, nos frères, se diront en me voyant passer : « Voilà ce noble sang, voilà notre jeunesse qui s'éteint! Attends, infâme czar! attends, Moscovite! » Un homme comme moi, Thomas, se ferait pendre pour que tu restasses un moment de plus dans le monde; un homme comme moi ne sert sa patrie que par sa mort. Je mourrais dix fois pour te faire ressusciter, toi ou le sombre poëte Konrad, qui nous raconte l'avenir comme un bohémien. A Konrad. Je crois, puisque Thomas le dit, que tu es un grand poëte; je t'aime, car tu ressembles aussi à la bouteille : tu verses tes chants, tu inspires le sentiment, l'enthousiasme!... mais nous, nous buvons, nous sentons.., et toi, tu décrois, tu te dessèches.

A Thomas et à Konrad. Vous savez que je vous aime, mais on peut aimer sans pleurer. Allons, mes frères, plus de tristesse; car, si je m'attendris une fois et si je me mets à larmoyer, alors plus de feu, plus de thé.

Il fait le thé. — Un moment de silence.

Jacob. — Quel long silence ! N'y a-t-il pas de nouvelles de la ville ?

Tous. — Des nouvelles !

Adolphe. — Jean est allé aujourd'hui à l'interrogatoire; il est resté une heure en ville. Mais il est silencieux et triste, et, à en juger par sa mine, il n'a guère envie de parler.

Un des prisonniers. — Eh bien! Jean, des nouvelles ?

Jean Sobolewski, tristement. — Rien de bon aujourd'hui... On a expédié vingt kibitka pour la Sibérie.

Jegota. — De qui? des nôtres?

Jean. — D'étudiants de Samogitie.

Tous. — En Sibérie!

Jean. — Et en grande pompe; il y avait affluence de spectateurs. Je demandai au caporal de m'arrêter un instant, il me l'accorda. Je me tins au loin, caché entre les colonnes de l'église. On disait la messe; le peuple affluait de toutes parts. Soudain il s'élance à flots vers la porte, puis vers la prison voisine. Seul, je restai sous le portique, et l'église devint si déserte que, dans le lointain, j'entrevoyais le prêtre tenant le calice à la main, et l'enfant de chœur avec sa sonnette. Le peuple ceignait la prison d'un rempart immobile; les troupes en armes, les tambours en tête, se tenaient sur deux rangs comme pour une grande cérémonie; au milieu d'elles étaient les kibitka. Je lance un regard furtif, et j'aperçois l'officier de police s'avancer à cheval. Sa figure était celle d'un grand homme conduisant un grand triomphe... oui... le triomphe du czar du

Nord, vainqueur de jeunes enfants! Au roulement du tambour, on ouvre les portes de l'hôtel de ville... ils sortent.. Chaque prisonnier avait près de lui une sentinelle, la baïonnette au fusil. Pauvres enfants!... ils avaient tous, comme des recrues, la tête rasée, les fers aux pieds!... Le plus jeune, âgé de dix ans, se plaignait de ne pouvoir soulever ses chaînes et montrait ses pieds nus et ensanglantés. L'officier de police passe, demande le motif de ces plaintes... L'officier de police, homme plein d'humanité, examine lui-même les chaînes... Dix livres... c'est conforme au poids prescrit!... On entraîna Jancewski : je l'ai reconnu!... les souffrances l'avaient fait laid, noir, maigre ; mais que de noblesse dans ses traits ! Un an auparavant, c'était un sémillant et gentil petit garçon ; aujourd'hui, il regardait de la kibitka comme de son rocher isolé le grand empereur!.. Tantôt, d'un œil fier, sec, serein, il semblait consoler ses compagnons de captivité; tantôt il saluait le peuple avec un sourire amer, mais calme; il semblait vouloir lui dire : Ces fers ne me font pas tant de mal!... Soudain j'ai cru voir son regard tomber sur moi. Comme il n'apercevait pas le caporal qui me tenait par mon habit, il me supposa libre! il baisa sa main en signe d'adieu et de félicitation, et soudain tous les yeux se tournèrent vers moi. Le caporal me tirait de toutes ses forces pour me faire cacher; je refusai, mais je me serrai contre la colonne; j'examinai la figure et les gestes du prisonnier. Il s'aperçut que le peuple pleurait en regardant ses fers, et il secoua les fers de ses pieds comme pour montrer à la foule qu'il pouvait les porter. La kibitka s'élance... il arrache son chapeau de la tête, se dresse, élève la voix, crie trois fois : « La Pologne n'est pas encore morte!... » et il disparaît derrière la foule. Mes yeux suivirent longtemps cette main tendue vers le ciel, ce chapeau noir pareil à un étendard de mort, cette tête violemment dépouillée de sa chevelure, cette tête sans tache, fière, qui brillait au loin, annonçant à tous l'innocence et l'infamie des bourreaux. Elle surgissait du milieu de la foule noire de tant de têtes, comme, du sein des flots, celle du dauphin prophète de l'orage. Cette main, cette tête, sont encore devant mes yeux et resteront gravées dans ma pensée. Comme une boussole, elles me marqueront le chemin de la vie et me guideront à la vertu... Si je les oublie, toi, mon Dieu! oublie-moi dans le ciel!

Lwowics. — Que Dieu soit avec vous!

Chaque Prisonnier. — Et avec toi!

Jean Sobolewski. — Cependant les voitures défilaient, on y jetait un à un des prisonniers. Je lançai un regard dans la foule serrée du peuple et des soldats. Tous les visages étaient pâles comme des cadavres, et dans cette foule immense, il régnait un tel silence que j'entendais chaque pas et chaque bruissement des chaînes! tous sentaient l'horreur du supplice!... Le peuple et l'armée le sentaient, mais tous se taisaient, tant ils ont peur du czar... Enfin le dernier prisonnier parut : il semblait résister ; le malheureux ! il se traînait avec effort et chancelait à chaque pas. — On lui fait descendre lentement les degrés ; à peine a-t-il posé le pied sur le second, qu'il roule et tombe : c'était Wasilewski. Il avait reçu tant de coups à l'interrogatoire, qu'il ne lui était pas resté une goutte de sang sur le visage. Un soldat vint et le releva ; il le soutint d'une main jusqu'à la voiture, et de l'autre il essuya de secrètes larmes... Wasilewski n'était pas évanoui, affaissé, appesanti, mais il était roide comme une colonne. Ses mains engourdies, comme si on les eût dégagées de la croix, s'étendaient au-dessus des épaules des soldats. Il avait les yeux hagards, hâves, largement ouverts !... Et le peuple aussi a ouvert les yeux et les lèvres... Et soudain un seul soupir, parti de mille poitrines, retentit autour de nous, un soupir creux et comme souterrain ; on eût dit un gémissement qui sortait à la fois de toutes les tombes enfouies sous l'église. Le détachement l'étouffa par le roulement du tambour et par le commandement : « Aux armes ! marche !... » On se met en mouvement, et les kibitka fendent la rue, rapides comme le vol d'un éclair. Une seule paraissait vide : elle contenait pourtant un prisonnier, mais un prisonnier invisible !... Seulement, au-dessus de la paille apparaissait une main ouverte, livide, une main de cadavre, qui tremblotait comme un signe d'adieu. — La kibitka s'enfonce dans la mêlée... — Avant que le fouet ait dispersé la foule, on s'arrête devant l'église... Soudain j'entends la sonnette ; le cadavre était là... Je jette les yeux dans l'église déserte, je vois la main du prêtre élever au ciel la chair et le sang du Seigneur, et je dis : « Seigneur, toi qui, par le jugement de Pilate, as versé ton sang innocent pour le salut du monde, accueille cette jeune victime de la justice du czar ; elle n'est ni aussi sainte ni aussi grande, mais elle est aussi innocente ! » (Long silence.)

L'ABBÉ LWOWICZ. — Frère, ce prisonnier peut vivre encore. Dieu seul le sait... Peut-être nous le dérobera-t-il un jour. Je prierai... Joignez vos prières aux miennes pour le repos des martyrs : savons-nous le sort qui nous attend tous demain ?

FREJEND. — Quel affreux récit ! il m'a arraché la dernière de mes larmes... Je sens que ma raison s'égare... Félix, console-nous un peu...! O toi, si l'envie t'en prenait, ne ferais-tu pas rire le diable dans les enfers ?

PLUSIEURS PRISONNIERS. — Oui, Félix, une chanson !... Versez-lui du thé, du vin.

FÉLIX. — Vous le voulez tous : il faut que je sois gai quand mon cœur se brise. Eh bien, je serai gai, écoutez ma chanson. (Il chante.)

« Peu m'importe la peine qui m'attend, les mines, la Sibérie ou les fers! toujours, en fidèle sujet, je travaillerai pour le czar.

» Si je bats le métal avec le marteau, je me dirai : « Cette
» mine grisâtre, ce fer, servira un jour à forger une hache
» pour le czar ! »

» Si l'on m'envoie peupler les steppes, je prendrai en mariage une jeune Tartare; peut-être de mon sang naîtra-t-il un Pahlen pour le czar.

» Si je vais dans les colonies, je cultiverai un jardin, je creuserai des sillons, et, chaque année, je ne sèmerai que du lin et du chanvre.

» Avec le chanvre, on fera du fil, un fil grisâtre qu'on enveloppera d'argent: peut-être aura-t-il l'honneur de servir un jour d'écharpe au czar. »

Les prisonniers chantent en chœur.

» Naîtra-t-il un Pahlen pour le czar ? »

Suzin. — Mais voyez : Konrad est immobile, absorbé, comme s'il se remémorait ses péchés pour la confession. — Félix ! il n'a rien entendu de ta chanson. — Konrad !... Voyez !... son visage pâlit... il se colore de nouveau... Est-il malade?

Félix. — Attends !... silence !... Je l'avais prévu !... Oh ! pour nous qui connaissons Konrad, ce n'est pas un mystère. — Minuit est son heure ! silence, Félix !... nous allons entendre une autre chanson !

Joseph, *regardant Konrad*. — Frères, son âme est envolée... elle erre dans une contrée lointaine... Peut-être lit-elle l'avenir dans les cieux ?... Peut-être aborde-t-elle les esprits familiers qui lui raconteront ce qu'ils ont appris dans les étoiles !... Quels yeux étranges !... la flamme brille sous ses paupières... et ses yeux ne disent rien, ne demandent rien... ils n'ont pas d'âme... ils brillent comme les foyers qu'a délaissés une armée partie en silence et dans l'ombre de la nuit pour une expédition lointaine : avant qu'ils s'éteignent, l'armée sera de retour dans ses quartiers.

Konrad *chante*. — Mon chant gisait moite dans le tombeau, mais il a senti le sang !... Le voilà qui regarde de dessous terre, et, comme un vampire, il se dresse, avide, de sang !... Oui !... vengeance !... vengeance !... vengeance contre nos bourreaux, avec l'aide de Dieu, et même malgré Dieu !...

Et le chant dit:

« Moi, je viendrai un soir, je mordrai mes frères, mes compatriotes. Celui à qui je plongerai mes défenses dans

l'âme, se dressera, comme moi, vampire... et criera : « Oui,
» vengeance!... vengeance!... vengeance contre nos bour-
» reaux, avec l'aide de Dieu, et même malgré Dieu! »

» Puis nous irons, nous nous abreuverons du sang de
l'ennemi; nous hacherons son cadavre! Nous lui clouerons
les mains et les pieds pour qu'il ne se relève pas, et qu'il
ne reparaisse plus même comme spectre.

» Nous suivrons son âme aux enfers!... Tous, nous lui
pèserons de notre poids sur l'âme jusqu'à ce que l'immortalité s'en échappe... et tant qu'elle sentira, nous la mor-
drons!... Oui!... vengeance! vengeance! vengeance contre nos bourreaux, avec l'aide de Dieu, et même malgré
Dieu! »

L'ABBÉ LWOWICZ. — Konrad, arrête, au nom de Dieu !
c'est une chanson païenne.

LE CAPORAL. — Quel regard affreux!... C'est une chanson satanique!

KONRAD. — Je m'élève!... je m'envole!... Là, au sommet
du rocher... je plane au-dessus de la race des hommes,
dans les rangs des prophètes!... De là, ma prunelle fend,
comme un glaive, les sombres nuages de l'avenir; mes
mains, comme les vents, déchirent les brouillards!... Il
fait clair... il fait jour!... J'abaisse un regard sur la terre :
là se déroule le livre prophétique de l'avenir du monde!...
Là, sous mes pieds! vois, vois les événements et les siècles
futurs, pareils aux petits oiseaux que l'aigle poursuit!...
Moi, je suis l'aigle dans les cieux!... Vois-les sur la terre
s'élancer, courir; vois cette épaisse nuée se tapir dans le
sable!...

QUELQUES PRISONNIERS. — Que dit-il ?... Quoi ?... Qu'est-
ce donc ?... Vois, vois quelle pâleur !

Ils saisissent Konrad.

Calme-toi !

KONRAD. — Arrêtez! arrêtez!... arrêtez! je recueillerai
mes pensées, j'achèverai mon chant, j'achèverai !...

LWOWICZ. — Assez! assez!

D'AUTRES. — Assez !

Le Caporal. — Assez! que Dieu vous bénisse!... La sonnette, entendez-vous la sonnette? la ronde, la ronde est à la porte... éteignez la chandelle : chacun chez soi!...

Un des Prisonniers, regardant à la fenêtre. — La porte est ouverte... les voilà... — Konrad est évanoui : laissez-le seul dans sa cellule! (Tous s'échappent.)

SCÈNE II

KONRAD, après un long silence.

Je suis seul!... Eh! que m'importe la foule? Suis-je poëte pour la foule?... Où est l'homme qui embrassera toute la pensée de mes chants, qui saisira du regard tous les éclairs de mon âme? Malheur à qui épuise pour la foule sa voix ou sa langue!... La langue ment à la voix, et la voix ment aux pensées... La pensée s'envole rapide de l'âme avant d'éclater en mots, et les mots submergent la pensée et tremblent au-dessus de la pensée, comme le sol sur un torrent englouti et invisible. Au tremblement du sol, la foule découvrira-t-elle l'abîme du torrent, devinera-t-elle le secret de son cours?

Le sentiment circule dans l'âme, il s'allume, il s'embrase comme le sang dans ses prisons profondes et invisibles. Les hommes découvriront autant de sentiment dans mes chants qu'ils verront de sang sur mon visage.

Mon chant, tu es une étoile au delà des confins du monde!... L'œil terrestre qui se lance à ta poursuite peut étendre ses ailes... jamais il ne t'atteindra... il frappera seulement la voie lactée... Il devinera qu'il y a des soleils, mais non quel est leur nombre et leur immensité!...

A vous, mes chants, qu'importent les yeux et les oreilles des hommes? Coulez dans les abîmes de mon âme; brillez sur les hauteurs de mon âme, comme des torrents souterrains, comme des étoiles sublunaires.

Toi, Dieu! toi, nature! écoutez-moi!... Voici une musique digne de vous, des chants dignes de vous! — Moi, grand maître, grand maître, j'étends les mains, je les étends jusqu'au ciel... Je pose les doigts sur les étoiles comme sur les cercles de verre d'un harmonica.

Mon âme fait tourner les étoiles d'un mouvement tantôt lent, tantôt rapide; des millions de tons en découlent; c'est moi qui les ai tous tirés. Je les connais tous, je les assemble, je les sépare, je les réunis, je les tresse en arc-en-ciel, en accords, en strophes; je les répands en sons et en rubans de flamme.

J'ai relevé les mains, je les ai dressées au-dessus des arêtes du monde, et les cercles de l'harmonie ont cessé de vibrer. Je chante seul, j'entends mes chants, longs, traînants comme le souffle du vent; ils retentissent dans toute l'immensité du monde, ils gémissent comme la douleur, ils grondent comme des orages; les siècles les accompagnent sourdement. Chaque son retentit et étincelle à la fois: il me frappe l'oreille, il me frappe l'œil; c'est ainsi que, quand le vent souffle sur les ondes, j'entends son vol dans ses sifflements, je le vois dans son vêtement de nuages.

Ce sont des chants dignes de Dieu, de la nature!... C'est un chant grand, un chant créateur!... Ce chant, c'est la force, la puissance; ce chant, c'est l'immortalité... Que pourrais-tu faire de plus grand, toi, Dieu?... Vois comme je tire mes pensées de moi-même; je les incarne en mots; elles volent, se disséminent dans les cieux, roulent, jouent et étincellent... Elles sont déjà loin, et je les sens encore; je savoure leurs charmes; je sens leurs contours dans la main, je devine leurs mouvements par ma pensée. Je vous aime, mes enfants poétiques!... mes pensées!... mes étoiles!... mes sentiments!... mes orages!... Au milieu de vous, je me tiens comme un père au sein de sa famille; vous m'appartenez tous!...

Je vous foule aux pieds, vous tous, poëtes, vous tous, sages et prophètes, idoles du monde! Revenez contempler les créations de vos âmes! — Que vos oreilles et vos cœurs retentissent des justes et bruyants applaudissements des hommes, que vos fronts rayonnent de tout l'éclat de votre gloire; et tous les concerts des éloges, tous les ornements de vos couronnes, recueillis dans tant de siècles et de nations, ne vous procureront pas la félicité et la puissance que je sens aujourd'hui dans cette nuit solitaire, quand je chante seul au fond de mon âme, quand je ne chante que pour moi seul.

Oui, je suis sensible, je suis puissant et fort de raison : jamais je n'ai senti comme dans ces instants. — Ce jour est mon zénith, ma puissance atteindra aujourd'hui son apogée. Aujourd'hui, je reconnaîtrai si je suis le plus grand de tous... ou seulement un orgueilleux. Ce jour est l'instant de la prédestination. — J'étends plus puissamment les ailes de mon âme. — C'est le moment de Samson, quand, aveugle et dans les fers, il méditait au pied d'une colonne. Loin d'ici ce corps de boue; esprit, je revêtirai des ailes ! Oui, je m'envolerai !... je m'envolerai de la sphère des planètes et des étoiles, et je ne m'arrêterai que là où *se séparent le créateur et la nature*.

Les voilà... les voilà... les voilà ces deux ailes... elles suffiront... je les étendrai du couchant à l'aurore; de la gauche je frapperai le passé, et de la droite l'avenir... je m'élèverai sur les rayons du sentiment jusqu'à toi !... et mes yeux pénétreront tes sentiments, à toi qui, dit-on, sont dans les cieux. Me voilà... me voilà : tu vois quelle est ma puissance; — vois où s'élèvent mes ailes : je suis homme, et là sur la terre... est resté mon corps !... C'est là que j'ai aimé, dans ma patrie !... là que j'ai laissé mon cœur; mais mon amour dans le monde ne s'est pas reposé sur un seul être, comme l'insecte sur une rose; il ne s'est reposé ni sur une famille, ni sur un siècle !... Moi, j'aime toute une nation; j'ai saisi dans mes bras toutes ses générations passées et à venir; je les ai pressées ici sur le cœur, comme un ami, un amant, un époux, comme un père. Je voudrais rendre à ma patrie la vie et le bonheur, e voudrais en faire l'admiration du monde. Les forces me manquent, et je viens ici, armé de toute la puissance de ma pensée, de cette pensée qui a ravi aux cieux la foudre, scruté la marche des planètes et sondé les abîmes des mers. J'ai de plus cette force que ne donnent pas les hommes, j'ai ce sentiment qui brûle intérieurement comme un volcan, et qui parfois seulement fume en paroles.

Et cette puissance, je ne l'ai puisée ni à l'arbre d'Éden, dans le fruit de la connaissance du bien et du mal, ni dans les livres, ni dans les récits, ni dans la solution des problèmes, ni dans les mystères de la magie. Je suis né créateur. J'ai tiré mes forces d'où tu as tiré les tiennes, car toi, tu ne les as pas cherchées... tu les possèdes, tu ne crains pas de les perdre... et moi, je ne le crains pas non plus! Est-ce toi qui m'as donné, ou bien ai-je ravi, là où tu l'as ravi toi-même, cet œil pénétrant, puissant? Dans mes moments de puissance, si j'élève les yeux vers les traces des nuages, si j'entends les oiseaux voyageurs naviguer à perte de vue dans les airs; je n'ai qu'à vouloir, et soudain je les retiens d'un regard comme dans un filet la nuée fait retentir un chant d'alarme; mais, avant que je la livre aux vents, les vents ne l'ébranleront pas. — Si je regarde une comète de toute la puissance de mon âme, tant que je la contemple, elle ne bouge pas de place... Les hommes seuls, entachés de corruption, fragiles, mais immortels, ne me servent pas, ne me connaissent pas... Ils nous ignorent tous deux, moi et toi : moi, je viens ici chercher un moyen infaillible, ici dans le ciel. Cette puissance que j'ai sur la nature, je veux l'exercer sur les cœurs des hommes : d'un geste je gouverne les oiseaux et les étoiles; il faut que je gouverne ainsi mes semblables, non par les armes, l'arme peut parer l'arme; non par les chants, ils sont longs à se développer; non par la science, elle est vite corrompue; non par les miracles, c'est trop éclatant : je veux les gouverner par le sentiment qui est en moi, je veux les gouverner tous, comme toi, mystérieusement et pour l'éternité ! — Quelle que soit ma volonté, qu'ils la devinent et l'accomplissent, elle fera leur bonheur ; et, s'ils la méprisent, qu'ils souffrent et succombon! — Que les hommes deviennent pour moi comme les pensées et les mots dont je compose à ma volonté un édifice de chants : on dit que c'est ainsi que tu gouvernes !... Tu sais que je n'ai pas souillé ma pensée, que je n'ai pas dépensé en vain mes paroles. Si tu me donnais sur les âmes un pareil pouvoir, je recréerais ma nation comme un chant vivant, et je ferais de plus grands prodiges que toi, j'entonnerais le chant du bonheur!

Donne-moi l'empire des âmes. Je méprise tant cette construction sans vie, nommée le monde, et vantée sans cesse, que je n'ai pas essayé si mes paroles ne suffiraient pas pour la détruire ; mais je sens que, si je comprimais et faisais éclater d'un coup ma volonté, je pourrais éteindre cent étoiles et en faire surgir cent autres... car je suis immortel !... Oh! dans la sphère de la création, il y a bien d'autres immortels... Mais je n'en ai pas rencontré de supérieurs ! Tu es le premier des êtres dans les cieux !... Je suis venu te chercher jusqu'ici, moi le premier des êtres vivants sur la vallée terrestre... Je ne t'ai pas encore rencontré. Je devine que tu es. Montre-toi et fais-moi sentir ta supériorité... Moi, je veux de la puissance, donne-m'en ou montre-m'en le chemin. J'ai appris qu'il exista des prophètes qui possédaient l'empire des âmes... Je le crois... Mais ce qu'ils pouvaient, je le puis aussi ! Je veux une puissance égale à la tienne ; je veux gouverner les âmes comme tu les gouvernes. (Long silence. — Avec ironie.) Tu gardes le silence !... Toujours le silence ! Je le vois, je t'ai deviné, je comprends qui tu es, et comment tu exerces ta puissance ; il a menti celui qui t'a donné le nom d'Amour, tu n'es que Sagesse. C'est la pensée et non le cœur qui dévoilera tes voies aux hommes ; c'est par la pensée, non par le cœur, qu'ils découvriront où tu as déposé tes armes. Celui qui s'est plongé dans les livres, dans les métaux, dans les nombres, dans les cadavres, a seul réussi à s'approprier une partie de ta puissance. Il reconnaîtra le poison, la poudre, la vapeur ; il reconnaîtra les éclairs, la fumée, la foudre ; il reconnaîtra la légalité et la chicane contre les savants et les ignorants. C'est aux pensées que tu as livré le monde, tu laisses languir les cœurs dans une éternelle pénitence; tu m'as donné la plus courte vie et le sentiment le plus puissant.

Un moment de silence.

Qu'est mon sentiment ?
    Ah ! rien qu'une étincelle.
Qu'est ma vie ?
    Un instant.
Mais ces foudres qui gronderont demain, que sont-ils aujourd'hui.
    Une étincelle.
Qu'est la série entière des siècles, que l'histoire nous révèle ?
    Un instant.
D'où sort chaque homme, ce petit monde ?
    D'une étincelle.
Qu'est la mort qui dissipera tous les trésors de mes pensées ?
    Un instant.
Qu'était-il, lui, quand il portait le monde dans son sein ?
    Une étincelle.
Et que sera l'éternité du monde quand il l'engloutira ?
    Un instant.

VOIX DES DÉMONS.
Je sauterai sur ton âme comme sur un coursier. Marche, marche !

VOIX DES ANGES.
Quel délire ! Défendons-le ! défendons-le ! couvrons-lui les tempes de nos ailes !

Instant !... étincelle !... quand il se prolonge, quand elle s'enflamme, ils créent et détruisent... Courage !... courage !... étendons, prolongeons cet instant !... Courage !... courage !... éveillons, enflammons cette étincelle... — Maintenant... bien... oui... une fois encore, je t'appelle, je te dévoile mon âme... Tu gardes le silence ! N'ai-je pas combattu Satan en personne ? Je te porte un défi solennel !

Ne me méprise pas !... Seul je me suis élevé jusqu'ici. Pourtant je ne suis pas seul : je fraternise sur la terre avec un grand peuple. J'ai pour moi les armées, et les puissances, et les trônes ; si je me fais blasphémateur, je te livrerai une bataille plus sanglante que Satan. Il te livrait un combat de tête ; entre nous, ce sera un combat de cœur. J'ai souffert, j'ai aimé, j'ai grandi entre les supplices et l'amour ; quand tu m'eus ravi mon bonheur, j'en sanglantai dans mon cœur ma propre main ; jamais je ne la levai contre toi !

LES DÉMONS.
Courrier, je te changerai en oiseau ; sur tes ailes d'aigle, va, monte, vole.

LES ANGES.
L'astre tombe ; quel délire !... l' se perd dans les abîmes.

Mon âme est incarnée dans ma patrie ; j'ai englouti dans mon corps toute l'âme de ma patrie !... Moi, la patrie, ce n'est qu'un. Je m'appelle *Million*, car j'aime et je souffre pour des millions d'hommes. Je regarde ma patrie infortunée comme un fils regarde son père livré au supplice de la roue ; je sens les tourments de toute une nation, comme la mère ressent dans son sein les souffrances de son enfant. Je souffre ! je délire !... Et toi, gai, sage, tu gouvernes toujours, tu juges toujours, et l'on dit que tu n'erres pas !... Écoute, si c'est vrai, ce que j'ai appris au berceau, ce que j'ai cru avec la foi de fils, si c'est vrai que tu aimes, si tu chérissais le monde en le créant, si tu as pour tes créatures un amour de père, si un cœur sensible était compris dans le nombre des animaux que tu renfermas dans l'arche pour les sauver du déluge, si ce cœur n'est pas un monstre produit par le hasard et qui meurt avant l'âge, si sous ton empire la sensibilité n'est pas une anomalie, si des millions d'infortunés, criant : « Secours ! » n'attirent pas plus tes yeux qu'une équation difficile à résoudre ; si l'amour est de quelque utilité dans le monde, et s'il n'est pas de ta part une erreur de calcul...

VOIX DES DÉMONS.

Que l'aigle se fasse hydre! Au combat! marche!... La fumée!... le feu!... les rugissements!... le tonnerre!...

VOIX DES ANGES.

Comète vagabonde, issue d'un brillant soleil, où est la fin de ton vol? Il est sans fin... sans fin...

Tu gardes le silence!... moi, je t'ai dévoilé les abîmes de mon cœur. Je t'en conjure, donne-moi la puissance, une part chétive, une part de ce que sur la terre a conquis l'orgueil! Avec cette faible part, que je créerais de bonheur! Tu gardes le silence!... Tu n'accordes rien au cœur, accorde donc à la raison. Tu le vois, je suis le premier des hommes et des anges, je te connais mieux que les archanges, je suis digne que tu me cèdes la moitié de ta puissance... Réponds... Toujours le silence!... Je ne mens pas, tu gardes le silence et tu te crois un bras puissant!... Ignores-tu que le sentiment dévorera ce que n'a pu briser la pensée? Vois mon brasier, mon sentiment; je le resserre pour qu'il brûle avec plus de violence; je le comprime dans le cercle de fer de ma volonté, comme la charge dans un canon destructeur.

VOIX DES DÉMONS.
Flamme!... incendie!...

VOIX DES ANGES
Pitié! repentir!...

Réponds... car j'insulte à ta majesté; si je ne la réduis pas en décombres, j'ébranlerai du moins toute l'immensité de tes domaines : je lancerai une voix jusqu'aux dernières limites de la création ; d'une voix qui retentira de génération en génération, je m'écrierai que tu n'es pas le père du monde... mais...

Voix du Diable. — Le czar!

Konrad s'arrête un instant, chancelle et tombe.

ESPRITS DU CÔTÉ GAUCHE

Les premiers. — Foule-le aux pieds, saisis-le. — Il est

évanoui, il est évanoui; avant son réveil nous l'aurons étouffé.

Les seconds. — Il est encore haletant!

esprits du côté droit

Loin d'ici... on prie pour lui.

Telle est la forme et la pensée du drame fantastique de Mickiewicz. La forme est catholique, on le voit mais ce catholicisme est d'une philosophie plus audacieuse et plus avancée que le catholicisme légendaire de Faust. Konrad, dans sa soif de trouver au ciel la justice et la bonté qui se sont éclipsées pour lui de la terre, ne recule pas devant le blasphème. Son énergie sauvage, tout empreinte de la poésie du Nord, s'en prend à la sagesse suprême des maux affreux qu'endure l'espèce humaine; cette sombre figure du poète dans les fers est posée là comme un martyr, comme un Christ. Mais qu'il y a loin de sa généreuse et brûlante fureur à la résignation évangélique! Certes, Konrad n'est pas le disciple du patient philosophe essénien. Konrad est bien l'homme de son temps, il ne s'arrange pas, comme Faust, une nature panthéistique dont l'ordre et la beauté froide le consolent de l'absence de Dieu. Il ne se dévore plus, comme Manfred, dans l'attente d'une mystérieuse révélation de Dieu et de son être que la mort seule va réaliser. Konrad n'est plus l'homme du doute, il n'est plus l'homme du désespoir : il est l'homme de la vie. Il souffre encore comme Manfred, il souffre cent fois plus : son esprit et sa chair sont haletants sous le fer de l'esclavage; mais il n'hésite plus, il sent, il sait que Dieu existe. Il n'interroge plus ni la nature, ni sa conscience, ni sa science sur l'existence d'un être souverainement puissant; mais il veut connaître et comprendre la nature de cet être; il veut savoir s'il doit le haïr, l'adorer ou le craindre. Sa foi est faite; il veut arranger son culte; il veut pénétrer les éléments et les attributs de la Divinité. Il n'y parvient pas, lui incomplet, lui orgueilleux de son génie et de son patriotisme jusqu'au délire, lui représentant de la race humaine au point où elle est arrivée de son temps, c'est-à-dire croyante et sceptique à la fois, vaine de sa force, irritée de sa misère, pénétrée du sentiment de la justice et de la fraternité, empressée de briser ses entraves, mais ignorante encore, moralisée à peine, incapable d'accomplir en un seul fait l'œuvre de son salut, et demandant encore au ciel, par habitude du passé et par impatience de l'avenir, un de ces miracles que le christianisme attribuait à Dieu en dehors de l'humanité. Le ciel est sourd, et le poëte tombe accablé en attendant que son esprit s'éclaire, que son orgueil s'abaisse, et que son intelligence s'ouvre à la vraie connaissance des voies divines.

Pour nous résumer, nous dirons que nous voyons dans *Faust* le besoin de poétiser la *nature déifiée* de Spinosa; dans *Manfred*, le désir de faire jouer à l'homme, au sein de cette nature divinisée, un rôle digne de ses facultés et de ses aspirations; dans *Konrad*, une tentative pour moraliser l'œuvre de la création dans la pensée de l'homme, en moralisant le sort de l'homme sur la terre. Aucun de ces poëmes n'a réalisé suffisamment son but. Mais combien d'œuvres vaillantes et douloureuses sortiront encore de la fièvre poétique avant que l'humanité puisse produire le chantre de l'espérance et de la certitude !

Décembre 1839.

III

HONORÉ DE BALZAC

Dire d'un homme de génie qu'il était essentiellement bon, c'est le plus grand éloge que je sache faire. Toute supériorité est aux prises avec tant d'obstacles et de souffrances, que l'homme qui poursuit avec patience et douceur la mission du talent est un grand homme, de quelque façon qu'on veuille l'entendre. La patience et la douceur, c'est la force : nul n'a été plus fort que Balzac.

Avant de rappeler tous ses titres à l'attention de la postérité, j'ai hâte de lui rendre cet hommage qui ne lui a pas été assez rendu par ses contemporains. Je l'ai toujours vu sous le coup de grandes injustices, soit littéraires, soit personnelles, je ne lui ai jamais entendu dire du mal de personne. Il a fourni sa pénible carrière avec le sourire dans l'âme. Plein de lui-même, passionné pour son art, il était modeste à sa manière, sous des dehors de présomption qui n'étaient que naïveté d'artiste (les grands artistes sont de grands enfants!), sous l'apparence d'une adoration de sa personnalité, qui n'était autre chose que l'enthousiasme de son œuvre.

La vie intime de Balzac a été fort mystérieuse, et, par-dessus le marché, elle a été, je crois, fort mal comprise par plusieurs de ceux qui y ont été initiés. Ce que j'en ai su, par ses propres confidences, est d'une grande originalité et ne renferme aucune noirceur. Mais ces révélations, qui n'auraient aucun inconvénient pour sa mémoire, exigeraient des développements qui ne peuvent trouver place ici et qui ne rempliraient pas le but, principalement littéraire, que je me propose. Il me suffira de dire que le souverain but de Balzac en cachant sa vie et ses démarches, que sa recherche de l'absolu, son grand œuvre, c'était sa liberté, la possession de ses heures, le charme de ses veilles laborieuses : c'était la création de la COMÉDIE HUMAINE, en un mot.

On a défini Balzac durant sa vie : le plus fécond des romanciers. — Depuis sa mort, on l'a appelé le premier des romanciers. Nous ne voulons pas faire de catégorie blessante pour d'illustres contemporains; mais nous serons, je crois, dans le vrai en disant que ce ne serait pas là un assez grand éloge pour une puissance comme la sienne.

Ce ne sont pas des romans comme on l'avait entendu avant lui, que les livres impérissables de ce grand critique. Il est, lui, le critique par excellence de la vie humaine; c'est lui qui a écrit, non pas pour le seul plaisir de l'imagination, mais pour les archives de l'histoire des mœurs, les mémoires du demi-siècle qui vient de s'écouler. Il a fait, pour cette période historique, ce qu'un autre grand travailleur moins complet, Alexis Monteil, avait essayé de faire pour la France du passé.

Le roman a été pour Balzac le cadre et le prétexte d'un examen presque universel des idées, des sentiments, des pratiques, des habitudes, de la législation, des arts, des métiers, des coutumes, des localités, enfin de tout ce qui a constitué la vie de ses contemporains. Grâce à lui, nulle époque antérieure ne sera connue de l'avenir comme la nôtre. Que ne donnerions-nous pas, chercheurs d'aujourd'hui, pour que chaque demi-siècle écoulé nous eût été transmis tout vivant par un Balzac! Nous faisons lire à nos enfants un fragment du passé, reconstruit à grand renfort d'érudition, dans un ouvrage moderne : *Rome au siècle d'Auguste;* un temps viendra où les érudits composeront des résumés historiques de ce genre, dont les titres tourneront autour de cette idée : la France au temps de Balzac, et qui auront une valeur bien autre, ayant été puisés à la source même de l'authenticité.

Les critiques des contemporains sur tel ou tel caractère présenté dans les livres de Balzac, sur le style, sur les moyens, sur les intentions et la manière de l'auteur, paraîtront alors ce qu'elles paraissent déjà, des considérations très-secondaires. On ne demandera pas compte à cette œuvre immense des imperfections attachées à toute création sortie de la pensée humaine; on aimera jusqu'aux longueurs, jusqu'aux excès de détails qui nous paraissent aujourd'hui des défauts, et qui n'arriveront peut-être pas encore à satisfaire entièrement l'intérêt et la curiosité des lecteurs de l'avenir.

Disons-le donc tous, à ces lecteurs de l'an 2000 ou 3000, qui ressembleront encore beaucoup aux hommes d'aujourd'hui, quelques progrès qu'ils aient pu faire, à ces esprits perfectionnés qui auront encore nos besoins, nos passions et nos rêves, comme, malgré nos progrès, nous avons les rêves, les passions et les besoins des hommes qui nous ont précédés : que tous ceux d'entre nous qui auront l'honneur d'être appelés en témoignage devant l'œuvre de Balzac disent : « Ceci est la vérité ! » non pas la vérité philosophique absolue que Balzac n'a pas cherchée et que nous n'avons pas trouvée ; mais la réalité vraie de notre situation intellectuelle, physique et morale. Cet ensemble de récits très-simples, cette fabulation peu compliquée, cette multitude de personnages fictifs, ces intérieurs, ces châteaux, ces mansardes, ces mille aspects de la terre et de la cité, tout ce travail de la fantaisie, c'est grâce à un prodige de lucidité et à un effort de conscience extraordinaire, un miroir où la fantaisie a saisi la réalité. Ne cherchez pas dans l'histoire des faits le nom des modèles qui ont passé devant cette glace magique, elle n'a conservé que des types anonymes ; mais sachez que chacun de ces types résumait à lui seul toute une variété de l'espèce humaine : là est le grand prodige de l'art, et Balzac, qui a tant cherché l'absolu dans un certain ordre de découvertes, avait presque trouvé, dans son œuvre même, la solution d'un problème inconnu avant lui, la réalité complète dans la complète fiction.

Oui, messieurs de l'avenir, les hommes de 1830 étaient aussi mauvais, aussi bons, aussi fous, aussi sages, aussi intelligents et aussi stupides, aussi romanesques et aussi positifs, aussi prodigues et aussi âpres au gain que Balzac vous les montre. Ses contemporains n'ont pas tous voulu en convenir ; cela ne doit pas vous étonner ; cependant ils ont dévoré ces ouvrages où ils se sentaient palpiter, ils les ont lus avec colère ou avec ivresse.

On a dit que Balzac n'avait pas d'idéal dans l'âme et que son appréciation se ressentait du despotisme de son esprit. Cela n'est point exact. Balzac n'avait pas d'idéal déterminé, pas de système social, pas d'absolu philosophique, mais il avait ce besoin du poëte qui se cherche un idéal dans tous les sujets qu'il traite. Mobile comme le milieu qui nous enveloppe et nous presse, il changeait quelquefois de but en route, et l'on sent dans ses conclusions l'incertitude de son esprit. Parfois il découronne brusquement une tête qui s'était présentée dans son récit avec une auréole ; parfois il fait éclater tout aussi brusquement celle qu'il avait laissée dans l'ombre. Il prend, quitte et reprend chaque sujet et chaque rôle. Il vous étonne, vous contrarie et vous afflige souvent par l'inattendu des catastrophes morales où il précipite ses personnages. Il semble qu'il les ait pris en grippe à un moment donné ; mais c'est bien plutôt parce qu'il sent peser sur lui la réalité poignante de l'ensemble des choses humaines, soumis à cette fatalité de son génie qui lui commande de peindre d'après nature ; il craint de s'attacher trop à ses créations et de gâter, comme on dit, ses enfants.

Sceptique envers l'humanité (et en cela il était bien lui-même la personnification de l'époque), il frappe les anges sortis de son cerveau du même fouet dont il a déchiré les démons, et il leur dit, moitié riant, moitié pleurant : « Et vous aussi, vous ne valez rien, puisqu'il faut que vous soyez hommes ! Allez donc au diable avec le reste de la séquelle ! »

Et puis Balzac riait d'un rire de titan en vous racontant cette exécution. Si on lui en faisait reproche et qu'il découvrît en vous l'*hypocrisie du beau*, comme il disait un jour devant moi, il ergotait avec une verve et une force exubérantes pour vous prouver que le beau n'existe pas. Mais, devant une conviction attristée, devant un reproche du cœur, toute sa puissance diabolique s'écroulait sous l'instinct naïf et bon qui était au fond de lui-même. Il vous serrait la main, se taisait, rêvait un instant et parlait d'autre chose.

Un jour, il revenait de Russie, et, pendant un dîner où il était placé près de moi, il ne tarissait pas d'admiration sur les prodiges de l'autorité absolue. Son idéal était là, dans ce moment-là. Il raconta un trait féroce dont il avait été témoin et fut pris d'un rire qui avait quelque chose de convulsif. Je lui dis à l'oreille : « Ça vous donne envie de pleurer, n'est-ce pas ? » Il ne répondit rien, cessa de rire, comme si un ressort se fût brisé en lui, fut très-sérieux tout le reste de la soirée et ne dit plus un mot sur la Russie.

Si l'on juge Balzac en détail, pas plus lui qu'aucun des plus grands maîtres du présent et du passé ne résiste à une sévérité absolue. Mais, quand on examine dans son ensemble l'œuvre énorme de Balzac, que l'on soit critique, public ou artiste, il faut bien être tous à peu près d'accord sur ce point, que, dans l'ordre des travaux auxquels cette œuvre se rattache, rien de plus complet n'est jamais sorti du cerveau d'un écrivain. Et nous aussi, comme la critique, quand nous avons lu un à un et jour par jour ces livres extraordinaires, à mesure qu'il les produisait, nous ne les avons pas tous aimés. Il en est qui ont choqué nos convictions, nos goûts, nos sympathies. Tantôt nous avons dit : « C'est trop long, » et tantôt : « C'est trop court. » Quelques-uns nous ont semblé bizarres et nous ont fait dire en nous-même, avec chagrin : « Mais pourquoi donc? A quoi bon? Qu'est-ce que cela? »

Mais, quand Balzac, trouvant enfin le mot de sa destinée, le mot de l'énigme de son génie, a saisi ce titre admirable et profond : *la Comédie humaine;* quand, par des efforts de classement laborieux et ingénieux, il a fait de toutes les parties de son œuvre un tout logique et profond, chacune de ces parties, même les moins goûtées par nous au début, ont repris pour nous leur valeur en reprenant leur place. Chacun de ces livres est, en effet, la page d'un grand livre, lequel serait incomplet s'il eût omis cette page importante. Le classement qu'il avait entrepris devait être l'œuvre du reste de sa vie; aussi n'est-il point parfait encore; mais, tel qu'il est, il embrasse tant d'horizons qu'il s'en faut peu qu'on ne voie le monde entier du point où il vous place.

Il faut donc lire tout Balzac. Rien n'est indifférent dans son œuvre générale, et l'on s'aperçoit bientôt que, dans cette incommensurable haleine de sa fantaisie, il n'a rien sacrifié à la fantaisie. Chaque ouvrage a été pour lui une étude effrayante. Et quand on pense qu'il n'avait pas, comme Dumas, la puissance d'une mémoire merveilleuse; comme M. de Lamartine, la facilité et l'abondance du style; comme Alphonse Karr, la poésie toute faite dans les yeux; comme dix autres dont le parallélisme serait long et puéril à établir, une qualité dominante gratuitement accordée par la nature; qu'au contraire il avait eu longtemps le travail d'exécution fort pénible, que la forme lui était constamment rebelle, que dix ans de sa vie avaient été sacrifiés à des tâtonnements extrêmes; qu'enfin il était continuellement aux prises avec des soucis matériels, et faisait des tours de force pour arriver à pouvoir vivre à sa guise; on se demande quel ange et quel démon ont veillé à ses côtés pour lui révéler tout l'idéal et tout le positif, tout le bien et tout le mal dont il nous a légué la peinture.

Nous ne voulons point dire, au reste, par ce qui précède, qu'aucun de ses ouvrages n'ait une valeur intrinsèque. Il a produit bon nombre de chefs-d'œuvre qui pourraient être isolés de l'ensemble : *Eugénie Grandet*, *César Birotteau*, *Ursule Mirouet*, *Pierrette*, *les Parents pauvres*, et beaucoup d'autres dont la popularité n'a jamais pu être discutée sérieusement.

Nous ne saurions donner de ce grand écrivain une biographie plus exacte que celles qui ont paru déjà. Nous résumerons donc en peu de mots ce qui a été publié de plus complet, à notre connaissance, dans un ouvrage intitulé : « *Honoré de Balzac;* essai sur l'homme et sur l'œuvre, par Armand Baschet, avec notes historiques par Champfleury. » C'est un excellent travail que je recommande beaucoup aux lecteurs de Balzac qui n'auraient pas encore pris connaissance de cette appréciation complète et détaillée. J'y trouve bien quelques duretés inutiles ou injustes pour les contemporains, et la supposition d'intentions que Balzac eût désavouées. On ne pouvait pas lui faire une plus grande peine qu'on lui attribuant un sentiment de vengeance. « Non, s'écriait-il, si j'avais pensé à faire le portrait d'un homme, j'aurais manqué le portrait de mon type! Je travaille plus en grand qu'on ne pense ; et puis je ne suis pas rancunier, et, quand j'écris, j'oublie tous les individus. Je cherche l'homme. Aucun d'eux n'a l'honneur, en ce moment-là, d'être mon ennemi. »

Cette restriction faite, j'ai lu le travail de M. Armand Baschet avec un intérêt extrême, ainsi que l'appendice charmant de M. Champfleury, et je prendrai la liberté de m'en aider pour mettre en ordre les notions éparses que j'ai, et celles que je n'avais pas.

Balzac naquit à Tours, le 16 mars 1799, jour de saint Honoré. S'appelle-t-il Balzac ou de Balzac? Je crois qu'il s'appelait Balzac, mais qu'on doit l'appeler de Balzac, puisqu'il signait ainsi. Si la particule a quelque chose d'honorifique, ce qui n'est pas, selon moi, ce qui était, selon lui, il a si bien conquis le droit de se l'adjuger, que la postérité ne s'amusera pas, je pense, à la lui contester. Il a dit lui-même un grand mot d'artiste et de plébéien, le jour où il a répondu à quelqu'un qui lui disait qu'il n'avait rien de commun avec les Balzac d'Entragues : « Eh bien, tant pis pour eux! » Dans l'intimité, il avait pris un sobri-

12

quet dont il signait ses lettres, et qui, pour moi, était passé en habitude, il s'appelait *dom Mar*.

Il entra à sept ans au collège de Vendôme, et y écrivit un *Traité de la volonté*, qui fut brûlé par un régent. Un de mes amis, qui était sur les bancs avec lui (j'ignore si c'était à Vendôme, ou, plus tard, à Paris, où il fut mis en pension en 1813), m'a dit que c'était un enfant très-absorbé, assez lourd d'apparence, faisant de mauvaises études classiques, et qui paraissait stupide aux professeurs, grande preuve d'un génie précoce ou d'une forte individualité aux yeux mêmes de la personne qui me parlait ainsi.

Lorsque sa famille s'établit à Paris, Balzac avait dix-huit ans. Il fit son droit et suivit avec assiduité les cours de la Sorbonne et du collége de France. Il passa ensuite dans l'étude d'un avoué, puis dans celle d'un notaire, et fit de la procédure pendant deux ans.

En 1819, il déclara à ses parents sa vocation littéraire. Comme il arrive toujours, elle fut combattue. Son père alla vivre à la campagne, près Paris. Il vécut, lui, dans une mansarde, passant ses jours à la bibliothèque de l'Arsenal, souffrant beaucoup, mais luttant avec persévérance. Il écrivit et montra à son père une tragédie qui fut soumise au jugement de M. Andrieux. L'ouvrage fut condamné; l'auteur, déclaré incapable, rentra dans ses privations et dans ses durs labeurs.

De 1822 à 1826, Balzac écrivit sous trois pseudonymes successifs quarante volumes, qui furent misérablement payés, et que je ne jugerai pas, ne les connaissant pas. Il parlait avec une bonhomie parfaite de ces premières tentatives, et les critiquait avec plus d'esprit que personne n'eût pu le faire. Il disait pourtant qu'elles lui avaient appris immensément, en ce sens qu'il y avait essayé toutes les manières dont il ne faut pas se servir.

En 1826, il organisa une imprimerie, puis une fonderie de caractères. Ces entreprises échouèrent, mais elles lui apprirent tout ce qu'il nous a appris depuis dans l'histoire de David Séchard. C'est lui qui inventa les éditions complètes en un volume. Il publia ainsi le Molière et le la Fontaine ; mais il perdit quinze mille francs dans cette opération, et c'est pour s'acquitter qu'il fit les autres entreprises, lesquelles l'endettèrent encore plus.

En 1827, il se lia avec de Latouche. Une grande intimité s'établit entre le maître et l'élève. C'était alors de Latouche qui était le maître. Il se versa tout entier à Balzac dans ces brillantes et intarissables conversations où il enseignait tout ce qu'il ne faut pas faire, sans jamais arriver à dire ce qu'il faut faire. L'élève était déjà fort sur ce chapitre et cherchait ardemment la voie. L'école de de Latouche était à la fois attrayante et rude : je l'ai dit ailleurs en racontant ce que j'en avais souffert et recueilli pour mon compte. Un jour, Balzac, se trouva, comme moi plus tard, mortellement brouillé avec de Latouche sans savoir pourquoi ; mais ils ne se réconcilièrent jamais. Le pauvre de Latouche avait aimé Balzac et l'aima encore en le haïssant. Il était malade et chagrin ; Balzac, bien portant et bien vivant, n'eut aucune amertume contre lui. Il l'oublia. De Latouche continua à fulminer contre lui, mais il ne l'oublia pas. Il lui eût ouvert les bras si Balzac eût voulu.

En 1830, Balzac s'installa rue Cassini, et y reçut dans l'intimité plusieurs amis. C'était, en somme, un maître plus utile que de Latouche. Il n'enseignait rien et ne discutait sur quoi que ce soit. En proie au délire de la production, il ne parlait que de son travail et lisait avec feu ses ouvrages à mesure qu'on les lui apportait en épreuves. Il nous a lu ainsi *la Peau de chagrin*, *l'Enfant maudit*, *un Message*, *la Femme abandonnée*, *l'Élixir de longue vie*, *l'Auberge rouge*, etc. Il racontait son roman en train, l'achevait en causant, le changeait en s'y remettant et vous abordait le lendemain avec des cris de triomphe. « Ah! j'ai trouvé bien autre chose! vous verrez! vous verrez! une idée mirobolante! une situation! un dialogue! On n'aura jamais rien vu de pareil! » C'était une joie, des rires, une surabondance d'entrain dont rien ne peut donner l'idée. Et cela après des nuits sans sommeil et des jours sans repos.

En 1833, il fit un voyage en Suisse; en 1834, devenu populaire, il acheta la *Chronique de Paris* et fut un des premiers appréciateurs de M. Théophile Gautier.

Il a ensuite voyagé beaucoup, et sa trace a souvent disparu. Il a acheté une petite maison de campagne à Ville-d'Avray, les Jardies, et a daté de là beaucoup de lettres écrites en Russie, en Italie, ou ailleurs. Il a habité cependant beaucoup cette retraite et y a travaillé énormément. Il a passé aussi des saisons, des mois ou des semaines en province, en Angoumois, à Issoudun, en Touraine, et chez moi, en Berry. Il a été en Sardaigne; il a dû ou voulu aller en Sicile. Il y a été peut-être. Il a cru ou feint de croire à des choses étranges. Il a cherché des trésors et n'en a pas trouvé d'autres que ceux qu'il portait en lui-même : son intelligence, son esprit d'observation, sa mobilité, sa capacité merveilleuse, sa force, sa gaieté, sa bonté, son génie, en un mot.

Le dernier de ses voyages a eu son mariage pour but ou pour résultat; mais le pauvre *dom Mar* n'a pas joui longtemps du bonheur domestique. Une maladie de cœur, dont il m'avait souvent parlé et dont il se croyait guéri, l'enleva au bout de quatre mois, le 18 août 1850, à Paris, dans sa maison de la rue Fortunée, aujourd'hui rue Balzac. C'est une perte immense pour les lettres, car il est mort dans toute la force de l'âge, dans toute la splendeur du talent. Initié tard aux douceurs de la vie domestique, le rêveur solitaire avait déjà vu sans doute de nouveaux horizons s'ouvrir devant lui, lorsqu'une destruction rapide s'empara de cette rare intelligence. Il avait peint la famille, le ménage, l'intérieur, par cette puissance d'intuition qui lui faisait tout reconstruire, comme Cuvier, sur un fragment observé. Mais il eût mieux peint encore, et le calme des félicités conjugales, une vie enfin régulière et la sécurité du bien-être eussent donné à son esprit une gaieté moins cruelle, à ses dénoûments des réalités moins désolantes.

Il a fait naufrage au port, ce hardi et tenace navigateur. Toute sa vie, il avait aspiré à épouser une femme de qualité, à n'avoir plus de dettes, à trouver dans son chez-soi des soins, de l'affection, une société intellectuelle. Il méritait d'atteindre son but, car il avait accompli des travaux gigantesques, fourni une carrière splendide, et n'avait abusé que d'une chose :

le travail. Sobre à tous autres égards, il avait les mœurs les plus pures, ayant toujours redouté le désordre comme la mort du talent, et chéri presque toujours les femmes uniquement par le cœur ou la tête; même dans sa jeunesse, sa vie était, à l'habitude, celle d'un anachorète, et, bien qu'il ait écrit beaucoup de gravelures, bien qu'il ait passé pour expert en matières de galanteries, fait la *Physiologie du mariage* et les *Contes drôlatiques*, il était bien moins rabelaisien que bénédictin. Il aimait la chasteté comme une recherche et n'attaquait le sexe que par curiosité. Quand il trouvait une curiosité égale à la sienne, il exploitait cette mine d'observations avec un cynisme de confesseur : c'est ainsi qu'il s'exprimait sur ce chapitre. Mais, quand il rencontrait la santé de l'esprit et du corps, je répète son langage, il se trouvait heureux comme un enfant de pouvoir parler de l'amour vrai et de s'élever dans les hautes régions du sentiment.

Il était un peu quintessencié, mais naïvement, et ce grand anatomiste de la vie laissait voir qu'il avait tout appris, le bien et le mal, par l'observation du fait ou la contemplation de l'idée, nullement par l'expérience.

Attaché, je ne sais pourquoi, à la cause du passé, dont il voulait se croire solidaire, il était si impartial par nature, que les plus beaux personnages de ses livres se sont trouvés être des républicains ou des socialistes. Il a paru quelquefois avoir des goûts de parvenu : il n'avait au fond que des goûts d'artiste. Il aimait les curiosités bien plus que le luxe. Il rêvait l'avarice et se ruinait sans cesse. Il se vantait de savoir dépouiller les autres, et n'a jamais dépouillé que lui-même. Il écrivait et pensait le pour, tout en disant le contre en toute chose. Il a, dans certains livres, mis son idéal dans le boudoir des duchesses ; ailleurs, il l'a mis dans les mœurs de l'atelier. Il a vu le côté riant ou grand de toutes les destinées sociales, de tous les partis, de tous les systèmes. Il a raillé les bonapartistes bêtes, il a plaint les bonapartistes malheureux ; il a respecté toutes les convictions désintéressées. Il a flatté la jeunesse ambitieuse du siècle par des rêves d'or ; il l'a jetée dans la poussière ou dans la boue en lui montrant à nu le but de l'ambition, des femmes dissolues, des amis perfides, des hontes, des remords. Il a marqué au front ces grandes dames dont il forçait les jeunes gens à s'éprendre ; il a abattu ces montagnes de millions et détruit ces temples de délices où s'égarait sa pensée, pour montrer, derrière des chimères longtemps caressées, le travail et la probité seuls debout au milieu des ruines. Il a dit avec amour les séductions du vice, et avec vigueur les laideurs de sa contagion. Il a tout dit et tout vu, tout compris et tout deviné : comment eût-il pu être immoral ? L'impartialité est éminemment sainte pour les bons esprits, et les gens qu'elle peut corrompre n'existent pas. Ils étaient tout corrompus d'avance, et si corrompus, qu'elle n'a pu les guérir.

On lui a reproché d'être sans principes, parce qu'en somme il a été, selon moi, sans convictions absolues sur les questions de fait dans la religion, dans l'art, dans la politique, dans l'amour même ; mais nulle part, dans ses livres, je ne vois le mal réhabilité ou le bien méconnu pour le lecteur. Si la vertu succombe, et si le vice triomphe, la pensée du livre n'est pas douteuse : c'est la société qui est condamnée. Quant à ses opinions relatives aux temps qu'il a traversés, celles qu'il affectait sont radicalement détruites et balayées, à chaque ligne, par la puissance de son propre souffle. Il est bien heureux qu'elles n'aient pas tenu davantage, et que, sans y songer, il ait montré partout l'esprit montant d'en bas et dévorant le vieux monde jusqu'au faîte, par la science, par le courage, par l'amour, par le talent, par la volonté, par toutes les flammes qui sortaient de Balzac lui-même.

Il serait fort puéril de le donner pour un écrivain sans défaut. Il eût été, en ce cas, le premier que la nature eût produit, et le dernier probablement de son espèce. Il a donc, et il le savait mieux que tous ceux qui l'ont dit, des défauts essentiels : un style tourmenté et pénible, des expressions d'un goût faux, un manque sensible de proportion dans la composition de ses œuvres. Il ne trouvait l'éloquence et la poésie que quand il ne les cherchait plus. Il travaillait trop et gâtait souvent en corrigeant ; ce sont là de grands défauts en effet ; mais, quand on les rachète par de si hautes qualités, il faut être, comme il le disait ingénument de lui-même, et comme il avait le droit de le dire, diablement fort !

« Un type peut se définir la personnification réelle d'un genre parvenu à sa plus haute puissance. »

Voilà une excellente définition ; elle est de M. Armand Baschet, le biographe et le critique de Balzac.

« Saisir vivement un type, ajoute-t-il, le prendre sur nature, l'étreindre, le reproduire avec vigueur, c'est ravir un rayon de plus à ce merveilleux soleil de l'art. »

Oui, certes, voilà la grande et la vraie puissance de l'artiste. Personne ne l'a encore possédée avec l'universalité de Balzac ; personne n'a autant créé de types complets, et c'est là ce qui donne tant de valeur et d'importance aux innombrables détails de la vie privée, qui lasseraient chez un autre, mais qui chez lui sont empreints de la vie même de ses personnages, et par là indispensables.

On a fait le relevé bibliographique des cent ouvrages que Balzac a produits dans une période de moins de vingt années. Faire le relevé numérique et caractériser exactement les innombrables types, tous bien vivants et bien complets, qu'il a créés dans cet espace de temps, serait un travail dont le tableau surprendrait la pensée. A n'en supposer que cinq par roman, nous verrions arriver un chiffre d'environ cinq cents ; or, certains romans en contiennent et en développent trente.

Tous sont nouveaux dans chaque fragment de la comédie humaine, puisqu'en reprenant les mêmes personnages il les modifie et les transforme avec le milieu où il les transplante. Cette idée de créer un monde de personnages que l'on retrouve dans tous les actes de cette comédie en mille tableaux est toute à Balzac ; elle est neuve, hardie et d'un si haut intérêt, qu'elle vous force à tout lire et à tout retenir.

Nohant, octobre 1853.

IV

BÉRANGER

On a reconnu le droit incontestable des écrivains qui, au point de vue de la critique et de l'histoire contemporaine, ont jugé rigoureusement la vie et le caractère de Béranger : on voudra bien reconnaître le droit d'une conviction différente et me permettre, non de le défendre avec ou contre personne, mais de dire tout simplement mon opinion.

J'en écarterai toute préoccupation politique, comme étrangère à mon sujet. Vivant loin de toute notion d'actualité, j'avoue n'avoir pas bien compris tout ce que l'on s'est dit de part et d'autre; je n'ai donc pas le droit d'établir un jugement sur l'opportunité de cette polémique, et on me permettra de ne m'en occuper en aucune façon.

Je dois avouer aussi que je n'ai pas encore reçu, par conséquent pas encore lu la correspondance de Béranger. Je me sens d'autant plus libre de parler de lui et de le retrouver dans mes souvenirs tel qu'il m'est apparu. Qu'à telle ou telle époque de nos relations il ait été bien ou mal disposé envers moi, il importe très-peu à la vérité de mon sentiment sur lui. Il ne me devait rien. Il est venu à moi de lui-même et de loin en loin, toujours parfaitement aimable et intéressant. Je l'ai beaucoup écouté, en réfléchissant beaucoup sur son caractère, sur sa destinée et sur chacune de ses paroles. Ces paroles précieuses, je ne les ai pas prises en note sur un calepin, comme font certains Anglais, séance tenante, sous les yeux de la personne célèbre qu'il viennent examiner. Si ma mémoire m'eût permis de les retenir toutes, je ne me croirais pas le droit de les rapporter sans beaucoup de choix et de respectueuse circonspection. Mais j'en ai reçu une impression générale que je peux et veux communiquer. C'est un devoir de conscience à l'heure qu'il est.

Il faut que l'on me pardonne ici l'emploi disgracieux du *moi*. D'habiles circonlocutions, toujours faciles à trouver, n'aboutiraient en somme qu'au même fait, qui est de soumettre à l'appréciation personnelle de chacun de mes lecteurs une opinion toute personnelle.

Il y avait dans Béranger, comme dans la plupart des grandes individualités, deux hommes nés l'un de l'autre, mais souvent en contradiction et en lutte l'un contre l'autre. Il y avait le poëte convaincu, attendri, passionné, croyant fortement en lui-même et ne se moquant que du mal. Là, cette moquerie, la terrible ironie de sa muse, était du mépris, le cri vengeur de l'historien et du patriote.

Et puis, il y avait de l'homme du dehors, l'homme

du monde, car il était très homme du monde en dépit de sa vie retirée. Il n'aimait pas la foule, mais je l'ai vu dans des cercles choisis, après un peu de silence et de tâtonnement, prendre le premier rôle et se faire écouter avec une certaine jalousie très-légitime.

Cet homme-là était éblouissant d'esprit, très-mordant, cruel même dans son jeu, mais s'arrêtant et se reprenant à propos quand il sentait vous avoir blessé dans la personne d'un absent. Il voulait faire rire et rien de plus. Il voulait rire lui-même; il était gai, il avait une certaine exubérance de vie qui ne lui permettait pas de réfléchir avant de parler ou d'écrire des lettres familières. Et puis, il était né chanteur, et quand il avait donné son âme et dépensé sa force dans les hautes notes du rossignol ou dans les grands cris de l'aigle, il avait besoin de changer de mode et de siffler comme le merle qui est encore un très-bon musicien, mais qui répand le soir, autour des villages, une chanson moqueuse plus vaudeville que poème. Béranger avait la figure très-rustique, mais son œil était d'un oiseau, tour à tour puissant et léger.

Car son caractère extérieur était d'une légèreté excessive, et sa bonhomie, faussée par la coquetterie de l'esprit, était pourtant réelle au fond. La preuve, c'est qu'il se livrait à tout le monde avec fort peu de prudence, qu'il a été toute sa vie dupe de mille gens qui l'ont exploité, et qu'il était charmé quand, sans amertume et sans injure, on l'appelait en face *faux bonhomme*. Il eût été désolé de passer pour un niais, et il était pourtant extrêmement naïf en ceci qu'il livrait facilement le secret de sa malice à quiconque paraissait disposé à lui en tenir compte comme d'une grâce de plus dans son babil éblouissant.

Il aimait beaucoup à briller devant ses amis. Il voulait leur plaire toujours, et il faisait une grande dépense de lui-même pour les charmer. Il en venait à bout. Il a captivé les esprits les plus sérieux et jeté des fleurs à pleines mains sur de grandes et nobles existences austères et tourmentées. Qu'il ait parfois donné de mauvais conseils à Lamennais, c'est possible, c'est vrai. Mais Lamennais ne les a pas suivis, et Béranger ne l'a pas moins aimé. Si l'on met en balance le peu de mal que ses conseils ont pu lui faire avec tout le charme que son enjouement a répandu sur sa vie et tout le bien réel que sa douce philosophie lui a fait, les amis de Lamennais doivent bénir l'influence que Béranger a eue sur lui.

Béranger avait, disons-nous, une douce philosophie, c'est dire qu'il n'avait pas de théorie philosophique à l'état de religion sociale. Il n'avait que des instincts de droiture, de tolérance et de liberté. Son cœur était meilleur que sa langue. Il était infiniment plus indulgent en actions qu'en paroles. Nous savons tant de gens qu'il a aidés de ses démarches et de sa bourse, tout en nous disant d'eux pis que pendre, qu'il est hors de doute pour nous que la charité et le dévouement y étaient quand même. Quant aux moqueries dont il assaisonnait toutes choses, éloges et bienfaits, il fallait être bien simple pour en être dupe, et véritablement, pour qui sait ce que parler veut dire, Béranger n'était nullement inquiétant.

On l'a jugé très-perfide, et moi-même, frappé de

quelques inconséquences dans ses jugements et dans ses actions, je l'ai cru tel pendant un certain temps. Depuis, je l'ai vu mieux, j'ai saisi ce côté facile et fuyant de son caractère qui venait bien d'un fond d'amertume, mais qui l'emportait comme une vague.

Que Béranger ait eu le travers de s'amuser de tout en apparence dans ses relations avec ses amis, cela nous paraît prouvé par beaucoup de lettres inédites alors, qui ont passé sous nos yeux à différentes époques. J'entends dire que dans l'intérêt de son caractère sa correspondance privée n'eût peut-être pas dû être entièrement publiée. Nous répétons que nous ne pouvons encore juger le fait ; mais que ces lettres fussent tenues en réserve pour des temps plus calmes, il n'en resterait pas moins dans la mémoire de tous ceux qui ont connu Béranger la certitude qu'il affichait gracieusement un grand scepticisme, et qu'il avait une si belle habitude de railler que ses meilleurs amis eux-mêmes n'étaient pas préservés. Les aimait-il moins pour cela? Voilà ce qu'il serait plus difficile de prouver, et l'ensemble de sa conduite atteste une grande fidélité dans ses relations. N'est-ce point sur cet ensemble de la vie de l'homme qu'il faut le juger? Et devant des lettres, ne faut-il pas dire quelquefois comme Hamlet : *words, words, words!* Le proverbe est vrai : *Verba volant!* et beaucoup de lettres familières rentrent dans la catégorie des paroles envolées. Les seuls *écrits qui restent* et qui prouvent réellement sont ceux où l'âme de l'artiste s'est exhalée dans l'inspiration aidée de la réflexion, et là Béranger est vraiment un des grands esprits dont la France doit s'honorer toujours. Il a chanté la patrie et relevé son drapeau comme une protestation dans un temps où le prêtre, devenu un instrument politique, marchait sur la pensée, sur la liberté, sur la dignité de la France. Il a chanté le peuple et flétri le courtisan ; il a pleuré sur la misère, il a rallumé et tenu vivante l'étincelle de l'honneur national ; il a fait retentir le cri de la souffrance et de l'indignation ; il a démasqué des vices honteux, il les a flagellés jusqu'au sang. Là est son œuvre, là est sa vie véritable, là est sa gloire ; tout le reste n'est rien ou peu de chose. Béranger aimable, méchant, beau diseur de malices, coquet, d'humilité un peu feinte, dédaignant beaucoup ce qu'il ne comprenait pas, voilà l'homme extérieur qui flattait ou froissait les gens trop satisfaits d'eux-mêmes. Mais ce n'était pas le beau, le vrai Béranger de la poésie, de la France et de l'histoire : c'était le travers de l'enfant gâté par le succès. Mais enfin ce travers jugé si charmant, et, selon nous, si regrettable, les esprits sérieux ne doivent-ils pas le pardonner à qui a vieilli sous le poids d'une si écrasante et périlleuse popularité ? Songez à la difficulté d'une vie si étourdissante, à l'enivrement d'une renommée qui a fait le tour du monde, et ne demandez pas au chantre qui a entendu les échos de l'univers répéter ses moindres notes d'être un esprit absolument calme et maître de lui-même à toute heure. Ce n'est pas sans un puissant effort que ce vieillard a pu résister à l'ivresse de la vanité, d'autant plus que sa nature, quoi qu'on en puisse dire, était portée à l'exubérance intellectuelle.

Il le savait si bien qu'il livrait en lui-même, à toute

heure, un combat acharné à cette ivresse naturelle. Il sentait le ridicule de l'orgueil en délire; il le raillait chez les autres, avec âpreté, afin de s'en préserver tout le premier, et il refusait tout : et la députation, et l'Académie, et la fortune, afin de ne pas perdre la tête et de garder intacte sa figure de bonhomme honnête, modeste et populaire. Coquetterie pure, oui, mais coquetterie de bon goût, il faut en convenir, et bien permise à un triomphateur si incontesté. Il y avait là-dessous un immense orgueil et pas si bien caché qu'on a voulu le dire. Cet orgueil de maître sautait aux yeux de quiconque sait observer une figure et lire dans les détours d'une parole ou d'un sourire; mais n'avait-il rien de respectable, cet orgueil qui a triomphé, en fait, de toutes les séductions et de toutes les ambitions? Nous en avons souri nous-même plus d'une fois, mais d'un sourire très-respectueux et même attendri. Et pourtant Béranger ne nous aimait pas d'instinct; nous le savions de reste. Il voyait (nous dirons encore *je*) qu'il ne *m'amusait* pas, et il ne voyait pas que je cherchais en lui son génie et sa force beaucoup plus que son fameux bon sens et son esprit frondeur.

Du bon sens à lui! C'était bien autre chose que du bon sens qui le guidait! C'était une réaction d'énergie extraordinaire; c'était une haute raison doublée d'une fierté transcendante et d'un respect de lui-même qui allait jusqu'au stoïcisme. Il a beaucoup voulu paraître sage, et il a été réellement ce qu'il paraissait, c'est-à-dire l'homme que n'atteignent point trop les choses puériles de ce monde. En ceci vraiment, ce très-grand poëte a su être un très-grand homme, un modèle que l'on pourra proposer toujours à la jeunesse et sans la tromper.

Car il y aurait quelque subtilité à dire que la modestie est de l'orgueil raffiné. A ce compte on en pourrait trouver jusque dans l'humilité évangélique la plus sincère. L'humanité n'est point si parfaite qu'il faille exiger d'elle l'amour du bien sans l'amour de soi dans le bien. Serait-ce d'ailleurs une vertu réelle que le dédain de soi-même après une vie de travaux et de sacrifices? Nous ne le croyons pas. Le chrétien le plus sanctifié ne se hait pas dans son union avec Dieu, à moins d'une terreur maladive de l'enfer qui le fait douter de Dieu même.

Béranger fut d'autant plus fort dans cette lutte de son orgueil contre sa vanité qu'il ne sut jamais vivre hors de lui-même et se reposer de sa spécialité. Tourmenté par la poésie, son impérieuse et infidèle maîtresse, il ne se consola jamais de l'impuissance dans laquelle il était tombé. Comprenez-vous, me disait-il un jour qu'il ne riait pas trop, le supplice d'un homme qui éprouve toujours le besoin de produire, et qui ne produit plus rien qui le satisfasse?

Je lui proposai l'idée du tourment de quelqu'un qui dominé par l'élan irrésistible de la production, se sentirait attiré sans cesse vers la contemplation, ou vers des études sérieuses, sans pouvoir s'y plonger et s'y perdre. L'ineffable jouissance d'abandonner sa personnalité et de s'oublier entièrement pour regarder et comprendre la vie autour de soi dans ses lois régulières et vraiment divines, dans la nature expliquée par science ou idéalisée dans des chefs-d'œuvre d'art ; enfin, l'état supérieur au *moi*, où le moi s'absorbe et dépose le rôle actif pour savourer le beau et le vrai ; n'était-ce pas là la véritable plénitude de l'existence et la suave récompense du poète qui a beaucoup produit?

— Pour savourer tout cela, répondit-il, il faut être poète encore, et je ne le suis plus!

Était-ce vrai? Je ne l'ai pas cru alors, mais je le croirais presque aujourd'hui en me rappelant l'obstination avec laquelle il chercha depuis l'aliment de la vitalité dans la critique un peu aigre de toute vitalité autour de lui. Il s'immobilisa et se desséna dans cette sorte de négation systématique. Le rire prit le dessus, et il devint tout à coup très-vieux.

Quand nous disons qu'il se desséna, nous ne voulons parler que de l'artiste. L'homme resta très-bon, très-humain et beaucoup plus sensible qu'il ne voulait le paraître. Il avait tellement peur de poser pour quoi que ce soit, qu'il cachait même sa sensibilité ou s'en moquait devant les autres comme d'une faiblesse de vieillard.

Il lui manqua sans doute cette certaine corde intellectuelle, cette planche de salut qui m'apparaissait, qui m'apparaît encore comme le bonheur et la récompense du génie fatigué : je veux parler de la faculté de s'abstraire dans le beau impersonnel. Certes, il avait senti le beau en grand artiste, il avait même compris la nature en grand maître. Quelques traits descriptifs, larges et simples, jetés à travers son œuvre, révèlent, parfois en deux vers d'une étonnante ampleur dans leur concision, que la rêverie et la contemplation ont possédé pleinement, à de certaines heures, ce vaste et pénétrant esprit. Mais il sembla se brouiller avec la nature quand il eut perdu le don de la peindre, et il railla ceux qui la savouraient trop minutieusement selon lui. Il crut que la vie n'était pas là, et, sentant toujours le besoin de la vie, il la chercha dans les courants fugitifs des événements qui se produisent au jour le jour. Il aima l'examen des faits passagers dont on cause, car il voulait causer et juger sans cesse. Or, il avait perdu sa synthèse, ne la sentant plus applicable au temps présent, et il cherchait à la reconstruire sur chaque détail éphémère de la vie politique, littéraire ou sociale, ce qui était une grave erreur. Il ne sut point se placer à la distance voulue pour bien voir, et se trompa mille fois dans ses appréciations des faits et des personnes. La légèreté qui était dans son humeur emporta donc souvent le grand sérieux qui était dans son esprit. Il parut toujours gai, du moins jusqu'aux derniers temps où je l'ai vu; mais cette gaieté, où le cœur ne trouvait plus son compte, m'a semblé le faire beaucoup souffrir. Il était devenu inquiet et questionneur. On le sentait malheureux, dévié, roidi contre le temps qui marche et l'humanité qui avance, n'importe par quel chemin. Il interrogeait ces chemins avec une certaine anxiété, à travers la bonne humeur de sa résignation personnelle. Et c'est alors surtout qu'il me parut très-grand; car, au sein de cette lutte contre toutes ses croyances perdues et tous ses rêves évanouis, il se cramponnait à l'honneur, au désintéressement, et, si l'on peut ainsi parler, à l'amabilité de son rôle, avec une rare énergie.

Voilà mon impression. Je n'ai pas la prétention de la déclarer plus concluante que celle des amis intimes; mais elle est fort sincère, et je l'ai reçue très-vivement à chaque entrevue. Je devais donc le dire dans ces jours où chacun semble douter de tout, et où plusieurs, même parmi les meilleurs esprits, doutent de Béranger comme il a douté des autres. C'était la maladie d'un grand caractère, et la nôtre prépare peut-être la santé d'un grand siècle. Mais je crois bon de lutter pour qu'elle ne nous tue pas tous avant que nous n'ayons salué les horizons de l'avenir.

Les jours présents répondent peut-être, dans l'humanité, à ces époques géologiques où le travail de la nature consistait à dissoudre des formations récentes pour en établir de nouvelles avec leurs cendres et leur poussière. Si c'est une loi éternelle, comprenons-la, tout en la subissant. La critique est l'opérateur qui, en détruisant, recompose, car, pas plus que les grands agents de la création, l'homme ne peut rien anéantir. Tout se transforme sous sa main comme sous celle de Dieu, dont il est une des forces actives. Faisons donc et laissons faire comme Dieu veut qu'il soit fait. Que le rocher s'affaisse et perde sa forme première, il n'en répandra pas moins autour de lui les principes féconds placés dans son sein. Brisez la statue, vous ne détruirez pas l'impression qu'elle a produite. Oui, oui, allez! exercez votre droit! dites au peuple républicain : « Tu t'es grandement trompé lorsque tu as voulu faire de celui-ci un tribun ; à quoi songeais-tu quand tu lui confias une part du gouvernement de la république? Il n'aima jamais cette forme;

il ne la comprit pas ; il en eut peur. Il se retira sous sa tente pour faire de la critique sans danger et sans contradiction. » Ceci est la vérité et nul ne peut la voiler. Vous pourriez dire encore au peuple, pour le désabuser de certaines illusions dont il est avide : « Tu crois trop à la gloire, elle t'enivre, et tu ne connais pas assez la psychologie du talent. Tu n'imagines pas à quel point le génie peut s'obscurcir, et l'homme d'action se survivre à lui-même. Tu crois que la spontanéité ne subit pas le poids des années et des fatigues, que le sol fécond ne s'épuise pas. Il en pourrait être ainsi, mais il en est rarement ainsi, car la durée de la foi et la conservation des forces vives sont subordonnées à des influences extérieures que l'homme ne peut pas toujours vaincre, ne fût-ce que dans l'ordre physique ! L'âge ou la maladie ne respecte pas la gloire. Et pourtant tu as cru que le vieillard célèbre, reposé de son œuvre, avait marché avec toi dans l'aspiration de la lumière sociale, et que, s'oubliant lui-même après t'avoir si bien chanté, il ne vivrait plus qu'en toi et pour toi. Tu t'es trompé. Il se croisait les bras, et il riait.

Mais vous n'aurez pas tout dit au peuple quand vous lui aurez dit ces vérités tristes. N'oublions pas qu'il est ardent de sentiment, et qu'il passe aisément d'un excès d'amour à un excès de désaffection injuste. Et ce n'est pas le peuple républicain seulement, c'est tout le peuple, c'est toute la société, c'est toute l'humanité qui est ainsi mobile et sans frein moral. Disons donc aussi les vérités qui consolent, car elles sont tout aussi vraies que les autres. Disons que, dans tout grand homme, il y a l'homme terrestre et l'homme divin ; que l'un des deux, soit l'un, soit l'autre, peut dominer le plus fatigué, mais non le détruire, puisque rien ne se détruit qu'en apparence. Rappelons les grands côtés des nobles existences et les bienfaits de leur action sur les masses, et ne croyons pas aisément qu'il ne soit rien resté de bon et de grand à celui qui a souffert quelque défaut d'équilibre, quelque choc fortuit dans sa grandeur et dans sa bonté. Cela n'est pas possible, cela n'est pas. Béranger n'a plus senti en lui le don de servir le peuple et de relever la patrie ; mais il n'a jamais cessé de les aimer, et j'ai vu en lui la charité et l'honneur encore debout à côté de la foi presque morte.

Aimez-le donc toujours, vous tous qui le chantez encore, et s'il est vrai que ses lettres vous le montrent sceptique et décourageant autant que découragé, séparez l'homme des lettres profanes de l'homme des chants sacrés. Voyez-le dans son œuvre, dans sa pensée jeune et fraîche, épurée par le travail et enflammée par ces grands instincts de liberté qui ont empêché la France de mourir après l'invasion. Ne le jugez pas sur les pensées de sa vieillesse, pensées éparses d'ailleurs, très-irréfléchies, incomplètes probablement, puisque la conversation pouvait et devait en combler les lacunes et en rectifier les précipitations ; pensées d'un jour, d'une heure, d'un instant, et jetées à l'imprévu de la vie comme la balle du grain, déjà semé en bonne terre, s'éparpille à tous les vents du ciel.

Gargilesse, 8 mai 1860.

V

H. DE LATOUCHE

Je viens tard apporter mon tribut à la mémoire d'un ami qui nous a quittés, il y a déjà quelques mois. On ne s'habitue pas tout d'un coup à ces éternelles séparations, et, dans les premiers moments, on a plus besoin d'y songer que d'en parler.

Je ne ferai point ici la biographie de M. de Latouche. Ceux qui voudront la joindre aux recueils biographiques des hommes remarquables de cette époque la trouveront faite, d'une manière consciencieuse et fidèle, dans un article de M. Ernest Périgois, qui a été publié le 21 mars 1851 dans le *Journal de l'Indre*. Ils trouveront également dans ce travail une excellente appréciation des sentiments politiques du poëte et une rapide mais complète analyse de ses travaux littéraires. Je me bornerai à des détails d'intérieur qui, en partie, me sont personnels, et qui feront comprendre la triste et religieuse lenteur de mon concours à l'éloge funèbre que d'autres appréciateurs lui ont consacré avant moi.

Peu de temps après la révolution de 1830, je vins à Paris avec le souci de trouver une occupation, non pas lucrative, mais suffisante. Je n'avais jamais travaillé que pour mon plaisir; je savais, comme tout le monde, *un peu de tout, rien en somme*. Je tenais beaucoup à trouver un travail qui me permît de rester chez moi. Je ne savais assez d'aucune chose pour m'en servir. Dessin, musique, botanique, langues, histoire, j'avais effleuré tout cela, et je regrettais beaucoup de n'avoir pu rien approfondir, car, de toutes les occupations, celle qui m'avait toujours le moins tenté, c'était d'écrire pour le public. Il me semblait qu'à moins d'un rare talent (que je ne me sentais pas), c'était l'affaire de ceux qui ne sont bons à rien. J'aurais donc beaucoup préféré une spécialité. J'avais écrit souvent pour mon amusement personnel. Il me paraissait assez impertinent de prétendre à divertir ou à intéresser les autres, et rien n'était moins dans mon caractère concentré, rêveur et avide de douceurs intimes, que cette mise en dehors de tous les sentiments de l'âme.

Joignez à cela que je savais très-imparfaitement ma langue. Nourri de lectures classiques, je voyais le romantisme se répandre. Je l'avais d'abord repoussé et raillé dans mon coin, dans ma solitude, dans mon for intérieur; et puis j'y avais pris goût, je m'en étais enthousiasmé, et mon goût, qui n'était pas formé, flottait entre le passé et le présent, sans trop savoir où se prendre, et chérissait l'un et l'autre sans connaître et sans chercher le moyen de les accorder.

C'est dans ces circonstances que, songeant à employer mes journées et à tirer parti de ma bonne volonté pour un travail quelconque. flottant entre les peintres de fleurs sur éventails et tabatières, les portraits à quinze francs et la littérature, je fis, entre tous ces essais, un roman fort mauvais qui n'a jamais paru. Mes peintures sur bois demandaient beaucoup de temps et ne faisaient pas tant d'effet que le moindre décalcage au vernis. On faisait pour cinq francs des portraits plus ressemblants que les miens. J'aurais pu faire comme tant d'autres, chercher des leçons pour enseigner beaucoup de choses que je ne savais pas. Je tournai à tout hasard du côté de la littérature, et j'allai résolûment demander conseil à un compatriote dont la famille avait été de tout temps intimement liée avec la mienne, à M. de Latouche, que je ne connaissais pas encore personnellement, mais à qui je n'avais qu'à me nommer pour être assuré d'un bon accueil.

Je trouvai un homme de quarante-cinq ans, assez replet, d'une figure pétillante d'esprit, de manières exquises et d'un langage si choisi, que j'en fus d'abord gêné comme d'une affectation du moment. Mais c'était sa manière ordinaire, sa façon de dire naturelle. Il n'aurait pas su dire autrement. Sa conversation était ornée et sa diction pure comme si elle eût été préparée. L'art était sa spontanéité dans la parole.

Je l'ai dit, je ne ferai pas ici une appréciation du mérite littéraire de M. de Latouche. Lié à son souvenir par la reconnaissance, habitué à l'écouter sans discussion, je serais peut-être un juge trop partial, et ce n'est pas vis-à-vis de ses propres amis qu'on peut exercer les fonctions intègres et froides de la critique littéraire. Je me bornerai à raconter M. de Latouche tel qu'il était dans son intimité.

Cette intimité était bien précieuse pour un aspirant littéraire. Mais, si je l'étais par rencontre et par situation, je ne l'étais ni par goût ni par convoitise ; je me bornai donc, dans les premiers temps, à écouter la brillante causerie de mon compatriote comme une chose singulière, intéressante, mais, si étrangère à mes facultés, que ce ne pouvait être pour moi qu'un plaisir sans profit.

Peu à peu, et à mesure qu'il critiquait et condamnait *au cabinet* mes premières tentatives littéraires, je voyais cependant venir la raison, le goût, l'art, en un mot, sous les flots de moqueries enjouées, mordantes, divertissantes, qu'il me prodiguait dans ses entretiens. Personne mieux que lui n'excellait à détruire les illusions de l'amour-propre, mais personne n'avait plus de bonhomie et de délicatesse pour vous conserver l'espoir et le courage. Il avait une voix douce et pénétrante, une prononciation aristocratique et distincte, un air à la fois caressant et railleur. Son œil crevé dans son enfance ne le défigurait nullement et ne portait d'autre trace de l'accident qu'une sorte de feu rouge qui s'échappait de la prunelle et qui lui donnait, lorsqu'il était animé, je ne sais quel éclat fantastique.

M. de Latouche aimait à enseigner, à reprendre, à indiquer ; mais il se lassait vite des vaniteux, et tournait sa verve contre eux en compliments dérisoires dont rien ne saurait rendre la malice. Quand il trouvait un cœur disposé à profiter de ses lumières, il devenait affectueux dans la satire. Sa griffe devenait paternelle, son œil de feu s'attendrissait, et, après avoir jeté au dehors le trop plein de son esprit, il vous laissait voir enfin un cœur tendre, sensible, plein de dévouement et de générosité.

Il se passa bien six mois cependant avant que j'eusse compris combien il avait raison de démolir mon mince talent. Je ne me défendais jamais, ni devant lui ni devant moi-même ; mais mon individualité littéraire était si peu développée, que je ne savais pas toujours bien ce qu'il voulait me faire retrancher ou ajouter dans ma manière. J'étais irrésolu, ébahi, et j'écoutais avec cette sorte de stupidité du paysan qui ne comprend pas vite, mais qui finira par comprendre. Mon professeur, soit qu'il le vit, soit qu'il le fit par bonté pure, ne se rebutait pas. Il m'indiquait des lectures à faire, et quelquefois, dans son empressement, il me les faisait d'avance à sa façon : c'est-à-dire qu'il citait un livre et se mettait à le raconter avec une abondance, une animation, une couleur extraordinaires. Je lisais le livre après, et n'y retrouvais plus rien de ce que j'avais éprouvé en l'écoutant. Il en avait pris la donnée, et, frappé du parti qu'on en pouvait tirer, il avait improvisé, sans y songer, un chef-d'œuvre.

Comme tous les commençants, j'étais très-porté à imiter la manière d'autrui : quand, d'après son conseil, j'avais lu un ouvrage, j'écrivais quelques pages d'essai que je lui apportais. Il rédigeait dans ce temps-là *le Figaro*, un petit journal petillant d'esprit d'opposition et de satire. Nous étions autour de lui quatre ou cinq apprentis, entre autres Félix Pyat et Jules Sandeau, qui, assis à de petites tables couvertes de jolis tapis, tâchions, à certaines heures de la matinée, de lui fournir ce qu'on appelle la *copie*, terme très-impropre pour dire du manuscrit. C'était une très-bonne étude, quelque frivole qu'elle dût paraître. Il nous donnait un thème; il fallait, séance tenante, brocher un article qui eût du sens et de la couleur. Jusqu'à ces *entre-filets* de trois ou quatre lignes qui portaient là le titre collectif de *Bigarrures*, il s'occupait de tout; il s'amusait à faire jaillir autour de lui, sous la plume de ses apprentis, les bons mots, les calembours et les épigrammes.

Je dois dire bien vite que, tandis que les autres jetaient là le premier entrain de leur jeunesse, et arrivaient à l'improvisation rapide et heureuse, j'étais, moi, d'une gaucherie et d'une inéptie désespérantes.

Il m'eût fallu rêver trois jours avant de trouver une pointe, un jeu de mots. Mon cerveau avait la lenteur berrichonne, dont Félix Pyat s'est si vite et si vaillamment débarrassé. M. de Latouche me choisissait bien les sujets qui prêtaient un peu au racontage. S'il avait à recueillir quelque anecdote un peu sentimentale, il me la réservait. Mais j'étais trop à l'étroit dans ce cadre d'une demi-colonne. Je ne savais ni commencer ni finir dans ce rigide espace, et quand je *commençais à commencer*, c'était le moment de finir; l'espace était rempli. Cela me mettait au supplice; je n'apprenais pas, je n'ai jamais pu apprendre l'art de faire court. Jamais il ne m'a été possible de faire ce qu'on appelle un *article* en quelques heures, et, quand on me demande, pour un almanach, le concours modeste de quelques lignes, on ne se doute pas qu'on me demande quelque chose de plus pénible que de faire dix volumes.

Cet engourdissement de mon cerveau, cette pesanteur de ma réflexion, ce besoin de développer toute ma pensée pour m'en rendre compte, M. de Latouche fit généreusement et courageusement tout son possible pour les vaincre. Ni lui ni moi ne pûmes en venir à bout. Sur dix articles que je lui fournissais, il n'en prenait souvent pas un seul, et il a longtemps allumé son feu avec mes efforts avortés. Il ne cessait de me dire que la facilité est le premier don de l'écrivain, que les chefs-d'œuvre sont courts : je le sentais, je le reconnaissais, mais je n'y pouvais rien.

Il ne se découragea point, et, chaque jour, il me disait : « Vous finirez par faire un roman, je vous en réponds. Tâchez de vous débarrasser du *pastiche*, mais ne croyez pas que ce soit une preuve d'impuissance. On ne fait guère autre chose en commençant. Peu à peu vous vous trouverez vous-même, et vous ne saurez pas comment cela vous est venu. »

En effet, pendant mon court séjour à la campagne, je fis un roman intitulé *Indiana*, qui commençait à être l'expression d'une individualité quelconque, et qui n'était du moins l'imitation volontaire de personne. M. de Latouche, qui m'avait trouvé précédemment un éditeur, et qui m'avait par là mis à même d'en trouver un second, ne voulut pas voir mon livre avant qu'il fût imprimé. « Je veux que vous essayiez votre vol à présent, m'avait-il dit; je craindrais de vous influencer, et, puisque vous dites que ce livre vous est venu, il faut le lancer sans regarder en arrière. D'ailleurs, vous lisez mal, je ne peux pas lire un manuscrit, et je crois que je ne jugerai jamais qu'un livre imprimé. » Je fis les choses avec beaucoup d'indifférence. Mon but était de gagner le nécessaire et de me perdre vite dans la foule des gens qu'on oublie. Les douze cents francs que me versa l'éditeur furent une fortune pour moi. J'espérais qu'il en aurait pour son argent, et que M. de Latouche me pardonnerait mon livre en faveur de mon peu d'ambition. Avec deux affaires comme celle-là dans l'année, j'étais riche et satisfait.

Un soir que j'étais dans ma mansarde, M. de Latouche arriva. Je venais de recevoir les premiers exemplaires de mon livre; ils étaient sur la table. Il s'empara avec vivacité d'un volume, coupa les premières pages avec ses doigts, et commença à se moquer comme à l'ordinaire, s'écriant : « Ah! pastiche! pastiche! que me veux-tu? Voilà du Balzac *si ça peut!* » Et, venant avec moi sur le balcon qui couronnait le toit de la maison, il me dit et me redit toutes les spirituelles et excellentes choses qu'il m'avait déjà dites sur la nécessité d'être soi et de ne pas imiter les autres. Il me sembla d'abord qu'il était injuste cette fois; et puis, à mesure qu'il parlait, je fus de son avis. Il me dit qu'il fallait retourner à mes aquarelles sur écrans et sur tabatières, ce qui m'amusait, certes, bien plus que le reste, mais dont je ne trouvais pas malheureusement le débit.

Ma position devenait décourageante, et cependant, soit que je n'eusse nourri aucun espoir de succès, soit que je fusse armé de l'insouciance de la jeunesse, je ne m'affectai pas de l'arrêt de mon juge, et passai une nuit fort tranquille. A mon réveil, je reçus de lui ce billet que j'ai toujours conservé :

« Oubliez mes duretés d'hier soir, oubliez toutes les duretés que je vous ai dites depuis six mois. J'ai passé la nuit à vous lire. »

Suivent deux lignes d'éloges que l'amitié seule peut dicter, mais qu'il y aurait mauvais goût de ma part à transcrire ici. Et le billet se termine par ce mot paternel :

« Oh ! mon enfant ! que je suis content de vous ! »

C'était le premier encouragement littéraire que je recevais, et je crois pouvoir dire que c'est le seul qui m'ait jamais fait plaisir. Il partait du cœur : d'un cœur qui ne se livrait pas aisément, qui se défendait presque toujours, mais qui s'ouvrait avec une grande effusion et une grande naïveté, quand une fois on en avait trouvé l'entrée mystérieuse.

Comment donc arriva-t-il qu'un an après environ, je perdais l'amitié de M. de Latouche pour ne la retrouver qu'au bout de dix ans? C'est ce qu'il me fut impossible de savoir. Mon dévouement et ma reconnaissance pour lui n'avaient pas la plus légère défaillance à se reprocher. J'ai ignoré les motifs de cette désaffection jusqu'en 1844, et quand ils m'ont été dits par M. de Latouche lui-même, je ne les ai pas mieux connus. Seulement, l'état maladif de son cœur et de son organisation m'a expliqué l'importance qu'il avait donnée à des motifs si nuls, que j'aurais pu les appeler imaginaires.

Il avait quitté Paris en 1832 pour habiter sa petite maison d'Aulnay. Deux romans publiés m'ayant procuré une aisance relative, j'avais pu quitter ma mansarde un peu étroite et un peu froide, pour un petit appartement qui était une mansarde aussi, mais que M. de Latouche avait su rendre plus confortable. C'était ce même appartement, quai Malaquais, où il avait reçu ma première visite, et où j'avais collaboré si mal à la rédaction du *Figaro*. La maison appartenait à M. Hennequin, le célèbre avocat. M. de Latouche, qui cherchait à sous-louer pour se retirer à la campagne, me céda son bail et eut du plaisir à voir un hôte ami occuper cette mansarde qui lui était chère. Ce n'est que dans les conditions de la médiocrité que l'on s'attache aux humbles murs confidents de nos rêveries et de nos études. J'ai aimé aussi cette mansarde longtemps après qu'un petit accroissement d'aisance m'eut permis de la quitter pour un gîte un peu plus spacieux. Elle était retirée, silencieuse, donnant sur des jardins et ne recevant que d'une manière très-affaiblie les bruits et les cris de la ville. Un grand acacia, dont la cime avait envahi ma fenêtre, remplissait ma petite chambre de ses parfums au printemps. Cet ancien ami de M. de Latouche était devenu le mien. Plus tard je le vis abattre, et, dans ce temps-là, l'amitié était brisée entre M. de Latouche et moi.

Pendant l'été de 1832, j'allais avec quelques amis le voir à Aulnay. Quelquefois, j'y allais seul. Une espèce de diligence me descendait à Sceaux ou à Antony. De là, prenant, à travers les prés et les champs, un sentier qui serpentait sous les pommiers en fleur, je gagnais à pied l'humble demeure du poëte. C'est un délicieux paysage que cette Vallée-aux-Loups, c'est une charmante retraite que ce hameau d'Aulnay. Artiste soigné, coquet en toutes choses, M. de Latouche avait choisi avec réflexion, avec amour ce petit coin pour y ensevelir ses méditations. Il avait eu égard à tout, à l'isolement de la maison, auprès de quelques ressources de bien-être ; à la qualité du terrain, où il pourrait se livrer au jardinage, au voisinage des bois, où il pourrait échapper aux importuns ; et, jusqu'aux noms des localités et des sites, il avait tout pris en considération. Il n'aurait pu se souffrir en un lieu qui se fût appelé Puteaux ou Chatou. Il lui plaisait d'être dans un endroit qui s'appelait la Vallée-aux-Loups, non loin de Fontenay aux Roses.

Sa petite maison n'était qu'une sorte de presbytère dont il avait fait une habitation saine et commode. Son petit jardin, tombant en pente sur des prairies coupées de buissons, cachait sous les arbres ses murs de clôture, et se trouvait, par ses ombrages, convenablement isolé des maisons voisines. Il était là bien seul, bien ermite, bien poëte : mais aussi bien rêveur, bien mélancolique, et peu à peu il y devint bien misanthrope.

Cette solitude, qu'il cherchait avec tant de persévérance et qu'il choyait avec tant d'amour, devait arriver à lui être funeste. La retraite est certainement la plus précieuse et la plus légitime récompense d'un vie de travail. Mais il y faut l'entourage de la famille : autrement, cette muette beauté de la nature nous tue, et le recueillement, ce loisir ininterrompu de l'âme, devient un poison lent qui nous mine sans relâche, en nous trompant par ses douceurs.

M. de Latouche avait déjà, de longue date, un fonds de chagrin qui tendait à l'amertume. Il adorait les enfants, il en avait eu un, un garçon prodigieux d'intelligence et de beauté, m'a-t-on dit. Il l'avait perdu, il ne s'en était jamais consolé, il ne s'en consola jamais. Dans ses dernières années, il m'écrivait :

« Ah! qu'on me donne un adorable enfant, et que j'emploie ma vie à lui faire plaisir! Je ne demanderai plus rien. »

En 1832, il était déjà sombre et rude par moments. Il était peut-être l'homme du monde le moins fait pour la solitude. A en juger par les nombreuses ratures qui couvraient ses manuscrits, il avait le travail pénible, et, s'il composait avec spontanéité, du moins il apportait le fini à son œuvre, avec de grands efforts ou après de nombreuses indécisions. Sa spontanéité, je l'ai déjà dit, sa véritable manifestation, son plaisir, sa vie par conséquent, étaient dans la parole échangée, dans la remarque fugitive colorée à l'instant par le trait de l'observation juste ou de la comparaison poétique; dans la réplique mordante ou gracieuse, dans les courts récits pleins d'atticisme ou de charme. Il avait ces deux extrêmes dans l'esprit, l'amour des choses naïves avec le goût de l'arrangement de toutes choses. Un peu de contradiction lui faisait grand bien, et tout mon tort avec lui fut, je crois, de l'écouter toujours sans songer à le combattre.

Il était fort soulagé de ses ennuis intérieurs quand il pouvait se fâcher un peu. Un jour qu'il marchandait quelques plantes au marché aux Fleurs, pour son jardin d'Aulnay, un porteur lui demanda quarante ou cinquante francs pour les conduire dans sa charette. La demande était exorbitante, j'en conviens ; mais, au lieu de lui tourner le dos, M. de Latouche se plut à railler ses prétentions et à l'écraser sous une grêle de lardons si comiques que le pauvre homme, étourdi de verve, ne pouvant ni se fâcher ni riposter, fut la risée de tout l'auditoire des jardinières-fleuristes étalées sur la place. Sa raillerie était si bien tournée, qu'elle saisissait de joie tous ces esprits illettrés et qu'en même temps elle ne pouvait blesser aucune oreille délicate. M. de Latouche avait dépensé là autant d'esprit de saillie qu'il en eût fallu pour défrayer pendant huit jours son facétieux journal *Figaro*. Il est vrai qu'il avait cédé son journal, et que, n'ayant plus cet exutoire, il prenait celui qui lui tombait sous la main. Ce n'était pas le besoin de se mettre en vue ; pas plus dans les salons littéraires qu'aux champs ou dans la rue, il n'aimait à se faire remarquer. Toute sa vie a été un soin extrême de se soustraire aux vanités puériles. Mais il avait besoin de jeter hors de lui cette *humeur* secrète qui manquait d'aliments. Nous ne le vîmes jamais si bien portant, si gai, si affectueux que dans la soirée qui suivit cette scène avec l'homme à la charrette.

Partagé entre son besoin de sympathie immédiate et son penchant pour la solitude, il vous invitait à venir le voir. Et puis, une heure après, si sa lettre était partie, il vous en envoyait une autre, où il venait lui-même pour vous dire de ne pas venir. « Ne venez pas, disait-il, je suis triste, maussade, malade. » Et il restait avec vous, il s'oubliait, il s'égayait et finissait par vous prier de retourner avec lui à Aulnay. Ou bien, s'il vous avait seulement écrit pour vous donner contre-ordre, et qu'un hasard eût retardé sa lettre, il était charmé de vous voir arriver malgré lui à l'heure dite. Il se préoccupait d'abord de n'avoir ni des œufs assez frais, ni des fruits assez beaux pour vous faire déjeuner. Mais on courait avec lui au poulailler et au jardin du voisin, il mettait le couvert lui-même, il vous grondait quand vous dérangiez sa symétrie, il riait ; puis on se mettait à table ; il causait, on se promenait ensuite, il causait encore, il causait jusqu'à la nuit, et il avait autant de peine à vous laisser partir qu'on en avait à le quitter.

Un soir, M. de Latouche vint me voir ; il fut aimable et riant comme dans ses meilleurs jours ; il me dit adieu avec l'amitié accoutumée, et il ne revint plus, et je ne le revis que dix ans après. Il me fit dire qu'il me haïssait, qu'il ne voulait plus entendre parler de moi. Mes questions furent vaines. Je lui dédiai le roman que j'étais en train d'écrire, croyant lui donner par là une preuve de fidèle gratitude quand même. Il prit cela pour une injure, et prétendit que je lui lançais *la flèche du Parthe*. — Je m'affectai beaucoup de cette bizarrerie cruelle ; mais, craignant d'avoir à traverser, pour arriver à son cœur, des influences inconnues, des mensonges, de ces choses petites qu'on n'aborde qu'en se faisant petit soi-même ; ne comprenant pas la légèreté de ses griefs et en supposant de plus sérieux qu'il m'était impossible de pressentir, je ne voulus l'importuner d'aucune plainte. J'eus tort peut-être. Si j'avais été droit à lui, peut-être aurais-je vaincu son injustice. Peut-être aussi fallait-il que le temps passât sur cette crise de son mal pour qu'il vînt enfin à comprendre que je n'en étais pas la cause.

Quoi qu'il en soit, il me revint de lui-même en 1844. Il y avait longtemps qu'il en avait l'envie ; il l'avait toujours eue, m'a-t-il dit. Seulement, il s'était imaginé que l'âge et la situation avaient dû beaucoup changer mon caractère, et il s'étonna de voir qu'il me retrouvait le même pour lui que dans le passé. Après quelques hésitations, quelques méfiances, quelques coquetteries d'esprit et de cœur en lettres et billets, il se retrouva à l'aise dans notre amitié, et me témoigna un actif et généreux dévouement en plusieurs affaires, petites choses encore par elles-mêmes ; mais l'affection grandit le prix de celles-là par le soin et la volonté qu'elle y porte. Je retrouvai son cœur plus ardent, meilleur, s'il est possible, qu'il ne l'avait jamais été. Mais, hélas ! quel ravage avait fait ce mal secret, insaisissable, cette hypocondrie progressante, sur ses idées et sur son jugement ! Je l'avais connu enjoué et brillant à l'habitude, chagrin et soucieux par accès. Désormais, c'était le contraire. La gaieté était l'exception, l'effort ; le chagrin était l'habitude, le naturel. Il était continuellement frappé de l'idée de la mort ; il disait là-dessus des choses fort belles mais fort tristes, car il semblait prendre à tâche d'attrister sa fin par tous les genres de désillusions. Il avait besoin de se torturer lui-même en accusant ses meilleurs amis d'ingratitude, et ses prétendus ennemis d'insolence et de cruauté. Je l'avais bien entendu parler ainsi quelquefois au quai Malaquais; je ne savais pas alors qu'il se trompait sur les gens, ou qu'il s'exagérait les peines inévitables de la vie. Je vis bien, depuis, qu'il était atteint de la maladie morale de Jean-Jacques Rousseau, et je m'expliquai comment j'avais pu le blesser mortellement sans le savoir, rien qu'en estimant un ouvrage qui lui déplaisait, rien qu'en prononçant devant lui le nom de quelque personne dont, à mon insu, il pensait avoir à se plaindre. Qui pouvait deviner le secret de ses fibres endolories? Il eût fallu le voir à toute heure, ne jamais le quitter d'un instant, pour savoir tous les points irritables de ses blessures cachées.

Toute cette souffrance, qui rendait son commerce difficile et sa vie infortunée, ne pouvait pas lui être reprochée, cependant, par les gens de cœur; et, pour ma part, je n'ai pas voulu me souvenir, je n'ai jamais voulu savoir les détails irritants de ses dix années d'injustice envers moi. Il n'y avait qu'une maladie grave à constater, à déplorer, pour l'absoudre.

Car cette âme n'était ni faible, ni lâche, ni envieuse. Elle était navrée, voilà tout. Ses préoccupations n'étaient pas étroites et personnelles à leur point de départ. Comme Jean-Jacques, M. de Latouche avait dans le cœur et dans l'esprit un grand idéal de loyauté, d'affection, de désintéressement. Pour lui, comme pour tous les hommes qui jugent et réfléchissent, la vie venait à chaque instant froisser son idéal. Les plus ardents, les plus sensibles sont ceux qui souffrent le plus de ce désaccord incessant entre l'idéal et le réel. Un mal physique vint le saisir dans sa maturité, et, ses nerfs ébranlés, son équilibre détruit, il ne vécut plus que pour souffrir par le corps et par l'esprit. Ce courage que nous avons tous pour supporter la vie et les hommes tels qu'ils sont, cette bienfaisante insouciance qui, par moments, nous arrache au sentiment de nos peines, comme un temps d'oubli et de repos nécessaires, nous les avons parce que Dieu les a mis dans l'organisation humaine comme des lois protectrices et conservatrices de notre être. Mais qu'un accident apporte dans ces lois une perturbation quelconque, la santé s'altère, et notre esprit troublé perd la mesure de ses appréciations. Le mal extérieur n'est ni pire ni moindre qu'auparavant. Seulement, nous en sentons davantage l'atteinte, avec moins de force pour lui résister. Nous ne voulons plus, parce que, hélas! nous ne pouvons plus subir ce qu'on subit plus ou moins facilement autour de nous. Et ce qu'il y a de plus triste, c'est qu'ayant seulement conscience de notre mal physique, nous sommes effrayés de la sinistre clairvoyance que notre esprit acquiert dans la maladie, sans nous rendre compte que c'est l'affaissement des forces animales qui nous ôte le contre-poids d'une égale clairvoyance pour le bien.

Les misanthropes, les hypocondriaques, (c'est la même chose) sont donc bien à plaindre, et surtout bien à respecter, lorsque, comme celui dont je parle, leur désespérance a pour point de départ l'amour du bien, du beau, du vrai.

« Il est bon, m'écrivait M. de Latouche en août 1845,

que je prenne congé du cercle humain où nous vivons; car une foule de choses me blessent sans remède, et, sans parler de la politique que souffrent les héritiers de 92, et de la condition du pauvre au milieu de l'égoïsme public, je comprends peu les excès où tombe la littérature. Il faut échouer dans la moderne arène, ou écrire pour les consommateurs d'émotions triviales, l'amusement des épiciers, les besoins de l'arrière-boutique. Je m'arrête, car je me sens hypocondriaque et misanthrope, à voir que toutes les dignités de la France sont bien en péril à l'époque où nous sommes gouvernés. »

Et puis il revenait à un rayon de douce tendresse et de paternelle gaieté :

« Si vous étiez venu l'autre jour à Aulnay, j'aurais montré à mademoiselle votre fille le groseillier blanc sous lequel elle se cachait et s'abritait quand elle avait quatre ans, et je lui aurais raconté que, lui demandant son avis sur la bonté des fruits de l'arbuste qu'elle avait à peu près dépouillé, elle ne me répondit que ceci : « Mène-moi sous un rouge. »

Toutes les lettres et même les plus courts billets de M. de Latouche étaient des chefs-d'œuvre. Ils ne reproduisaient pas encore tout à fait l'éclat de sa conversation, mais ils en donnaient une idée. Je les ai tous gardés, et je regrette de ne pouvoir les publier. Ils seraient plus intéressants que cet article, où il m'est impossible de mettre de l'ordre et du soin, au milieu de l'émotion qui ressort pour moi du sujet. Mais l'affection vraiment paternelle que M. de Latouche portait à mes ouvrages était égale à celle qu'il m'accordait personnellement, et on pourrait croire que je publie en vue de moi-même ces louanges continuelles dont la douceur, pour être pure, doit rester secrète. Et puis les accès de sa maladie l'emportaient en brûlantes critiques contre le monde entier, et ceux qui ne connaîtraient pas le fond de son cœur, comme je l'ai connu, pourraient croire qu'il était méchant par boutades. Il ne l'était pas. Le lendemain du jour où il avait fustigé un écrit ou une action jusqu'au sang, il ne se souvenait plus que des bonnes qualités de l'homme, des nécessités de sa situation, de tout ce qui devait rendre indulgent ; il était prêt à le croire, à le défendre ; il l'aimait, il arrivait à la parfaite mansuétude. S'il se blessait vite, s'il boudait longtemps, il avait du moins cette inappréciable qualité qu'il ne résistait pas au repentir des torts qu'on avait eus envers lui. Si j'en avais eu, je lui en aurais demandé pardon, et nous n'eussions pas été brouillés seulement huit jours. C'est parce que je n'en avais pas, que je ne pus amener ce moment d'effusion où il oubliait tout et où il pardonnait sans arrière-pensée.

Je peux citer de M. de Latouche quelques fragments bien dignes d'être conservés. Voici une boutade contre la critique qui ne fâchera personne, puisqu'elle ne s'adresse qu'à moi :

« J'ai lu avec plaisir, mon enfant, votre préface de *Werther*, mais à condition qu'elle ne fait pas partie, dans mon esprit, du drame amoureux de *Werther*, et que *vos considérations* ne seront mêlées en rien au naïf souvenir de la saison où j'ai découvert ce petit livre, cette innocente violette, entre deux buissons de nos campagnes du Berri. *Werther*, voyez-vous, est une médaille frappée dans l'imagination de dix-huit ans : on ne la veut voir changée, ni pour être éclaircie, ni pour être dorée. On la porte sur son cœur avec superstition. Artistes, critiques, esprits d'analyse, *aigles de revues*, vous êtes admirables à votre point d'observation. Mais, mêlés aux rêveries de Werther sur la *charrue*, aux émotions de la fenêtre où l'orage se déploie, vous êtes des importuns disant de fort bons propos hors de propos. Vous parlez les uns des autres au sujet de Charlotte ; et puis de madame de Staël, de Voltaire, de *Faust*, de Byron, de Mahomet et de Joseph Delorme ! Il ne s'agit, dans ce livre, que du destin de ceux qui s'aiment. Allez, profanes, allez plus loin disserter sur l'esthétique ! Vous dispersez les oiseaux, vous faites envoler les amours, vous attachez le plomb de la douane littéraire aux dentelles de la fantaisie.

» Je ne veux point, en vérité (moi qui recevrais de vous une couronne), accepter votre beau volume in-quarto, avec ses ciselures dorées, avec ses annotations précieuses... Ailleurs ! vous servirez aux lecteurs à venir. Pour nous, vous venez trop tard. Le *Werther* que je garde est un petit bouquin in-douze, format commode à mettre dans la poche, écorné aux angles, mystérieux livre jusque dans la prose boursouflée d'un traducteur anonyme. Là, dans ses vagues interprétations, je puis rêver comme dans le son des cloches. Je ne lis l'Ancien Testament que dans une édition de 1560, où ma mère m'a appris à connaître mes lettres. Que voulez-vous ! mes premières amours étaient du village. Je ne méprise point les beautés parées de la ville ; mais *reprenez votre Paris !* Votre Paris est fort embelli, j'en conviens ; mais *j'aime mieux ma mie, ô gué !* »

En effet, cette lettre vaut mieux pour le sentiment et eût fait plus de plaisir à Gœthe que toutes les préfaces, passées, présentes ou futures.

Souvent, il revenait sur nos années de séparation.

« Ah ! mon pauvre enfant, quand je pense que nous avons été séparés pendant des années, des siècles ! Ah ! messieurs les bourgeois, laissez aux majestés l'odieuse devise : *Diviser pour régner*. Mais je me soucie aujourd'hui des bourgeois comme des princes, et je vous aime, à réparer le temps que j'ai perdu en vains efforts pour vous oublier. »

. . . .

« Vous demandez quelques rimes du paysan de la Vallée-aux-Loups pour mettre dans ce journal, à côté de la prose du paysan de la Vallée-Noire. Demande-t-on au *peilleroux*[1] si l'on peut disposer de sa blouse, quand il voudrait vous vêtir de son cœur et de son âme ? Vous parlez de couronne ; vous êtes donc jaloux de celle de Jésus-Christ ! Je ne puis vous offrir que des ronces et des épines. Prenez. Tout ce que j'ai, tout ce que je rêve est à vous. . . . .

. . . .

« Vous m'oubliez, mon enfant ; moi, je ne vous oublierai jamais. Mais il faudrait avoir l'espérance de

1. Couvert de *peilles*, de *guenilles* ; vieux français encore usité en Berri.

vous rendre le plus minime des bons offices pour déroger à l'habitude de ne plus se faire la barbe et de garder ses pantoufles. Voilà vingt jours que je n'ai descendu l'escalier de ma mansarde. Croyez-vous que pour cela je vive sans vous? Vous êtes ma première pensée de la matinée, celle qui m'ouvre les yeux, celle qui décide de notre bonne ou mauvaise humeur. Je vous dois souvent de triompher de ma misanthropie. Ah! il y a des moments où je me laisse persuader par vous d'être indulgent septante-sept fois par jour! Mais pourquoi vous porterais-je ma triste figure et mes idées mélancoliques? Je meurs; ne le voyez-vous pas? Mais je veux vous aimer jusqu'à la fin. . . . .

. . . . »

« . . . Pensez-vous à Nohant? J'espérais y voir les seigles en fleur. Mais je ne ferai plus qu'un voyage : c'est celui du cimetière d'Aulnay . . . .

. . . . »

« On n'est bien que dans les bois, en présence des arbres noirs, au pied des sapins dont les rameaux courbés par le vent imitent le bruissement des vagues. Je ne dirai pas que c'est là qu'il faut vivre (il ne faut vivre nulle part); mais c'est là qu'il faut mourir. . . . .

. . . . »

« Je me suis réfugié à Aulnay. Y pourrai-je rester? Je l'ignore : la solitude est bien poignante. Dans tous les cas, je vous dis mon absence et ses causes pour que vous ne rêviez ni redoublement de mal physique, ni oubli de ma part envers vous que j'aime tant!... Je cherche dans l'étude une diversion au cauchemar de mes jours et de mes nuits... Adieu! Mille tendresses

paternelles. J'ai rêvé cette nuit que j'étais en pleine mer. J'entendais, au-dessus du navire, planer sans les voir les grues voyageuses. J'écoutais ces âmes en peine ! Les grues ont fait naufrage ! . . . .
. . . . »

« Merci de votre gracieuse invitation à venir jouer avec les enfants. Vous comprenez mon cœur ; mais mon esprit, je vous l'abandonne. Il est désenchanté et incurable. Je ne veux me réconcilier avec personne qu'avec vous ! Jamais ce ne sont des intérêts personnels qui me blessent, mais le tort que mes idoles se font à elle-mêmes. Je leur en veux de se déprécier ; c'est là que ma bouderie commence, et ma rancune ne va pas plus loin. — Je connaissais des hommes dont j'estimerai toujours le talent et le caractère ; mais pourrez-vous m'empêcher de regretter que la vanité gâte tout cela ? Ils sont vaniteux comme s'ils étaient médiocres ! J'ai bien le droit d'être maussade dans ma conscience, et plus misanthrope que jamais dans les derniers jours de ma vie... Vous-même, si je reviens à vous adorer, soyez bien sûr que c'est malgré moi, et parce que vos qualités surpassent vos défauts. Adieu ; je vous aime, et les bouleaux sont verts : voilà les nouvelles du village. »

On a pu voir par ces courts échantillons combien il y avait d'élévation, de charme et de tendresse dans les épanchements de M. de Latouche. Il avait fait avec tous ses amis ce qu'il avait fait avec moi. Plus il leur tenait de près par l'intimité ou par le sang, plus il avait avec eux une susceptibilité incurable. Il nous avait tous boudés pendant des séries d'années plus ou moins longues, et cependant nous étions tous revenus à lui, plus attachés, peut-être, après ses torts involontaires. Voici ce que m'écrivait, dans les derniers temps, Duvernet, son proche parent, son ami dévoué, qui est aussi mon ami d'enfance :

« Comment assez plaindre notre pauvre de Latouche ! Lui a-t-on réellement fait cette existence empoisonnée, ou bien cherche-t-il lui-même par quelles tortures il éprouvera son esprit? C'est un problème, mais c'est aussi une souffrance ; plaignons-le, aimons-le, car cette souffrance révèle une exquise délicatesse et une âme tendre à l'excès. »

Je rapporte ce rapide jugement, parce que les meilleures appréciations sont celles qui partent du cœur dans l'intimité. Il n'y a pas de plus tendre éloge à faire d'un homme que de reconnaître qu'il est digne qu'on lui pardonne tout.

M. de Latouche était amoureux de la forme en littérature. Pour lui, la forme avait une importance sur laquelle il ne voulait pas entendre raison plus que sur le reste.

« Vous êtes trop indulgent, mon cher camarade, m'écrivait-il une fois. Vous admirez si naïvement un *tas* de choses que, si je ne vous connaissais pas, je croirais que vous vous moquez. Certes, j'estime un bon cœur plus qu'un beau poëme, et un noble caractère est plus pour moi qu'un grand esprit. Mais, quand on ne sait pas faire de vers ni de prose, on n'est pas forcé d'en faire. Aimez ces gens-là, ne les encouragez pas à se tromper. Allons, votre vieux ami s'en va, mon pauvre enfant! votre grondeur, votre éplucheur, votre censeur s'apprête au grand voyage. Vous croyez que ce n'est rien de se sentir mourir? Peut-être que les autres meurent sans y faire attention. Il y a tant de choses qui m'oppriment et qui semblent vous être légères! Vous, aussi, vous avez des ennemis, et vous n'y pensez pas. Vous faites comme tout le monde, vous manquez ou vous gâtez le meilleur endroit de vos ouvrages, et vous dites toujours : *C'est vrai*, quand on vous le démontre ; puis vous voilà insouciant aussitôt, comme votre fille, lorsqu'elle était ce gros enfant qui se roulait sur les gazons d'Aulnay. Avez-vous raison? Est-ce moi qui ai tort quand je m'indigne contre les torts des autres, quand je m'affecte des miens propres? Peut-être. Cependant, si l'on pardonne facilement aux envieux et aux méchants; est-on bien capable de sentir le prix de l'amitié forte et fidèle? Si on fait si bon marché de soi-même, est-on bien résolu à se corriger de ses défauts? L'art doit être traité aussi sérieusement qu'une foi politique ou religieuse. Pour l'artiste, c'est la seule affaire de la vie... Ah! vous allez me dire que vous avez des enfants, et que vous les aimez plus que vos livres... Oui, c'est vrai. Hélas! si j'en avais!... »

Il me semble voir toute l'âme d'Alceste au fond de cette lettre. La tendresse sous le blâme, le cœur aimant qui s'efforce de s'endurcir et qui paraît implacable à force d'envie de pardonner, la justesse du principe dominant l'injustice du fait. Pauvre cœur brisé! il s'en allait réellement, et comme cette agonie dura quinze ans, nous nous flattions qu'il pouvait guérir. Nous nous imaginions parfois que cela dépendait de lui. Nous nous trompions. C'est qu'il avait encore tant de ressources dans l'esprit, de tels accès d'activité des organes, qui reprenaient tout à coup leurs fonctions au moment où il se plaignait d'être engourdi et paralytique! Un jour, en 1846, je crois, nous allâmes le surprendre à Aulnay. Nous le trouvâmes mourant en apparence. « Ne restez que cinq minutes, nous dit-il. Je ne puis ni vous voir, ni vous entendre, ni vous parler. » Cependant, au bout des cinq minutes, cette nature mobile et impressionnable était revenue à la vie. Il parlait, il souriait, il racontait. Il se leva, il marcha dans le jardin, appuyé d'abord sur nos bras et puis sur sa canne, et puis tout seul. De minute en minute, il se ranimait, il s'épanouissait. Il prétendait ne pas reconnaître nos figures quand nous étions entrés. Peut-être était-ce vrai; qui peut se rendre compte de tels phénomènes quand on ne les a pas éprouvés? Quand nous le quittâmes, il leva la tête et nous dit : « Ah! voilà les noisettes en fleurs. Dans notre pays, cela s'appelle des *mignons*. Je ne les verrai pas mûrir. » Nous regardâmes les noisetiers, les branches étaient hautes, les mignons imperceptibles. Nous les distinguions à peine. Quand il ressuscitait, sa vie était plus développée, plus complète, plus intense que celle d'aucun de nous. Qu'il eût été condamné à quelque labeur physique, il eût été sauvé.

Dieu envoya un ange à ses dernières années. Une femme d'un mérite supérieur se dévoua saintement à la tâche pénible et délicate de soigner et de consoler le poëte mourant. Fille de ce noble Flaugergues, qui fut savant, orateur, homme politique et philosophe théoricien, homme d'un caractère supérieur aux événements et aux partis[1], d'un courage, d'un désintéressement, d'un patriotisme à toute épreuve, mademoiselle Pauline Flaugergues se fixa auprès du malade et ne le quitta plus d'un instant jusqu'à sa mort. Poëte elle-même, au moins autant que M. de Latouche, elle adoucit ses derniers jours par les inspirations du cœur, les entretiens de l'intelligence et les soins assidus de la piété filiale. Laissons parler le mourant lui-même dans une de ses dernières poésies, la plus belle peut-être qui lui fût jamais inspirée par son cœur :

> Et j'accusais le Dieu qui, depuis deux années,
> Assombrit de mes jours les mornes destinées,
> M'énerva l'appétit, m'arracha le sommeil,
> Altéra, dans mes yeux, les bienfaits du soleil !
> J'avais donc méconnu, dans mon ingratitude,
> Sa visible indulgence et sa sollicitude,
> Ses soins de m'aplanir, sans regrets, ni remord,
> Les sentiers escarpés qui mènent à la mort !
> D'abord, à ma faiblesse aux douleurs asservie,
> Il a rouvert l'asile où me riait la vie :
> Ce manoir au hameau, cet Aulnay, vert réduit,
> Où, libre et jeune encor, mon choix m'avait conduit.
> Humble séjour, payé du denier de l'artiste !
> Là, l'infirme, au retour, rêva le ciel moins triste.
> Chaque arbre me connaît, les murs me sont amis,
> Les passages frayés ; là, mes pas sont admis,
> Bien qu'aveugles et sourds, sous le verger prospère
> Que j'ai planté moi-même, à l'âge où l'on espère.

1. On a de lui une excellente biographie faite par M. de Latouche, et qui a paru dans le *Dictionnaire de la Conversation*, 121ᵉ livraison.

> . . . .
> . . . .
>
> A moi le frais salut de l'aube qui se lève,
> Et les derniers regards d'un soir pur qui s'achève.
> Là, j'ai l'eau de la source, au village en renom,
> Domptant, par intervalle, une fièvre sans nom.
> Surtout, à mes côtés, voilà la sœur chérie,
> Trésor de charité, poétique Égérie,
> La fille du tribun, adoptée en mon cœur,
> Par qui des maux cruels s'adoucit la rigueur.
> Vivant dictame offert à ma détresse amère !
> Je l'appelle tantôt mon enfant et ma mère.
> Près d'un lit résigné, c'est l'envoyé de Dieu,
> C'est l'encens d'une fleur pour embaumer d'adieu.

A cette touchante et solennelle bénédiction, mademoiselle Flaugergues, penchée au chevet du moribond, répondait ainsi :

> Que n'a-t-elle, à son gré, pour charmer tes douleurs,
> Les vertus d'un dictame et la grâce des fleurs !
> Pour adoucir un ciel que ta tristesse voile,
> Les suaves lueurs de la plus pure étoile !
>
> Que n'a-t-elle la voix des sonores ruisseaux
> Versant à tes yeux clos la molle rêverie !
> Que n'a-t-elle au réveil, caressante Égérie,
> Des concerts à te dire au travers des roseaux !
>
> Elle n'est du palmier que la liane aimée,
> Qui l'embrasse, et s'élève, et fleurit avec lui ;
> La source qui scintille, un moment transformée,
> Quand sur ses flots rêveurs un rayon d'or a lui.

Ce que cette intelligente, courageuse et modeste femme a souffert auprès de ce mourant si aimé, nul ne le saura jamais, car jamais une plainte ne sortira de son cœur, jamais un regard, jamais un soupir d'impatience ou de découragement ne firent pressentir au malade ou à ses amis l'énormité d'une tâche si rude pour un être si frêle. Mais je me trompe, et qu'elle se détrompe elle-même! nous tous, qui avons connu et aimé le poëte navré, nous savons combien il a fallu de patience ingénieuse, de persévérance héroïque, de délicatesse d'esprit et de cœur à la fois, pour endormir et calmer sans cesse les crises de ce mal physique et moral auquel rien ne pouvait l'empêcher de succomber. Qu'elle en soit bénie, la sainte fille, la digne fille de l'honnête et intrépide Flaugergues, la douce ermite d'Aulnay! Aucun de nous ne perdra le souvenir de la reconnaissance qu'il lui doit. Tous les parents de M. de Latouche ont vu avec une douce satisfaction le modeste héritage du poëte passer entre ses mains; l'humble et charmante retraite d'Aulnay ne pouvait être légitimement occupée que par cette fille d'adoption qui l'avait à jamais sanctifiée. Je terminerai cet hommage par une indiscrétion dont tout le monde me saura gré, par les derniers vers de cette lyre pure et pénétrante qui se cache sous les buissons de la Vallée-aux-Loups et qui pleure dans le silence des nuits autour de la tombe du poëte :

MATINÉE DE MAI 1851

Pourquoi renaissez-vous dans la pelouse verte,
Douces fleurs qu'il aimait, petites fleurs des prés ?
Pourquoi parer ces murs, et ce toit qu'il déserte,
Jasmins de Virginie, aux corymbes pourprés ?

Et vous jasmins d'Espagne, aux étoiles sans nombre,
Écartez vos festons qui nous charmaient jadis !

Qui vous demande, à vous, des parfums et de l'ombre,
Jeunes acacias si promptement grandis?

Pourquoi viens-tu suspendre, ô frêle clématite,
Ta blanche draperie à sa croisée en deuil ?
Ne sais-tu pas qu'ici le désespoir habite,
Que le poëte aimé dort sous un froid linceul ?

L'ébénier rajeuni balance, gracieuses,
A la brise de mai, ses riches grappes d'or,
L'oiseau remplit de chants les nuits mélodieuses,
Comme si deux amis les admiraient encor.

Pour qui vous parez-vous ainsi, chère retraite?
Revêtez-vous de deuil, comme moi, pour toujours :
Vous ne le verrez plus, le docte anachorète,
Oubliant sa langueur pour sourire aux beaux jours.

Nous ne l'entendrons plus, cette voix adorée,
Qui, dans des vers si frais, chantait ces frais taillis,
Qui naguère, plus grave et du ciel inspirée,
Forma de saints accords, des anges accueillis.

Aux goûts simples et purs, à ces vallons fidèle,
Par un rayon d'avril il était réjoui ;
Ses regards épiaient la première hirondelle
Et le premier bouton à l'aube épanoui.

Et moi, quand s'apaisait cette fièvre brûlante,
Qui sur ta couche, hélas ! souvent te retenait,
Que j'aimais à guider ta marche faible et lente,
A sentir à mon bras ton bras qui s'enchaînait !

Quoi ! pour jamais absent, tendre ami que je pleure,
En vain je crois te voir aux lieux où tu n'es pas,
Et, pour te retrouver, c'est loin de ta demeure,
C'est dans l'enclos des morts qu'il faut porter ses pas !

Et le printemps revient avec son gai cortége,
On voit les fruits germer, le feuillage frémir,
La vigne couronner le pin qui la protége :
Dans cet ingrat séjour, je suis seule à gémir !

Tout chante, aime, fleurit, incessante ironie !
Pour mes yeux qu'ont brûlés tant de veille et de pleurs,
Pour ce cœur dévasté, plein de ton agonie,
Que font saigner encor tes dernières douleurs !

Oh ! viennent les frimas, l'inclémente froidure,
Et, dans les bois flétris, les longs soupirs du nord !
Et la neige étendant sur la molle verdure
Son suaire glacé, d'une pâleur de mort !

L'âme stérilisée où toute joie expire
Du retour des saisons ne comprend plus la loi.
Mes pleurs sont plus amers à voir le ciel sourire,
Et la vallée en fleurs s'épanouir sans toi !

PAULINE.

M. de Latouche me disait souvent que je ne me connaissais pas en vers. C'est possible ; mais je crois que, pour ceux-ci, nous n'eussions pas été en désaccord. Il me semble que la manière de mademoiselle Flaugergues, comme celle de notre ami, appartient à l'école d'André Chénier ; qu'il y a plus de clarté et de correction chez elle que chez M. de Latouche, et qu'il y a toute la grâce, toute la richesse descriptive de Chénier, avec ce précieux don de la tendresse d'une femme, de la douleur bien réelle d'une fille pieuse. Voyez comme elle pleure, comme elle regrette celui auprès duquel tant de cœurs blessés disaient qu'on ne pouvait plus vivre ; et voyez comme il y a encore de belles et bonnes âmes qu'on ne connaît pas, et dont on ne s'occupe pas !

Nohant, 15 juin 1851.

V

FENIMORE COOPER

On a souvent comparé Cooper à Walter Scott. C'est un grand honneur dont Cooper n'est pas indigne; mais on a prétendu que Cooper était un habile et heureux imitateur de ce grand maître : tel n'est pas notre sentiment.

Cooper a pu et a dû être influencé par la forme, par le procédé de Scott. Quel modèle plus accompli pouvait-il se proposer? Une manière, quand elle est bonne, tombe aussitôt dans le domaine public; mais la manière n'est qu'un vêtement de l'idée, et on n'imite personne en s'habillant à la mode du temps où l'on vit. L'originalité de la personne n'est pas étouffée sous un habit commode et bien fait; elle s'y meut, au contraire, plus à l'aise.

Scott restera toujours en première ligne pour avoir trouvé cette forme excellente, la seule qui convînt au genre de récits et de peintures qu'il se proposait de traiter. Je ne pense pas qu'il l'ait cherchée un seul instant ; elle est venue d'elle-même, comme un corps en harmonie parfaite avec l'essence de son génie. En rêvant l'action simultanée et bien réelle d'un groupe assez étendu de personnages vrais, il a dû concevoir d'emblée la composition qui les met tous en lumière, et, comme on dit en peinture, à leur plan. En leur donnant plus que des traits et des costumes, c'est-à-dire en les douant chacun d'un caractère et d'un langage logiquement appropriés à son état et à son milieu, il a dû voir l'action de chacun se dérouler d'elle-même, pour concourir, sans hâte et sans langueur, à l'action générale du drame. Dans cette facilité de moyens, qui intéresse toujours sans jamais surprendre, il y a la plus grande habileté possible, celle qui ne se fait pas sentir au lecteur et qui n'a coûté aucun effort à l'auteur, tant elle a coulé de source, le flot limpide de l'exécution s'élançant sur un lit bien creusé d'avance dans le sol de la pensée vaste et solide.

Cooper a dû reconnaître que cet art de grouper, d'éloigner, de rapprocher et de réunir enfin ses incidents et ses personnages, était également le seul qui convînt à la nature de ces conceptions ; car s'il n'y a pas d'imitation dans son fait, il y a, du moins, analogie et ressemblance dans son caractère de talent avec celui de Walter Scott. Nous constaterons tout à l'heure les modifications qui établissent son individualité quand même ; voyons d'abord les points de concordance.

Comme le grand Scott, le pur et naïf Fenimore est homme de réflexion ; en lui, comme en son maître, se résout le problème de l'inspiration dans la méditation et dans l'observation. Ce sont deux grands bourgeois poëtes, en ce sens qu'ils sont de chez eux avant tout. Ils n'ont pas de révoltes contre Dieu ou contre la société ; pas d'excentricités, pas de délires sacrés comme Shakspeare ou Byron. Ils n'aspirent pas si haut. Ils ont la flamme douce et le génie modeste. Ils se font conteurs et romanciers sans monter au-dessus ni descendre au-dessous de leur tâche. Ils la prennent trop au sérieux pour ne pas l'ennoblir. Ils sont de même race, ils sont presque frères, en ce sens que la base de leur puissance est cette sagesse, cette persistance, cette apparente bonhomie qui caractérisent les sociétés industrielles et les éducations positives.

Et pourtant ils sont poëtes ; et, tout au beau milieu de leur tranquille peinture de mœurs, ils seront emportés par un idéal de liberté individuelle qui sera le point lumineux de leur œuvre, comme dans ces tableaux d'intérieurs flamands, où tout semble vouloir exprimer la triviale réalité de la vie, un rayon de soleil chaud vient idéaliser les plus vulgaires figures, les plus puérils détails de la scène domestique.

C'est donc, comme chez les Flamands, par la couleur que s'illuminent les paisibles compositions des deux romanciers du Nord. Dans le détail, rien ne semble livré à la fantaisie. Pourtant la fantaisie, qui est l'idéal de l'artiste et son soleil intérieur, vient toujours lancer son flot de lumière sur leurs toiles. Chez Walter Scott, c'est le bohémien rebelle au convenu de la vie sociale, c'est le superstitieux Écossais doué de seconde vue, c'est la dame blanche des vieilles chroniques, qui viennent ébranler l'imagination, troubler la vie positive, préparer le drame par la terreur ou la tristesse, et faire une grande trouée de lumière fantastisque vers les régions du rêve. Mais c'est surtout la *gipsy* devineresse qui se dessine comme un fantôme, qui se dresse comme un monument, dans le paysage de l'Écossais Scott. Elle proteste contre la loi aveugle, contre la justice étroite, contre la propriété égoïste. Elle subit le malheur avec une sombre énergie, et maudit la destinée avec une sauvage éloquence. Fille errante et misérable du réprouvé Satan, elle est pourtant le bon génie de la bonne famille, et il semble qu'entre cette société rigide, qui la repousse, et la Providence, qu'elle désarme, elle ait le grand rôle et montre la grande figure du drame.

Chez Cooper, le rêve se personnifie également dans une figure plus grande que nature; mais c'est précisément dans cette analogie avec le procédé de Walter Scott que je suis frappé de l'individualité bien tranchée de Cooper. Cette figure de prédilection qui, dans ses romans, s'appelle d'abord *l'Espion*, et puis le *Bravo*, et enfin *le Chasseur des Prairies*, est la révélation complète de la véritable pensée, du constant idéal qui, sans le dominer, le pénètre. Là est la supériorité de l'individu sur la société de son temps, et peut-être sur Scott lui-même en tant que poète, bien qu'en tant qu'artiste habile et magistral Scott conserve le premier rang.

Ce type généreux, naïf et idéaliste de l'aventurier des déserts, de ce Nathaniel Bumpo, qui se révèle tour à tour sous les noms d'*Éclaireur*, de *Guide*, de *Chercheur de sentiers*, de *Tueur de daims*, d'*Œil-de-Faucon*, de *Longue-Carabine*, de *Bas-de-Cuir*, est une création qui élève Cooper au-dessus de lui-même. Dès que sa pensée a rencontré cet être en dehors du convenu, elle s'y attache et ne le quitte plus qu'à regret. Dès lors, ce que la description des solitudes du Nouveau-Monde nous avait fait entrevoir comme un dessin bien tracé, mais assez froid, se remplit de couleur, de chaleur et de vie, à travers les impressions du contemplateur solitaire. C'est lui qui, sans rien décrire, peint réellement la sublimité de la nature : c'est lui dont l'extase tranquille nous saisit doucement et se communique à nous pour nous montrer, comme dans un miroir magique, les scènes grandioses que reflète son œil ravi. Et ce n'est pas par un grand prestige de talent que cette figure ressort du cadre avec tant de charme et de puissance : le talent de Cooper est simple, et, comme nous disons, *bonhomme*. Ses naïvetés sont parfois bien près de dépasser la mesure : sa manière ne lui appartient pas, il l'a trouvée toute faite et s'en est servi avec moins d'ampleur et de fermeté que son maître ; mais c'est par le sentiment qu'il arrive à l'égaler, tellement quelquefois, qu'on n'est pas bien sûr que (de ce côté-là seulement) il ne le dépasse pas quelque peu.

Ce personnage de Nathaniel est donc bien le reflet de l'âme poétique de Cooper. Dans ceux de ses romans où il ne figure pas, il y a des qualités d'un ordre inférieur qui sont encore des qualités sérieuses, mais qui fatiguent quelquefois par leur développement minutieux. Dans le *Robinson américain*, dans *les Lions de mer*, etc., le mouvement des voyages et l'intérêt des aventures ne s'emparent de nous que comme des relâtions exactes, comme des récits bien faits et dûment circonstanciés des faits réels. La forme de ces récits est si logique et si droite, qu'elle exclut toute emphase descriptive, toute tentative de l'auteur pour imposer son émotion au lecteur.

Il faut pourtant reconnaître qu'en plusieurs endroits de ces récits, l'émotion se communique, par cela même qu'elle ne s'impose pas et ne cherche pas à rendre la grandeur des scènes par la pompe des mots. Je ne connais rien de mieux fait, en ce genre, que le tableau des mers polaires, au chapitre où les deux goëlettes, *les Lions de mer*, quittent l'île des phoques pour chercher une issue à travers les glaces flottantes et les gigantesques banquises. L'impression du froid, du doute, de l'obscurité, du péril et de la désolation vous enveloppe. On croit entendre le bruit sec et sinistre des glaçons que la proue heurte et repousse. Ce n'est plus un danger de roman ou de théâtre, amené à point pour faire son effet; c'est un danger prévu, annoncé, mais qui, par sa solide vraisemblance, dépasse l'attente du lecteur et lui devient aussi pénible qu'un événement *arrivé*.

Et c'est par une grande sobriété de moyens littéraires, c'est par une grande justesse d'images et d'expressions, que le narrateur vous impressionne ainsi. Dans *Satanstoe* (un des meilleurs romans de Cooper, que, par parenthèse, nous n'avons pas vu faire partie de ses œuvres publiées chez nous en un corps d'ouvrage), une autre manière de voyager sur la glace, la course en voiture sur le fleuve, présente une scène de dégel subit des plus saisissantes, parce que, grâce à la bonne foi et à la netteté des définitions, elle est des plus intelligibles. Ces descriptions, en forme de simples comptes rendus, sont une des grandes qualités de Cooper. On y sent l'observateur qui, lui-même, s'est rendu compte de tout, des effets et des causes, des détails et de l'ensemble. On y est donc intéressé par la force du vrai. Le narrateur a le calme d'un miroir qui réfléchit les grandes crises de la nature, sans y ajouter aucun ornement de son cru, et, je le répète, ce parti franchement pris, constitue parfois une grande qualité, peut-être trop peu estimée chez nous.

Mais cette vérité de couleur ne constitue pas encore le *beau*, qui est la *splendeur du vrai* et dont, comme les peuples artistes de l'autre rive de l'Océan, l'Américain Cooper sent le besoin. Ennemi naturel de ce que nous appelons le beau style, et de l'imitation byronienne dont il se moque franchement, il lui faut pourtant une plus haute expression du vrai que le sentiment positif de sa nation. Dans ses romans de marine, il a peint suffisamment l'esprit aventureux des chercheurs de terres nouvelles, leur énergie calme dans les dangers inouïs du voyage au long cours, de la prise de possession, et de l'établissement dans la solitude effrayante des îles lointaines. Là, il a raconté aussi les combats de pirates, les exploits des écumeurs de mer, la vigilante audace de leurs adversaires naturels, les gardiens de la propriété nationale ; et puis encore, la grande capacité industrielle de ces colons nomades qui, soit au nom de leur nation, soit en vue de leur propre fortune, vont prendre pied sur tous les récifs de l'univers ; sur les neiges comme sur les volcans, partout vainqueurs de la vie sauvage, et de la nature elle-même dans ses plus redoutables sanctuaires.

C'est déjà un grand ouvrage et une noble tâche accomplie, que cette personnification du génie américain dans les navigateurs des romans de Cooper. Comme ils sont patients, obstinés, prévoyants, industrieux, ingénieux, pleins de ressources, d'inspiration dans le danger, de calme, de résignation et d'espérance dans le désastre! Il n'est pas possible de nier que ce ne soient là les éclaireurs, les messagers et les missionnaires de la civilisation d'un grand peuple à travers le monde de la barbarie, et l'Amérique doit à Cooper presque autant qu'à Franklin et à Washington, car si ces grands hommes ont créé la société de l'Union, par la science législative et par la gloire des armes, lui, le modeste conteur, il en a répandu l'éclat au-delà des mers par l'intérêt du récit et la fidélité du sentiment patriotique.

Mais, encore une fois, cette vérité consciencieuse ne contenait pas toute l'âme de Cooper. Il avait, en dépit de son respect et de son amour pour la société à laquelle il appartenait, cette tendance à l'aspiration isolée, à la rêverie poétique et au sentiment de la liberté naturelle qui caractérisent les vrais artistes. Cette admirable placidité du désert au milieu duquel s'est implantée la société des États-Unis, l'avait envahi par moments, et, malgré lui, les conquêtes de l'agriculture et du commerce sur ces domaines vierges de pas humains avaient fait entrer dans son âme une solennelle tristesse. Et puis, le côté de grandeur de certaines tribus sauvages, la puissance des instincts et des sentiments de la race indienne, la liberté de l'homme primitif sur le sol également primitif et libre, c'était là un grand spectacle, et il fallait au poëte des efforts de raisonnement social et de volonté patriotique pour ne pas maudire la victoire de l'homme blanc, pour ne pas pleurer sur la destruction cruelle de l'homme rouge et sur la spoliation de son domaine naturel : la forêt et la prairie livrées à la cognée et à la charrue.

Un poëte européen de cette époque n'eût pas hésité à suspendre sa harpe éplorée aux saules du rivage, pour maudire la civilisation et les iniquités qui lui servent fatalement de moyen. Un Américain devait hésiter à flétrir ces iniquités, d'où naquirent la puissance et l'individualité de sa race. Cooper s'isola dans le sentiment de sa douleur et de sa pitié, et, quelque figure de chasseur indépendant traversant peut-être le paysage à ce moment-là, il vit apparaître dans sa pensée le bon, le dévoué, le pur, le fin et l'intrépide *Nathaniel*. C'est à lui qu'il donna ses sentiments et qu'il attribua ses rêves, son amour enthousiaste pour les splendeurs de la solitude, ses aspirations vers l'idéal de la vie primitive, de la religion naturelle et de la liberté absolue.

Et à ce blanc, initié aux délices du désert, il osa donner des amis parmi des sauvages. Le *Mohican* est aussi un grand type, et, en faisant de lui un allié de la race blanche et une sorte d'initié au christianisme, Cooper a pu, sans trop choquer l'orgueil de sa nation, plaider la cause de la race indienne. Plus vrai, et plus renseigné, d'ailleurs, que Chateaubriand qui n'avait fait qu'entrevoir et supposer, il nous a fait pénétrer dans la réalité comme dans la poésie de la vie sauvage, dans ses vertus homériques, dans son héroïsme effrayant, dans sa sublime barbarie ; et, par la voix tranquille mais retentissante du romancier, l'Amérique a laissé échapper de son sein ce cri de la conscience : « Pour être ce que nous sommes, il nous a fallu tuer une grande race et ravager une grande nature. »

Cooper, nous parlant, lui, par la bouche de Nathaniel, ne nous a pas laissé de doutes à cet égard, et la question est jugée. A chaque instant, le vieux philosophe s'écrie :

« Je ne dis rien contre votre civilisation, contre vos arts, vos monuments, votre commerce, vos religions, vos prêtres. Tout cela est beau et bon sans doute ; mais ici, dans mon désert, j'habite un plus beau temple que vos églises ; je contemple de plus sublimes monuments que ceux élevés par l'homme ; je comprends mieux la Divinité que vos prêtres ; je ne damne personne, je crois que l'homme rouge et l'homme blanc sont égaux devant Dieu. Je suis plus heureux, plus opulent, plus riche que vous tous ; j'ai moins de besoins, de soucis et de maladies. Je trouve moins d'ennemis que de frères parmi les sauvages, et ceux qui vous environnent de piéges et de surprises ne font qu'exercer contre vous, qui les avez traqués et sacrifiés comme un bétail, de justes représailles. »

Si Cooper ne fait pas dire textuellement tout cela à son héros, il le fait si bien entendre qu'il n'y a pas moyen de s'y tromper. Lui, le chasseur, il n'est l'ennemi personnel d'aucune de ces tribus redoutées qui menacent les établissements des blancs dans le désert. C'est toujours pour défendre ou sauver quelque ami de sa propre race qu'il se fait de mauvaises affaires avec les Indiens. Quand il a sauvé tous ceux auxquels il se sentait nécessaire, il s'en va, par goût, vieillir et mourir chez les Pawnies. Disons, en passant, que le récit de cette mort du vieux trappeur est une des plus belles choses que notre siècle littéraire ait produites.

Cooper a donc entrevu et senti, au delà de cette vie de réalité et d'utilité matérielle qui fait la force de l'Amérique du Nord, quelque chose de moins sage et de plus divin que la coutume, l'opinion et la croyance officielle : la civilisation pénétrant dans la barbarie par d'autres moyens que les balles et l'*eau-de-feu;* la conquête par l'esprit et non par le glaive ou l'abrutissement. Cette fatale situation d'une puissance acquise au prix du dol, du meurtre et de la fraude, a frappé son cœur d'un profond remords philosophique, et, malgré le calme de son organisation et de son talent, il a exhalé comme un chant de mort sur les restes épars et mutilés des grandes familles et des grandes forêts du sol envahi. C'est à cet élan d'admiration et de regret qu'il a dû l'inspiration de ses plus belles pages, et c'est par là qu'il a osé et vibré, à un moment donné, plus que Walter Scott, dont le calme impartial s'est moins vaillamment démenti. Scott est pourtant un noble barde qui pleure, lui aussi, sur les grands jours de l'Écosse ; mais l'hymne qu'il chante (et qu'il chante mieux, il ne faut pas le méconnaître) a moins de portée. Il pleure une nationalité, une puissance, une aristocratie surtout. Ce que chante et pleure Cooper, c'est une noble race exterminée ; c'est une nature sublime dévastée ; c'est la nature, c'est l'homme.

Nous manquons de détails sur la vie de Cooper. Elle n'a point eu d'événements, nous dit-on. Sa famille est originaire d'Angleterre ; elle émigra en Amérique en 1769.

James Fenimore Cooper est né en 1789 à Burlington, sur la Delawarre, État de New-York. A treize ans, il fut placé au collége d'Yole, à New-Haven. A seize ans (en 1805), il entra dans la marine ; mais, après quelques voyages, sa santé l'obligea de renoncer à cette carrière. En 1810, il se retira à Cooper's-Town, ville fondée par son père, et il ne s'occupa plus que de littérature. Il fit, dans le but de rassembler des matériaux à son usage, plusieurs voyages, et remplit à Lyon, de 1826 à 1329, les fonctions de consul des États-Unis. Il avait trente-deux ans lorsqu'il publia son premier ouvrage. Il est mort à Cooper's-Town, en 1851.

On s'accorde à dire que son existence fut heureuse, unie et sage comme son caractère lequel nous ne jugeons pas seulement par la forme et l'esprit de ses romans, mais par ses impressions de voyage. Ces impressions, résumées en d'assez courtes lettres ou souvenirs sur Paris, sur Rome, sur l'Italie, l'Allemagne et l'Angleterre, sont pour les admirateurs de Cooper de très-précieux documents. On le comprend, on le voit, on l'estime et on l'aime à travers ces réflexions sobres et concises, où un inébranlable fonds de bon sens juge les hommes et les choses, tandis que les instincts de l'artiste se laissent moralement entraîner aux séductions du vieux monde. Cette antithèse paraît animer la vie et l'intelligence du romancier américain sans lui créer trop ces tourments intérieurs. Il est charmé par les douceurs paresseuses, par le luxe libéral et les tolérances philosophiques de la vie florentine, sans cesser d'estimer et de respecter les principes de simplicité et d'austérité démocratiques dont il porte en lui l'ineffaçable cachet. L'indépendance critique de son esprit se fait pourtant jour hardiment en quelques endroits :

« J'ai quelquefois formé le désir, dit-il en contemplant la cathédrale de Liége, d'avoir été élevé dans la religion catholique, afin d'unir la poésie de la religion à ses principes moraux. L'une est-elle nécessairement inconciliable avec les autres? L'homme a-t-il vraiment assez de philosophie pour concevoir la vérité dans sa pureté abstraite, et se passer du secours de l'imagination?..
Pourquoi avoir rejeté le pieux symbole de la croix, les ornements du temple, les riches costumes et les pieux concerts?...................

« Je crois qu'il est impossible à un Américain, après avoir visité l'Europe, de ne pas être frappé de l'insuffisance des monuments religieux aux États-Unis. De pieuses spéculations ont établi parmi nous un grand nombre d'églises, dans la distribution desquelles on a consulté principalement les convenances et le bien-être des propriétaires de bancs; mais nous manquons de temples propres à faire sentir la suprématie de la Divinité..................

« Dans l'hémisphère européen, les toitures élevées et le clocher de l'église forment, pour ainsi dire, le noyau de chaque village, la maison de Dieu domine les demeures humaines, et semble étendre sur elles sa protection. Les dômes, les flèches, les dentelles des cathédrales gothiques s'élancent au-dessus des murailles de la ville. Partout où il y a une réunion d'hommes, elle cherche un abri sous les larges ailes de l'église............................

« Les plus hautes maisons d'une ville américaine sont invariablement ses tavernes. Nous ne bâtissons de pyramides qu'en l'honneur des boissons alcooliques. Lorsqu'il s'agit du culte, on se contente d'une coquille de noix; mais quand il est question de manger ou de boire, la tante de *Pari-Banou* ne serait plus assez vaste pour nous contenir : j'aimerais mieux de grandes églises et de petites tavernes. »

Ce passage peint avec une charmante bonhomie les besoins de l'artiste, triomphant de toute étroitesse de patriotisme. Partout, dans ses voyages en Europe, Cooper porte un vrai sentiment de compréhension du beau sous ses divers aspects, et un touchant élan de sympathie pour les différents caractères des peuples. Il est né généreux et bienveillant, on le voit à chaque page, sans qu'il paraisse songer à en faire montre. Il peint toutes choses à sa manière, et cette manière américaine est très-remarquable et très-intéressante, surtout appliquée à l'appréciation des pays les plus opposés aux types que le voyageur avait pu concevoir des hommes et des choses. C'est en Italie, c'est à Rome surtout qu'il est curieux de suivre l'auteur du *Robinson américain*. Comment cet homme si exact, si minutieux, si positif, qui sait le nombre de clous et de chevrons nécessaires à la moindre construction, tout aussi bien que le nom et l'usage des plus imperceptibles détails d'un navire, va-t-il regarder, comprendre et définir cette profusion d'œuvres d'art où la pensée de l'utilité matérielle ne s'est présentée que comme accessoire ?

« On m'avait prédit que je serais désappointé à l'aspect de Saint-Pierre, que je m'abuserais sur ses véritables dimensions. Je les vis telles qu'elles étaient, sans doute parce que j'avais travaillé depuis longtemps à me former le coup d'œil. Dans les Alpes, je me suis souvent trompé sur les hauteurs et les distances ; mais toute erreur cesse quand il s'agit d'un édifice ou d'un vaisseau. Avant de parcourir la Suisse, je ne connaissais rien de semblable, rien qui pût me servir de point de comparaison. Toutefois, si je ne possédais pas de règles certaines pour juger la nature, je m'étais exercé à calculer exactement la grandeur des édifices, et je fus convaincu au premier aspect, que l'église de Saint-Pierre était le plus colossal de tous.

« Le guide me pria de faire halte pour admirer quelques-unes des sublimes créations de Michel-Ange ; mais je hâtai le pas. Gravissant les degrés du temple, j'étreignis dans mes bras une des colonnes engagées de la façade, non par enthousiasme sentimental, mais afin de m'assurer de son diamètre. Cette épreuve matérielle confirma mes premières impressions. Poussant ensuite une porte latérale, je me trouvai dans le temple le plus grandiose où des cérémonies religieuses aient jamais été célébrées. Je fis une centaine de pas dans la nef, et je m'arrêtai ; ayant l'habitude de soumettre les monuments à un examen analytique, j'avais compté mes pas à mesure que j'avançais, et il m'était facile d'évaluer en pieds la route que j'avais faite. »

En voyant le poëte de la *Prairie* prendre de si naïves précautions pour ne pas se tromper sur la véritable dimension d'une église (procédé que, du reste, beaucoup d'Anglais et d'Américains emploient encore en visitant les monuments, et qui fait toujours rire le peuple artiste de l'Italie), n'est-on pas tenté de se moquer un peu de cette prudence caractéristique qui commence par se défendre de toute admiration, et qui ne veut apprécier la grandeur intellectuelle des œuvres d'art qu'après avoir bien calculé en mesure leur grandeur matérielle? Il faut pourtant s'abstenir de ce dédain pour la lenteur des impressions de certaines races, quand on voit le grand Cooper, ce bon maître et cet excellent peintre, en subir l'habitude, et même la proclamer ingénument comme une règle de conscience. Après tout, ce n'est qu'un procédé inverse de celui des gens au coup d'œil prompt pour arriver au même résultat, l'émotion. Un Français artiste, ou un Italien artiste commence par chercher l'impression générale. La dimension n'est pas ce qui l'occupe, c'est la proportion. Il voit tout d'un coup par où elle brille, et les sublimes harmonies qu'elle lui révèle ne lui font pas désirer de se rendre compte trop vite du plan géométrique. Quand il en vient là, sa jouissance est à peu près épuisée, et même, si cette jouissance a été vive, il aime mieux l'emporter vierge de tout calcul matériel.

L'Américain Cooper commence par où nous finissons, et quand il s'est bien assuré qu'il a devant les yeux la plus vaste église qui existe, il s'aperçoit qu'elle est belle, il s'échauffe et s'enthousiasme.

Mais c'est encore à sa manière. Il ne cherche pas à peindre son émotion par des phrases. Quand il a bien constaté que des chérubins de marbre, qui n'ont pas l'air plus gros que de simples enfants, ont la main quatre fois plus grosse que la sienne ; que le fameux baldaquin du maître-autel est *plus élevé que la tour de la Trinité de New-York*, et que le trône de marbre, « sorte de siége poétique à l'usage des papes, a de même l'élévation d'un clocher, » il s'abandonne, se dégèle et se détend ; et le voilà qui, avec sa bonhomie accoutumée, décrit en peu de mots très-simples, mais parfaitement sentis, son émotion et celle de son enfant, qui, par parenthèse, met là, dans la couleur sobre et douce du maître, un point lumineux très-charmant.

« En contemplant cet édifice immense, *si admirablement combiné dans toutes ses parties* (le voilà frappé par la véritable grandeur de l'œuvre), je ne pus retenir des larmes d'admiration. Le petit Édouard lui-même fut ému, quoiqu'il eût passé la moitié de sa vie à voir des monuments. Il se serra contre moi en murmurant : *Qu'est-ce que c'est ? qu'est-ce que c'est ? Est-ce une église ?*

« La nuit s'avançait et l'obscurité ajoutait à l'effet de la basilique. L'atmosphère avait quelque chose d'enivrant, car ce lieu sacré a son atmosphère différente de celle du dehors. Je sortis avec la conviction que si jamais la main de l'homme a élevé un temple digne de la majesté divine, c'est incontestablement celui-ci. »

Suivons encore un peu Cooper dans son voyage à travers Rome, puisque c'est la meilleure révélation que nous avons de son caractère et de sa nature d'esprit. Il se moque gaiement des émotions de commande et de pompeuses descriptions.

« Des descriptions peuvent-elles donner une idée du Colisée ? Ce n'est pas la grâce, ce n'est pas la beauté qu'il faut chercher dans ces travaux des Romains : c'est l'immensité, la grandeur gigantesque, panthéiste, que ni peinture, ni langage, ni phrase ne peuvent reproduire. »

Et puis, il ajoute, pour résumer ses rêveries :

« Des circonstances, qui me sont personnelles, me font trouver plus de charmes à l'aspect de ces ruines. Il y a quelques mois, j'errais sur les bords du Mississipi. Je suis aujourd'hui sur ceux du Tibre. J'ai passé d'un extrême à l'autre, du berceau d'un peuple enfant au tombeau d'un peuple mort. J'ai vu des forêts encore vierges, des cités naissantes, des institutions nouvelles, des nations jeunes et actives, travaillant à se constituer, ayant leur carrière de gloire ou de honte à parcourir, tournant le dos au passé, et les yeux fixés sur l'avenir. Et me voilà entouré de colonnes renversées, de temples démolis, de palais de niveau avec le sol, au milieu des derniers vestiges d'un peuple qui a fait son temps et qui est enseveli. Là, je sentais en mon cœur l'espérance vive et joyeuse; ici, je sens le triste et morne souvenir. »

On le voit, c'est toujours l'Américain qui compare, ce qui ne l'empêche pas de sentir. En parlant du Panthéon de Rome : « Une vaste rotonde voûtée, solidement construite, sans soubassement, éclairée par une ouverture élégante qui permet de voir le ciel à découvert, offre un ensemble si nouveau, pour ne pas dire si sublime, qu'on oublie les impressions de l'extérieur. La conception de cet édifice est une des plus belles qui existent en architecture. Le trou circulaire du centre laisse entrer assez le jour, et l'œil, après avoir parcouru la noble voûte, sonde le vide azuré de l'espace infini. La disposition matérielle du local satisfait l'esprit, et celui de nos sens, qui atteint le plus loin, entraîne l'imagination vers la puissance et la majesté suprêmes. L'espace sans limites est le meilleur prototype de l'éternité. »

Cet examen de Rome fut rapide, et Cooper ne vit qu'une partie des choses ; mais tout ce qu'il a vu, il l'a apprécié ou critiqué presque toujours avec un très-remarquable discernement. Quand on songe que c'était en 1838 et que, jeune encore, il n'avait certes pas reçu, dans son pays, une éducation d'artiste ; qu'il avait de la fortune, de la considération, aucun sujet de dépit byronien contre sa patrie, et ce calme de tempérament qui lui faisait compter ses pas dans la nef de Saint-Pierre avant de rien regarder, on reconnaît qu'il est doué d'une organisation très-complète et très-saine ; et cette sorte d'universalité d'esprit, cette grande logique éclairée d'une sereine lumière, ce contraste même de la prudence et de l'entraînement qui trouvent le moyen d'aller ensemble, expliquent la fécondité de son talent, la pureté de ses conceptions et la puissance de cette belle création de Nathaniel qui résume et le respect des civilisations progressives et l'amour de la primitive liberté.

Cooper fut assez intimement lié, à Paris, avec la Fayette. Il traversa sans crainte et sans malaise la grande crise de l'invasion du choléra ; il assista aux événements du cloître Saint-Merry ; il fut reçu en visite particulière par Louis-Philippe, et ne se fit pas d'illusions sur la franchise du monarque citoyen. Il faut lire, dans ses lettres, datées de Paris, 1832, le détail piquant de cette entrevue et les conversations intéressantes de la Fayette avec Cooper sur la situation de l'époque. Tout cela est fort bien résumé, et les quelques traits descriptifs qui encadrent ces entrevues sont de ceux qui font très-bien *voir* en peu de mots. Dans ses romans, Cooper est sujet à des longueurs ; dans ses souvenirs personnels, il est concis et touche juste, il met en saillie les endroits et les personnes, tout en vous menant rapidement. Lorsqu'il raconte la cérémonie du lavement des pieds, à Rome, il rencontre une figure intéressante et l'esquisse largement. « Chose étrange, que ces nobles oppresseurs pensant réparer toute une année d'inflexible orgueil par une seule soirée d'humilité!... J'entrai dans la salle du bain. Je vis six pèlerins sales et en haillons qui ôtaient leurs souliers et leurs bas. On apporta les bassins, et les nobles romains se mirent à l'œuvre. Mon œil s'arrêta sur un des mendiants les plus laids et les plus déguenillés, et de là s'abaissa sur le grand seigneur agenouillé devant lui. Ce dernier avait un costume ecclésiastique; sa figure était belle; ses yeux noirs et sombres communiquaient à tous ses traits une expression sinistre.

« Monsieur, demandai-je à mon voisin, pourriez-vous me dire le nom du gentilhomme qui essuie les pieds de ce mendiant?

— Quel gentilhomme, monsieur? Celui qui porte le diable sur sa face?

— Précisément.

— C'est don Miguel, ex-tyran de Portugal. »

Cooper a eu et a encore une véritable foule d'imitateurs. Le succès européen de ses romans sur l'Amérique a fait éclore par centaines, sous la même forme, les récits de voyages, les événements maritimes, les combats avec les Indiens, les établissements de colons dans le désert, et l'on ne s'est même pas gêné pour tâcher de reproduire la solennelle figure de Nathaniel. Grâce à toutes ces imitations, nous nous promenons en esprit, à cette heure, dans les solitudes les plus lointaines, et nous connaissons les mœurs des animaux les plus féroces ou des hommes les plus étranges. Mais quelque instruction et quelque amusement que nous puissions trouver dans ces récits, les copistes de Cooper auraient tort de croire qu'en le continuant ils le remplacent. Nous ne regrettons pas que, faute d'une grande et forte personnalité, on s'adonne à l'imitation d'un bon maître. Si l'on a pour soi de l'observation, de la mémoire, et un fonds de souvenirs de voyages intéressants et de spectacles dramatiques, on est encore lu avec curiosité, et si on ne fait de l'art, on répand au moins des notions instructives sous une forme qui les popularise. Mais il suffit de lire le premier venu de ces ouvrages, pour sentir la supériorité incomparable du modèle. On est pourtant aujourd'hui plus *habile* que Cooper dans son propre genre ; on a pénétré plus avant dans les déserts ; on a vu plus de choses et on sait mieux le métier de conteur, devenu, en Amérique, une sorte de concurrence. Seulement, quoi qu'on fasse, on n'est pas soi-même, et on n'est pas Cooper. On a plus de verve et on précipite les incidents dramatiques ; mais, par cela même, on n'attache pas, on ne persuade pas autant ; et ce grand fonds de vérité saine, cette pureté d'âme et de forme, cette individualité tranquille d'un génie fécond et bien portant, on ne l'a pas, et on ne peut pas se l'inoculer.

Août 1856.

VII

GEORGE DE GUÉRIN

« George-Maurice Guérin du Cayla naquit au château du Cayla, département du Tarn, vers 1810 ou 1811. Sa famille était une des plus anciennes du Languedoc. Il commença ses études à Toulouse, et les acheva au collége Stanislas, à Paris, sortit du collége de 1829 à 1830, passa près d'une année en Bretagne [1], revint à Paris, y développa ses facultés, mais par un travail sans suite, abandonné et repris souvent. Sa vie jusqu'à son mariage, qui eut lieu en 1838, fut très-simple, nullement littéraire dans le sens extérieur que l'on donne à ce mot. Il n'aborda jamais aucun jour-

---

1. Chez M. de Lamennais, qui s'occupait alors de l'éducation de plusieurs jeunes gens. George Guérin fut confié à ses soins, et perfectionna chez lui ses études. M. de Lamennais a conservé de cet élève un souvenir affectueux et bienveillant. « C'était, nous a-t-il dit, un jeune homme timide, d'une piété douce et timorée, d'une organisation si frêle qu'on l'eût crue près de se briser à chaque instant, et ne montrant point encore les facultés d'une intelligence remarquable. »

nal, ne publia rien, et partagea son temps entre ses lectures, ses secrètes études poétiques, et le monde qu'il aimait beaucoup. Il mourut l'année dernière, au château du Cayla, chez son père, ne laissant que des fragments, et en très-petit nombre. »

Telle est la courte notice biographique qui nous a été transmise sur un talent ignoré de lui-même, et révélé seulement à quelques amis, aujourd'hui désireux de rendre hommage à sa mémoire par la publication d'un ou deux fragments de poésie, seul héritage qu'il ait laissé, comme malgré lui, à la postérité. Après avoir lu ces fragments, nous nous sommes engagé à cette publication avec ce sentiment de profonde sympathie que chacun éprouve pour le génie moissonné dans sa fleur, et croyant fermement accomplir un devoir envers le poëte comme envers le public. Après la mort à la fois pénible et dramatique d'Hégésippe Moreau, cette notice et ces citations méritent quelque attention. S'il y a une certaine similitude dans ces mélancoliques destinées, dans ces gloires méritées, mais non couronnées, dans ces morts prématurées et obscures, il y a contraste dans la nature du talent, dans le caractère de l'individu, dans les causes du dégoût de la vie (car il y a spleen chez l'un et chez l'autre), il y a surtout matière à des réflexions différentes. Les nôtres seront courtes et respectueuses, car la douleur de George Guérin fut silencieuse et noblement portée jusqu'à la tombe.

Devant tant d'exemples de poésies et de morts *spleeniques* que notre siècle voit éclore et inhumer, le moraliste a un triste devoir à remplir. Le désir inquiet des jouissances matérielles de la vie et le besoin des vulgaires satisfactions de la vanité, devenus des causes d'amertume, de colère et de suicide, ne sauraient être réprimés par de trop sévères arrêts, et la pitié sympathique qu'inspirent de telles catastrophes doit trouver son correctif dans une critique austère et courageuse. L'auteur du poétique drame de *Chatterton* l'a bien senti ; car il a placé auprès du martyr de l'ambition littéraire un quaker rigide dans ses mœurs et tendre dans ses sentiments, qui s'efforce de relever tantôt par la sagesse, tantôt par l'amour, ce cœur amer et brisé. Mais en face d'une douleur muette, comprimée, sans orgueil et sans fiel, au spectacle d'une vie qui se consume faute d'aliments nobles, et qui s'éteint sans lâche blasphème, il y a des enseignements profonds que chacun de nous peut appliquer à soi-même dans l'état social où nous vivons aujourd'hui. Le simple bon sens humain peut alors remonter aux causes et prononcer, entre le poëte qui s'en va et la société qui demeure, lequel fut ingrat, oublieux, insensible.

George Guérin ne fut ni ambitieux, ni cupide, ni vain. Ses lettres confidentielles, intimes et sublimes révélations à son ami le plus cher, montrent une résignation portée jusqu'à l'indifférence en tout ce qui touche à la gloire éphémère des lettres. « Il portait dans le monde (c'est ce même ami qui parle) une élégance parfaite, des manières pleines de noblesse et un langage exquis, ne jetait pas d'éclat, n'avait pas de trait, mais quelque chose de doux, de fin et de charmant que je n'ai vu qu'en lui, et dont l'effet était irrésistible. Il aimait extrêmement la conversation ; et quand il rencontrait par hasard des gens qui savaient causer, il s'animait et jouissait de ce qu'ils disaient comme il jouissait de la musique, des parfums et de la lumière. » Il était malade, et sa paresse à produire, sa paresse à vivre, s'il est permis de dire ainsi, sans hâter sa mort, empêchèrent peut-être l'effort intérieur qui pouvait en conjurer l'arrêt. Ce n'est donc pas directement à la société qu'on peut imputer cette fin prématurée, mais c'est bien à elle qu'on doit reprocher hautement et fortement cette langueur profonde, cet abattement douloureux où ses forces se consumèrent, sans qu'aucune révélation de l'idéal qu'il cherchait ardemment vînt à son secours, sans qu'aucun enseignement solide et vivifiant pénétrât de force dans sa solitude intellectuelle. Mais avant de signaler l'horrible insensibilité, ou, pour mieux dire, la déplorable nullité du rôle maternel de cette société à l'égard de ses plus nobles enfants, nous peindrons davantage le caractère de celui-ci, et l'on comprendra dès lors ce qui lui a manqué pour réchauffer dans ses veines l'amour de la vie.

C'était une de ces âmes froissées par la réalité commune, tendrement éprises du beau et du vrai, douloureusement indignées contre leur propre insuffisance à le découvrir, vouées en un mot à ces mystérieuses souffrances dont René, Obermann et Werther offrent sous des faces différentes le résumé poétique. Les quinze lettres de George Guérin que nous avons entre les mains sont une monodie non moins touchante et non moins belle que les plus beaux poëmes psychologiques destinés et livrés à la publicité. Pour nous, elles ont un caractère plus sacré encore, car c'est le secret

d'une tristesse naïve, sans draperies, sans spectateurs et sans art ; et il y a là une poésie naturelle, une grandeur instinctive, une élévation de style et d'idées, auxquelles n'arrivent pas les œuvres écrites en vue du public et retouchées sur les épreuves d'imprimerie. Nous en citerons plusieurs fragments, regrettant beaucoup que leur caractère confidentiel ne nous permette pas de les transcrire en entier. On n'y trouverait pas un détail de l'intimité la plus délicate à révéler qui ne fût senti et présenté avec grandeur et poésie. Ce sont peut-être ces détails que, comme artiste, nous regrettons le plus de passer sous silence. . . . .
. . . .

« Je vous dirais bien des choses, du fond de l'ennui où je suis plongé, *de profundis clamarem ad te ;* mais il faut que je m'interdise ces folies. Elles n'ôtent rien au mal, et l'on prend la ridicule habitude de se plaindre. Nous avons tant de ridicules que nous ne connaissons pas, qu'il faut, du moins autant que nous le pouvons, nous garder de ceux qui sont manifestes. Vous m'avez dit un jour qu'en sortant du collége je devais être exagéré et en proie aux sottes manies qui ont travaillé toute cette jeunesse d'alors, mais qu'aujourd'hui, sans doute, j'étais *vrai,* et ne jouais pas à l'ennui et au dégoût. Ah ; n'en doutez pas ; si je n'ai pas de bon sens, j'ai du moins un peu de ce goût qui est le bon sens de l'esprit, et rien, à mon jugement, n'est plus choquant, surtout à notre âge, que ces affectations de collége. Dieu merci, je ressemble assez peu à ce que j'étais dans ce temps-là ; et si j'affectais quelque chose, ce serait de faire oublier ma personne d'alors. J'ai le malheur de m'ennuyer aujourd'hui comme je faisais sous la grille de Stanislas, *voilà la ressemblance*. A cette époque de mon ennui, j'en disais plus qu'il n'y en avait, aujourd'hui j'en dis moins qu'il n'y en a, *voilà la différence*. . . . .

. . . .

« Le jour est triste, et je suis comme le jour ; ah¹, mon ami, que sommes-nous ; ou plutôt que suis-je, pour souffrir ainsi sans relâche de toutes choses autour de moi, et voir mon humeur suivre les variations de la lumière? J'ai pensé quelque temps que cette sensibilité bizarre était un travers de ma jeunesse qui disparaîtrait avec elle. Mais le progrès des ans, en quoi j'espérais, me fait voir que j'ai un mal incurable et qui va s'aigrissant. Les journées les plus unies, les plus paisibles, sont encore pour moi traversées de mille accidents imperceptibles qui n'atteignent que moi. Cela s'élève à des degrés que vous ne pourriez croire. Aussi qu'y a-t-il de plus rompu que ma vie, et quel fil si léger qui soit plus mobile que mon âme? J'ai à peine

---

1 Nous avons conservé scrupuleusement la ponctuation de l'original. Une particularité digne de remarque dans un texte rempli de si douloureuses exclamations, c'est l'absence de *points d'exclamation*. Il nous semble que la ponctuation d'un manuscrit est comme l'allure de l'homme, l'inflexion de la voix, le geste, la prononciation, une manière d'être par laquelle le caractère se révèle, et que l'observation psychologique ne devrait point négliger. Dans les premiers jours de notre *invasion* romantique, de critiques malins remarquèrent l'abus des signes apostrophiques. C'est peut-être la crainte et l'horreur de cette sorte d'emphase qui suggéra à George Guérin le besoin de supprimer entièrement le *point admiratif*, même dans les endroits où la règle grammaticale l'exige.

écrit quelques pages de ce travail qui avait d'abord tant d'attraits; qui sait quand je le terminerai? Mais j'y mettrai le dernier mot assurément; je ne veux pas accepter le dédit cent fois offert par ce mien esprit, le plus inconstant et le plus prompt au dégoût qui fut jamais. Vaille que vaille, vous aurez cette pièce, pièce en effet, et des plus pesantes.

« ... Si j'en croyais mes lueurs de bon sens, je renoncerais pour toute ma vie à écrire un seul mot de composition. Plus j'avance, plus le fantôme (l'idéal) s'élève et devient insaisissable. Ce mot propre, cette expression, la *seule qui convient*, dont parle La Bruyère, je n'ai jamais reconnu, au contentement de mon esprit, que je l'eusse trouvé : et, l'eussé-je attrapé, reste l'arrangement et les combinaisons infinies, et la variété, et le piquant, et le solide, et la nouveauté dans les termes usés; l'imprévu, l'image dans le mot, et le contour, la justesse des proportions, enfin tout, le don d'écrire, le talent; et de tout cela, je n'ai guère que la bonne volonté. — Pardonnez-moi ce cours de rhétorique. Il faut garder et couvrir ces choses. Fi donc, le pédant. »

Pour qui aura lu attentivement *le Centaure*, cette recherche scrupuleuse et hardie dont la prétendue insuffisance est confessée ici avec trop de modestie, est clairement révélée. Mais, au risque de passer pour un pédant nous-même, nous n'hésiterons pas à dire qu'il faut lire deux et même trois fois *le Centaure* pour en apprécier les beautés, la nouveauté de la forme, l'originalité non abrupte et sauvage, mais raisonnée et voulue, de la phrase, de l'image, de l'expression et du contour. On y verra une persistance laborieuse pour resserrer dans les termes poétiques les plus élevés et les plus concis une idée vaste, profonde et mystérieuse, comme ce monde primitif à demi épanoui dans sa fraîcheur matinale, à demi assoupi encore dans le placenta divin. C'est en cela que la nature de ce petit chef-d'œuvre nous semble différer essentiellement de la manière de M. Ballanche, qui, à défaut des termes poétiques, n'hésite pas à employer les termes philosophiques modernes, et aussi de Chénier, qui ne songe qu'à reproduire l'élégance, la pureté et comme la beauté sculpturale des Grecs[1]. Nul n'admire Ballanche

---

[1]. Un vieux ami de province, que j'ai consulté avant de me déterminer à publier *le Centaure*, m'a écrit à ce sujet une lettre trop remarquable pour que je ne me fasse pas un devoir de la citer en entier. C'est un renseignement que je lui demandais, et qu'il a eu la bonté de me donner pour moi seul. Je ne crois pas lui déplaire en insérant ici cet examen rapide, mais exact et important, des tentatives d'imitation grecque qui ont enrichi notre littérature. Ce petit travail pourrait servir de canevas aux critiques qui voudraient le développer. Il servira aussi d'excellente préface aux fragments de M. de Guérin, et l'approbation d'un juge aussi érudit aurait, au besoin, plus de poids que la mienne :

« Cette ébauche du *Centaure* me frappe surtout comme exprimant le sentiment grec grandiose, primitif, retrouvé et un peu *refait* à distance par une sorte de réflexion poétique et philosophique. Ce sentiment-là, par rapport à la Grèce, ne se retrouve dans la littérature française que depuis l'école moderne. Avant l'*Homère* d'André Chénier, les *Martyrs* de Chateaubriand, l'*Orphée* et l'*Antigone* de Ballanche, quelques pages de Quinet (*Voyage en Grèce* et *Prométhée*), on en chercherait les traces et l'on n'en trouverait qu'à peine dans notre littérature classique.

1° Il n'y a eu de contact direct entre l'ancienne Gaule et la Grèce que par la colonie grecque de Marseille. Ces influences grecques dans le midi de la Gaule n'ont pas été vaines. Il y eut tout une culture, et dans le chapitre v de son *Histoire littéraire*,

plus que nous. Cependant nous ne pouvons nous défendre de considérer comme un notable défaut cette ressource technique qui l'a affranchi parfois du travail de l'artiste, et qui détruit l'harmonie et la plastique de son style, d'ailleurs si beau, si large et si coloré

M. Ampère a très-bien suivi cette veine grecque légère, comme une petite veine d'argent, dans notre littérature. Encore aujourd'hui, il y a quelques mots grecs restés dans le provençal actuel, il y a des tours grammaticaux qui ont pu venir de là; mais ce sont de minces détails. Au moyen âge, toute trace fut interrompue. A la renaissance du seizième siècle, la langue et la littérature grecques rentrèrent presque violemment et à torrent dans la littérature française : il y eut comme engorgement au confluent. L'école de Ronsard et de Baïf se fit grecque en français par le calque des compositions et même la fabrique des mots; il y eut excès. Pourtant des parties belles, délicates ou grandes furent senties par eux et reproduites. Henri Estienne, l'un des meilleurs prosateurs du seizième siècle et des plus grands érudits, a fait un petit traité de la *conformité* de la langue française et de la langue grecque : il a relevé une grande quantité de locutions, de tours de phrase, d'idiotismes communs aux deux langues, et qui semblent indiquer bien moins une communication directe qu'une certaine ressemblance de génie. M. de Maistre, dans les *Soirées de Saint-Pétersbourg*, est de l'avis de Henri Estienne, et croit à la ressemblance du génie des deux langues. Pourtant, il faut le dire, toute cette renaissance grecque du seizième siècle, en France, fut érudite, pédantesque, pénible; le seul Amyot, par l'élégance facile de sa traduction de Plutarque, semble préluder à la Fontaine et à Fénelon.

« 2° Avec l'école de Malherbe et de ses successeurs classiques, la littérature française se rapprocha davantage du caractère latin, quelque chose de clair, de précis, de concis, une langue d'affaires, de politique, de prose; Corneille, Malherbe, Boileau, n'avaient que très-peu ou pas du tout le sentiment *grec*. Corneille adorait Lucain et ce genre latin, Boileau s'attache à Juvénal. Racine sent bien plus les Grecs; mais, en bel esprit tendre, il sent et suit surtout ceux du second et du troisième âge, non pas Eschyle, non pas même Sophocle, mais plutôt Euripide; ses Grecs, à lui,

d'originalité *primitive*. La pièce de vers, malheureusement inachevée, qui est placée à la suite du *Centaure*, ne me paraît pas non plus, comme il pourra sembler à quelques-uns au premier abord, une imitation de la

ont monté l'escalier de Versailles et ont fait antichambre à l'Œil-de-Bœuf. On voit dans la querelle des anciens et des modernes, où Racine et Boileau défendent Homère contre Perrault, combien il y avait peu, de part et d'autre, de sentiment vrai de l'antique. Mais la Fontaine, sans y songer, était alors bien plus Grec que tous de sentiment et de génie ; dans *Philémon et Baucis*, par exemple, dans certains passages de la *Mort d'Adonis* ou de *Psyché*. Surtout Fénelon l'est par le goût, le délicat, le fin, le négligent d'un tour simple et divin ; il l'est dans son *Télémaque*, dans ses essais de traduction d'Homère, ses *Aventures d'Aristonoüs* ; il l'est partout par une sorte de subtilité facile et insinuante qui pénètre et charme : c'est comme une brise de ces belles contrées qui court sur ses pages. Massillon aussi, né à Hyères, a reçu un souffle de l'antique Massilie, et sa phrase abondante et fleurie rappelle Isocrate.

» 3° Au dix-huitième siècle, en France, on est moins près du sentiment grec que jamais. Les littérateurs ne savent plus même le grec pour la plupart. Quelques critiques, comme l'abbé Arnaud, qui semblent se vouer à ce genre d'érudition avec enthousiasme, donnent plutôt une idée fausse. Bernardin de Saint-Pierre, sans tant d'étude, y atteint mieux par simple génie ; héritier en partie de Fénelon, il a, dans *Paul et Virginie*, dans bien des pages de ses *Études*, dans cette page (par exemple) où il fait gémir Ariane abandonnée à Naxos et consolée par Bacchus, des retours de l'inspiration grecque et de cette muse heureuse ; mais c'est le doux et le délicat plutôt que le grand qu'il en retrouve et en exprime. L'abbé Barthélemy, dans le *Voyage d'Anacharsis* (si agréable et si utile d'ailleurs), accrédita un sentiment grec un peu maniéré et très-parisien, qui ne remontait pas au grand et ne rendait pas même le simple et le pur. Heureusement, André Chénier était né, et par lui la veine grecque est retrouvée.

» 4° Au moment où l'école de David essaie, un peu en tâtonnant et en se guindant, de revenir à l'art grec, André Chénier y atteint en poésie. Dans son *Homère*, l'idée du grand et du primi-

manière de Chénier. Ces deux essais de M. de Guérin ne sont point des pastiches de Ballanche et de Chénier, mais bien des développements et des perfectionnements tentés dans la voie suivie par eux. Il ne semble même pas s'être préoccupé de l'un ou de l'autre, car nulle part dans ses lettres, qui sont pleines de ses citations et de ses lectures, il n'a placé leur nom. Sans doute il les a admirés et sentis, mais il a dû, avant tout, obéir à son sentiment personnel, à son entraînement prononcé, et l'on peut dire passionné, vers les secrets de la nature. Il ne l'a point aimée en poëte seulement, il l'a idolâtrée. Il a été panthéiste à la manière de Goethe sans le savoir, et peut-être s'est-il as-

tif se retrouve et se découvre même pour la première fois. Dans l'étude de la statuaire grecque, on en resta ainsi longtemps au pur gracieux, à l'art joli et léché des derniers âges : ce n'est que tard qu'on a découvert la majesté reculée des marbres d'Égine, les bas-reliefs de Phidias, la Vénus de Milo.

» Peu après André Chénier, et, avant qu'on eût publié ses poëmes, M. de Chateaubriand, dans les *Martyrs*, retrouvait de grands traits de la beauté grecque antique; dans son *Itinéraire*, il a surtout peint admirablement le rivage de l'Attique. Il sent à merveille le Sophocle et le Périclès.

» Un homme qui ne sentait pas moins la Grèce dès la fin du dix-huitième siècle, est M. Joubert, sur lequel M. Sainte-Beuve a donné un article dans la *Revue des Deux-Mondes* : quelques pensées de lui sont ce qu'on a écrit de mieux en fait de critique littéraire des Grecs. Il aurait aimé *le Centaure*.

» Vous connaissez l'*Orphée*, et je n'ai point à vous en parler ; mais à Ballanche, à Quinet (dans son *Voyage en Grèce*), il manque un peu trop, pour correctif de leur philosophie concevant et refaisant la Grèce, quelque chose de cette qualité grecque fine, simple et subtile, négligée et élégante, railleuse et réelle, de Paul-Louis Courier, ce vrai Grec, dont la figure, la bouche surtout, fendue jusqu'aux oreilles, ressemblait un peu à celle d'un faune. »

sez peu soucié des Grecs, peut-être n'a-t-il vu en eux que les dépositaires des mythes sacrés de Cybèle, sans trop se demander si leurs poëtes avaient le don de la chanter mieux que lui. Son ambition n'est pas tant de la décrire que de la comprendre, et les derniers versets du *Centaure* révèlent assez le tourment d'une ardente imagination qui ne se contente pas des mots et des images, mais qui interroge avec ferveur les mystères de la création. Il ne lui faut rien moins pour apaiser l'ambition de son intelligence perdue dans la sphère des abstractions. Il ne se contenterait pas de peindre et de chanter comme Chénier, il ne se contenterait pas d'interpréter systématiquement comme Ballanche. Il veut savoir, il veut surprendre et saisir le sens caché des signes divins imprimés sur la face de la terre; mais il n'a embrassé que des nuages, et son âme s'est brisée dans cette étreinte au-dessus des forces humaines. C'est être déjà bien grand que d'avoir entrepris comme un vrai Titan d'escalader l'Olympe et de détrôner Jupiter. Un autre fragment de ses lettres exprimera avec grandeur et simplicité cet amour à la fois instinctif et abstrait de la nature.

« 11 *avril* 1838. — Hier, accès de fièvre dans les formes; aujourd'hui, faiblesse, atonie, épuisement. On vient d'ouvrir les fenêtres; le ciel est pur et le soleil magnifique.

Ah! que ne suis-je assis à l'ombre des forêts !

« Vous rirez de cette exclamation, puisqu'on ne voit pas encore aux arbres les plus précoces ces premiers boutons que Bernardin de Saint-Pierre appelle des gouttes de verdure. Mais peut-être qu'au sein des forêts, dans la saison où la vie remonte jusqu'à l'extrémité des rameaux, je recevrai quelque bienfait, et que j'aurai ma part dans l'abondance de la fécondité et de la chaleur. Je reviens, comme vous voyez, à mes anciennes imaginations sur les choses naturelles, invincible tendance de ma pensée, sorte de passion qui me donne des enthousiasmes, des pleurs, des éclats de joie, et un éternel aliment de songerie. Et pourtant, je ne suis ni physicien, ni naturaliste, ni rien de savant. Il y a un mot qui est le dieu de mon imagination, le tyran, devrais-je dire, qui la fascine, l'attire, lui donne un travail sans relâche, et l'entraînera je ne sais où : c'est le mot de *vie*. Mon amour des choses naturelles ne va pas au détail et aux recherches analytiques et opiniâtres de la science, mais à l'universalité de ce qui est, à la manière orientale. Si je ne craignais de sortir de ma paresse et de passer pour fou, j'écrirais des rêveries à tenir en admiration toute l'Allemagne, et la France en assoupissement. »

Dans une autre lettre, il exprime l'identification de son être avec la nature d'une manière encore plus vive et plus matériellement sympathique.

« J'ai le cœur si plein, l'imagination si inquiète, qu'il faut que je cherche quelque consolation à tout cela en m'abandonnant avec vous. Je déborde de larmes, moi qui souffre si singulièrement des larmes des autres. Un trouble mêlé de douleurs et de charmes s'est emparé de toute mon âme. L'avenir plein de ténèbres où je vais entrer, le présent qui me comble de biens et de maux, mon étrange cœur, d'incroyables combats, des épanchements d'affection à entraîner avec soi l'âme et la vie et tout ce que je puis être; la beauté du jour, la puissance de l'air et du soleil, *all*, tout ce qui peut rendre éperdue une faible créature me remplit et m'environne. Vraiment je ne sais pas en quoi j'éclaterais s'il survenait en ce moment une musique comme celle de la *Pastorale*. Dieu me ferait peut-être la grâce de laisser s'en aller de toutes parts tout ce qui compose ma vie. Il y a pour moi tel moment où il me semble qu'il ne faudrait que la toucher du doigt le plus léger pour que mon existence se dissipât. La présence du bonheur me trouble, et je souffre même d'un certain froid que je ressens ; mais je n'ai pas fait deux pas au dehors que l'agitation me prend, un regret infini, une ivresse de souvenir, des récapitulations qui exaltent tout le passé et qui sont plus riches que la présence même du bonheur : enfin ce qui est, à ce qu'il semble, une loi de ma nature, toutes choses mieux ressenties que senties. — Demain, vous verrez chez vous quelqu'un de fort maussade, et en proie au froid le plus cruel. Ce sera le fol de ce soir.

Caddi come corpo morto cade.

Adieu; la soirée est admirable; que la nuit qui s'apprête vous comble de sa beauté. »

Est-il beaucoup de pages de *Werther* qui soient supérieures à cette lettre écrite rapidement, non relue, car elle est à peine ponctuée, et jetée à la poste, dont elle porte le timbre comme toutes les autres?

Je ne puis résister au plaisir de transcrire mot à mot tout ce qu'il m'est permis de publier.

« Le ciel de ce soir est digne de la Grèce. Que faisons-nous pendant ces belles fêtes de l'air et de la lumière? Je suis inquiet et ne sais trop à quoi me dévouer ; ces longs jours paisibles ne me communiquent pas le calme. Le soleil et la pureté de l'étendue me font venir toutes sortes d'étranges pensées dont mon esprit s'irrite. L'infini se découvre davantage et les limites sont plus cruelles ; que sais-je enfin ? je ne vous répéterai pas mes ennuis ; c'est une vieille ballade dont je vous ai bercé jusqu'au sommeil. — J'ai songé aujourd'hui au petit usage que nous faisions de nos jours ; je ne parle pas de l'ambition, c'est dans ce temps chose si vulgaire, et les gens sont travaillés de rêves si ridicules, qu'il faut se glorifier dans sa paresse et se faire, au milieu de tant d'esprits éclatants, une auréole d'obscurité : je veux dire que nous vivons plus tourmentés par notre imagination que ne l'était Tantale par la fraîcheur de l'eau qui irritait ses lèvres et le charmant coloris des fruits qui fuyaient sa faim. J'ai tout l'air de mettre ici la vie dans les jouissances, et je ne m'en défendrai pas trop, le tout bien entendu dans les intérêts de notre immortel esprit et pour son service bien compris ; car disait Shéridan, si la pensée est lente à venir, un verre de bon vin la stimule, et quand elle est venue, un bon verre de vin la récompense. Ah! oui, n'en déplaise aux spiritualistes et partant à moi-même, un verre de bon vin est l'âme de notre âme, et vaut mieux pour le profit intérieur que toutes les chansons dont on nous repait. Mais je parle

comme un hôte du Caveau, moi qui voulais dire simplement que la vie ne vaut pas une libation. . . .
. . . .
Débrouillez tout cela si vous pouvez. Pour moi, grâce à Dieu, je commence à me soucier assez peu de ce qui peut se passer en moi, et veux enfin me démêler de moi-même en plantant là cette psychologie qui est un mot disgracieux et une manie de notre siècle. »
. . . .
Il avait pourtant la conscience de son génie, car il dit quelque part :
. . . .
« Je ne tirerai jamais rien de bon de ce maudit cerveau où cependant, j'en suis sûr, loge quelque chose qui n'est pas sans prix; c'est la destinée de la perle dans l'huître au fond de l'Océan. Combien, et de la plus belle eau, qui ne seront jamais tirées à la lumière ! »

Ailleurs il se raille lui-même et sans amertume, sans dépit contre la gloire qui ne vient pas à lui, et qu'il ne veut pas chercher.

« Vous voulez donc que j'écrive quelque folie sur ce fol de Benvenuto ? Ce ne sera que vision d'un bout à l'autre. Ni l'art, ni l'histoire ne s'en trouveront bien. Je n'ai pas l'ombre d'une idée sur l'idéal, et l'histoire ne connaît point de galant homme plus ignorant que moi à son endroit. N'importe, je vous obéirai. N'êtes-vous pas pour moi tout le public et la *postérité* ? Mais ne me trouvez-vous pas plaisant avec ce mot où sont renfermés tous les hommes à venir qui se transmettront fidèlement de l'un à l'autre la plus complète ignorance du nom de votre pauvre serviteur ? Je veux dire que je n'aspire qu'à vous, à votre suffrage, et que je fais bon marché de tout le reste, la postérité comprise, pour être aussi sage que le renard gascon. »

Une seule fois il exprime la fantaisie de se faire imprimer dans une *Revue* « pour battre un peu monnaie, » et presque aussitôt il abandonne ce projet en disant : « Mais je n'ai dans la tête que des sujets insensés !.... Hélas! rien n'est beau comme l'idéal; mais aussi quoi de plus délicat et de plus dangereux à toucher ! Ce rêve si léger se change en plomb souvente fois dont on est rudement froissé. Je finirai ma complainte aujourd'hui par un vers de celle du Juif errant :

« Hélas ! mon Dieu ! »

. . . .

Il y a des mots admirables jetés çà et là dans ses lettres, de ceux que les écrivains de profession mettent en réserve pour les enchâsser au bout de leurs périodes comme le gros diamant au faîte du diadème. Il dit quelque part :

« Quand je goûte cette sorte de bien-être dans l'irritation, je ne puis comparer ma pensée (c'est presque fou) qu'à un feu du ciel qui frémit à l'horizon entre deux mondes. »

Et, vers la fin de la même lettre, il raconte que ses parentes s'inquiètent de l'altération de ses traits; cependant il leur cache le ravage intérieur de la maladie.

« Ah! disent-elles en se ravisant, c'est le retranchement de vos cheveux qui vous rend d'une mine si austère. — Les cheveux repousseront, et il n'y aura que plus d'ombre. »

J'ai cité autant que possible, mais j'ai dû taire tout ce qui tient à la vie intérieure. C'est pourtant là que se révèle le cœur du poëte. Ce cœur, je puis l'attester, quoi qu'en dise le noble rêveur qui s'accuse et se tourmente sans cesse comme à plaisir, est aussi délicat, aussi affectueux, aussi large que son intelligence. L'amitié est sentie et exprimée par lui de la façon la plus exquise et la plus profonde. L'amour aussi est placé là comme une religion ; mais peut-être cet amour de poëte ne se contente-t-il absolument que dans les choses incréées. Quoi qu'il en soit, et bien qu'à toute page un gémissement lui échappe, cet homme qui, dans son culte de l'idéal, voudrait s'idéaliser lui-même et ne sait pas s'habituer à l'infirmité de sa propre nature, cet homme est indulgent aux autres, fraternel, dévoué avec une sorte de stoïcisme, esclave de sa parole, simple dans ses goûts, charmé de la vue d'un camélia, résigné à la maladie, heureux d'être couché, tranquille derrière ses rideaux, « et plus près naturellement du pays des songes. » Il n'a d'amertume que contre la mobilité de son humeur et la susceptibilité excessive d'une organisation sans doute trop exquise pour supporter la vie telle qu'elle est arrangée en ce triste monde. Qu'a-t-il donc manqué à cet enfant privilégié du ciel ? Qu'eût-il donc fallu pour que cette sensitive, si souvent froissée et repliée sur elle-même, s'ouvrît aux rayons d'un soleil bienfaisant ? C'est précisément le soleil de l'intelligence, c'est la foi ; c'est une religion, une notion nette et grande de sa mission en ce monde, des causes et des fins de l'humanité, des devoirs de l'homme par rapport à ses semblables et des droits de ce même homme envers la société universelle. C'est là ce secret terrible que le Centaure cherchait sur les lèvres de Cybèle endormie, ce son mystérieux qu'il eût voulu recueillir sur la pierre magique où Apollon avait posé sa lyre. Il sentait l'infini dans l'univers, mais il ne le sentait pas en lui-même. Effrayé de ce néant imaginaire qui a tant pesé sur l'âme de Byron et des grands poètes sceptiques, il eût voulu se réfugier dans les demeures profondes des antiques divinités, symboles imparfaits de la vie partout féconde, éternelle et divine; il eût voulu dissoudre son être dans les éléments, dans les bois, dans les eaux, dans ce qu'il appelle les *choses naturelles*; il eût voulu dépouiller son être comme un vêtement trop lourd, et remonter comme une essence subtile dans le sein du Créateur, pour savoir ce que signifie cette vie d'un jour sur la terre et ce silence qui règne en deçà du berceau comme au delà de la tombe.

Dira-t-on que ce fut là un rêveur, un insensé, et que cette existence flétrie, cette mort désolée sont des faits individuels, des maladies de l'esprit qui ne prouvent rien contre l'organisation de la société humaine? Où donc est le tort, dira-t-on peut-être, si les individus agitent de telles questions dans leur sein, que la société ne puisse les résoudre? En admettant l'humanité aussi continuellement progressive que vous la rêvez, n'y aura-t-il pas, dans des âges plus avancés, des individus qui seront encore en avant de leur siècle? N'y en aura-t-il pas tant que l'humanité subsistera, et sera-t-elle coupable chaque fois qu'une avidité dévorante poussera quelques-uns de ses membres à troubler son cours auguste et mesuré par l'impatience de leur idéal et le mépris des croyances reçues?

Il serait facile de répondre à de telles questions ; mais les esprits qui condamnent ainsi les idéalistes impatients du temps présent n'ont pas mission pour juger de la société future. Ont-ils le droit d'y jeter seulement un regard, eux qui n'ont pas la volonté de moraliser et d'élever les intérêts de la vie actuelle? eux qui n'ont ni respect, ni sympathie, ni pitié pour les tortures des âmes tendres et religieuses, veuves de toute religion et de toute charité? eux qui vivent des bienfaits de la terre sans rechercher la source d'où ils découlent? eux qui ont fait le siècle athée et qui exploitent l'athéisme, regardant naître et mourir avec une ironique tolérance les religions qui essaient d'éclore et celles qui sont à leur déclin? eux qui consacrent en théorie le principe du dogme éternel de l'égalité, de la liberté et de la fraternité, en maintenant dans le fait l'esclavage, l'inégalité, la discorde? Qu'a-t-elle donc fait pour notre éducation morale, et que fait-elle pour nos enfants, cette société conservée avec tant d'amour et de soin? Pour nous, ce furent des prêtres investis de la puissance gouvernementale qui tyrannisaient nos consciences sans permettre l'exercice de la raison humaine. Pour nos enfants, ce sont des athées qui, ne s'inquiétant ni de la raison ni de la conscience, leur prêchent pour toute doctrine le maintien d'un ordre monstrueux, inique, impossible. Étonnez-vous donc que cette génération produise des intelligences qui avortent faute d'un enseignement fait pour elles, et des cerveaux qui se brisent dans la recherche d'une vérité que vous flétrissez de ridicule, que vous traitez de folie coupable et d'inaptitude à la vie sociale? Il vous sied mal, en vérité, de dire que ceux-là sont des fous, car vous êtes insensés vous-mêmes de croire à un ordre basé sur l'absence de tout principe de justice et de vérité. Nos enfants n'accepteront pas vos enseignements, et, si vous réussissez à les corrompre, ce ne sera pas à votre profit.

Peut-être un jour vous diront-ils à leur tour : — Laissez-nous pleurer nos martyrs, nous autres poëtes sans patrie, lyres brisées, qui savons bien la cause de leur gémissement et du nôtre. Vous ne comprenez pas le mal qui les a tués ; eux-mêmes ne l'ont pas compris. Pour voir clair en soi-même, pour s'expliquer ces langueurs, ces découragements, pour trouver un nom à ces ennuis sans fin, à ces désirs insaisissables et sans forme connue, il faudrait avoir déjà une première initiation ; et, dans ce temps de décadence et de transformation, les plus grandes intelligences ne l'ont eue que bien tard et ne l'ont conquise qu'après de bien rudes souffrances. Saint Augustin n'avait-il pas le spleen, lui aussi, et savait-il, avant d'ouvrir les yeux au christianisme, quelle lumière lui manquait pour dissiper les ténèbres de son âme? Si quelques-uns d'entre nous aujourd'hui ouvrent aussi les yeux à une lumière nouvelle, n'est-ce pas que la Providence les favorise étrangement? et ne leur faut-il pas chercher ce grain de foi dans l'obscurité, dans la tourmente, assaillis par le doute, l'absence de toute sympathie, de tout exemple, de tout concours fraternel, de toute protection dans les hautes régions de la puissance ? Où sont donc les hommes forts qui se sont levés dans un concile nouveau pour dire : « Il importe de s'enquérir enfin des secrets de la vie et de la mort, et de dire aux petits et aux simples ce qu'ils ont à faire en ce monde. » Ils savent bien déjà que Dieu n'est pas un vain mot, et qu'il ne les a pas créés pour servir, pour mendier ou pour conquérir leur vie par le meurtre et le pillage. Essayez de parler enfin à vos frères cœur à cœur, conscience à conscience ; vous verrez bien que des langues que vous croyez muettes se délieront, et que de grands enseignements monteront d'en bas vers vous, tandis que la lumière d'en haut descendra sur vos têtes. Essayez... mais vous ne le pouvez pas, occupés que vous êtes de reprendre et de recrépir de toutes parts ces digues que le flot envahit ; l'existence matérielle de cette société absorbe tous vos soins et dépasse toutes vos forces. En attendant, les puissances de l'esprit se développent et se dressent de toutes parts autour de vous. Parmi ces spectres menaçants, quelques-uns s'effacent et rentrent dans la nuit, parce que l'heure de la vie n'a pas sonné, et que le souffle impétueux qui les animait ne pouvait lutter plus longtemps dans l'horreur de ce chaos ; mais il en est d'autres qui sauront attendre, et vous les retrouverez debout pour vous dire : Vous avez laissé mourir nos frères, et nous, nous ne voulons pas mourir.

LE CENTAURE.

J'ai reçu la naissance dans les antres de ces montagnes. Comme le fleuve de cette vallée dont les gouttes primitives coulent de quelque roche qui pleure dans une grotte profonde, le premier instant de ma vie tomba dans les ténèbres d'un séjour reculé et sans troubler son silence. Quand nos mères approchent de leur délivrance, elles s'écartent vers les cavernes, et, dans le fond des plus sauvages, au plus épais de l'ombre, elles enfantent sans élever une plainte des fruits silencieux comme elles-mêmes. Leur lait puissant nous fait surmonter sans langueur ni lutte douteuse les premières difficultés de la vie ; et cependant nous sortons de nos cavernes plus tard que vous de vos berceaux. C'est qu'il est répandu parmi nous qu'il faut soustraire et envelopper les premiers temps de l'existence, comme des jours remplis par les dieux. Mon accroissement eut son cours presque entier dans les ombres où j'étais né. Le fond de mon séjour se trouvait si avancé dans l'épaisseur de la montagne que j'eusse ignoré le côté de l'issue, si, détournant quelquefois dans cette ouverture, les vents n'y eussent jeté des fraîcheurs et des troubles soudains. Quelquefois aussi, ma mère rentrait environnée du parfum des vallées ou ruisselante des flots qu'elle fréquentait. Or, ces retours qu'elle faisait, sans m'instruire jamais des vallons et des fleuves, mais suivie de leurs émanations, inquiétaient mes esprits et je rôdais tout agité dans mes ombres. Quels sont-ils, me disais-je, ces *dehors* (1) où ma mère s'emporte, et

---

1. Cette expression est étrange, peu grammaticale, peut-être ; mais je n'en vois pas de plus belle et de plus saisissante pour rendre le sentiment mystérieux d'un monde inconnu. Un tel écrivain eût été contesté sans doute, mais il eût fait faire de grands progrès à notre langue, quoi qu'on eût pu dire.

qu'y règne-t-il de si puissants qui l'appelle à soi si fréquemment? Mais qu'y ressent-on de si opposé qu'elle en revienne chaque jour diversement émue? Ma mère rentrait, tantôt animée d'une joie profonde, et tantôt triste et traînante et comme blessée. La joie qu'elle rapportait se marquait de loin dans quelques traits de sa marche et s'épandait de ses regards. J'en éprouvais des communications dans tout mon sein; mais ses abattements me gagnaient bien davantage et m'entraînaient bien plus avant dans les conjectures où mon esprit se portait. Dans ces moments, je m'inquiétais de mes forces, j'y reconnaissais une puissance qui ne pouvait demeurer solitaire, et, me prenant, soit à secouer mes bras, soit à multiplier mon galop dans les ombres spacieuses de la caverne, je m'efforçais de découvrir dans les coups que je frappais au vide, et par l'emportement des pas que j'y faisais, vers quoi mes bras devaient s'étendre et mes pieds m'emporter... Depuis j'ai noué mes bras autour du buste des centaures, et du corps des héros, et du tronc des chênes; mes mains ont tenté les rochers, les eaux, les plantes innombrables et les plus subtiles impressions de l'air, car je les élève dans les nuits aveugles et calmes pour qu'elles surprennent les souffles et en tirent des signes pour augurer mon chemin; mes pieds, voyez, ô Mélampe, comme ils sont usés! Et cependant, tout glacé que je suis dans ces extrémités de l'âge, il est des jours où, en pleine lumière, sur les sommets, j'agite de ces courses de ma jeunesse dans la caverne, et, pour le même dessein, brandissant mes bras et employant tous les restes de ma rapidité.

Ces troubles alternaient avec de longues absences de tout mouvement inquiet. Dès lors, je ne possédais plus d'autre sentiment dans mon être entier que celui de la croissance et des degrés de vie qui montaient dans mon sein. Ayant perdu l'amour de l'emportement et retiré dans un repos absolu, je goûtais sans altération le bienfait des dieux qui se répandait en moi. Le calme et les ombres président au charme secret du châtiment de la vie. Ombres qui habitez les cavernes de ces montagnes, je dois à vos soins silencieux l'éducation cachée qui m'a si fortement nourri, et d'avoir, sous votre garde, goûté la vie toute pure et telle qu'elle me venait sortant du sein des dieux! Quand je descendis de votre asile dans la lumière du jour, je chancelai et ne la saluai pas, car elle s'empara de moi avec violence, m'enivrant comme eût fait une liqueur soudainement versée dans mon sein, et j'éprouvai que mon être, jusque-là si ferme et si simple, s'ébranlait et perdait beaucoup de lui-même, comme s'il eût dû se disperser dans les vents.

O Mélampe, qui voulez savoir la vie des centaures, par quelle volonté des dieux avez-vous été guidé vers moi, le plus vieux et le plus triste de tous? Il y a longtemps que je n'exerce plus rien dans leur vie. Je ne quitte plus ce sommet de montagne où l'âge m'a confiné. La pointe de mes flèches ne me sert plus qu'à déraciner les plantes tenaces; les lacs tranquilles me connaissent encore, mais les fleuves m'ont oublié. Je vous dirai quelques points de ma jeunesse; mais ces souvenirs, issus d'une mémoire altérée, se traînent comme les flots d'une libation avare en tombant d'une urne endommagée. Je vous ai exprimé aisément les premières années, parce qu'elles furent calmes et parfaites ; c'était la vie seule et simple qui m'abreuvait, cela se retient et se récite sans peine. Un dieu, supplié de raconter sa vie, la mettrait en deux mots, ô Mélampe !

L'usage de ma jeunesse fut rapide et rempli d'agitation. Je vivais de mouvement et ne connaissais pas de borne à mes pas. Dans la fierté de mes forces libres, j'errais m'étendant de toutes parts dans ces déserts. Un jour que je suivais une vallée où s'engagent peu les centaures, je découvris un homme qui côtoyait le fleuve sur la rive contraire. C'était le premier qui s'offrit à ma vue ; je le méprisai. Voilà tout au plus, me dis-je, la moitié de mon être ! Que ses pas sont courts et sa démarche malaisée ! Ses yeux semblent mesurer l'espace avec tristesse. Sans doute, c'est un centaure renversé par les dieux et qu'ils ont réduit à se traîner ainsi.

Je me délassais souvent de mes journées dans le lit des fleuves. Une moitié de moi-même cachée dans les eaux, s'agitait pour le surmonter, tandis que l'autre s'élevait tranquille et que je portais mes bras oisifs bien au-dessus des flots. Je m'oubliais ainsi au milieu des ondes, cédant aux entraînements de leur cours, qui m'emmenait au loin et conduisait leur hôte sauvage à tous les charmes des rivages. Combien de fois, surpris par la nuit, j'ai suivi les courants sous les ombres qui se répandaient, déposant jusque dans le fond des vallées l'influence nocturne des dieux ! Ma vie fougueuse se tempérait alors au point de ne laisser plus qu'un léger sentiment de mon existence répandu par tout mon être avec une égale mesure, comme, dans les eaux où je nageais, les lueurs de la déesse qui parcourt les nuits. Mélampe, ma vieillesse regrette les fleuves; paisibles la plupart et monotones, ils suivent leur destinée avec plus de calme que les centaures, et une sagesse plus bienfaisante que celle des hommes. Quand je sortais de leur sein, j'étais suivi de leurs dons, qui m'accompagnaient des jours entiers et ne se retiraient qu'avec lenteur, à la manière des parfums.

Une inconstance sauvage et aveugle disposait de mes pas. Au milieu des courses les plus violentes, il m'arrivait de rompre subitement mon galop, comme si un abîme se fût rencontré à mes pieds, ou bien un dieu debout devant moi. Ces immobilités soudaines me laissaient ressentir ma vie tout émue par les emportements où j'étais. Autrefois j'ai coupé dans les forêts des rameaux qu'en courant j'élevais par-dessus ma tête; la vitesse de la course suspendait la mobilité du feuillage, qui ne rendait plus qu'un frémissement léger; mais, au moindre repos, le vent et l'agitation rentraient dans le rameau, qui reprenait le cours de ses murmures. Ainsi ma vie, à l'interruption subite des carrières impétueuses que je fournissais à travers ces vallées, frémissait dans tout mon sein. Je l'entendais courir en bouillonnant et rouler le feu qu'elle avait pris dans l'espace ardemment franchi. Mes flancs animés luttaient contre ses flots dont ils étaient pressés intérieurement, et goûtaient dans ces tempêtes la volupté qui n'est connue que des rivages de la mer, de renfermer sans aucune perte une vie montée à son comble et irritée. Cependant, la tête inclinée au vent qui m'apportait le frais, je considérais la cime des montagnes devenues lointaines en quelques instants, les arbres des rivages et les eaux des fleuves, celles-ci portées d'un cours traînant, ceux-là attachés dans le sein de la terre, et mobiles seulement par leurs branchages soumis au souffle de l'air qui les font gémir. « Moi seul, me disais-je, j'ai le mouvement libre, et j'emporte à mon gré ma vie de l'un à l'autre bout de ces vallées. Je suis plus heureux que les torrents qui tombent des montagnes pour n'y plus remonter. Le roulement de mes pas est plus beau que les plaintes des bois et que les bruits de l'onde ; c'est le retentissement du centaure errant et qui se guide lui-même. » Ainsi, tandis que mes flancs agités possédaient l'ivresse de la course, plus haut j'en ressentais l'orgueil, et, détournant la tête, je m'arrêtais quelque temps à considérer ma croupe fumante.

La jeunesse est semblable aux forêts verdoyantes tourmentées par les vents : elle agite de tous côtés les riches présents de la vie, et toujours quelque profond murmure règne dans son feuillage. Vivant avec l'abandon des fleuves, respirant sans cesse Cybèle, soit dans le lit des vallées, soit à la cime des montagnes, je bondissais partout comme une vie aveugle et déchaînée. Mais lorsque la nuit, remplie du calme des dieux, me trouvait sur le penchant des monts, elle me conduisait à l'entrée des cavernes, et m'y apaisait comme elle apaise les vagues de la mer, laissant survivre en moi de légères ondulations qui écartaient le sommeil sans altérer mon repos. Couché sur le seuil de ma retraite, les flancs cachés dans l'antre et la tête sous le ciel, je suivais le spectacle des ombres. Alors la vie étrangère qui m'avait pénétré durant le jour se détachait de moi goutte à goutte, retournant au sein paisible de Cybèle, comme après l'ondée les débris de la pluie attachée aux feuillages font leur chute et rejoignent les eaux. On dit que les dieux marins quittent, durant les ombres, leurs palais profonds, et, s'asseyant sur les promontoires, étendent leurs regards sur les flots. Ainsi je veillais ayant à mes pieds une étendue de vie semblable à la mer assoupie. Rendu à l'existence distincte et pleine, il me paraissait que je sortais de naître, et que des eaux profondes et qui m'avaient conçu dans leur sein venaient de me laisser sur le haut de la montagne, comme un dauphin oublié sur les sirtes par les flots d'Amphitrite.

Mes regards couraient librement et gagnaient les points les plus éloignés. Comme des rivages toujours humides, le cours des montagnes du couchant demeurait empreint de lueurs mal essuyées par les ombres. Là survivaient, dans les clartés pâles, des sommets nus et purs. Là, je voyais descendre tantôt le dieu Pan, toujours solitaire, tantôt le chœur des divinités secrètes, ou passer quelque nymphe des montagnes enivrée par la nuit. Quelquefois les aigles du mont Olympe traversaient le haut du Ciel et s'évanouissaient dans les constellations reculées ou sous les bois inspirés. L'esprit des dieux, venant à s'agiter, troublait soudainement le calme des vieux chênes.

Vous poursuivez la sagesse, ô Mélampe! qui est la science de la volonté des dieux, et vous errez parmi les peuples comme un mortel égaré par les destinées. Il est dans ces lieux une pierre qui, dès qu'on la touche, rend un son semblable à celui des cordes d'un instrument qui se rompent, et les hommes racontent qu'Apollon, qui chassait son troupeau dans ces déserts, ayant mis sa lyre sur cette pierre, y laissa cette mélodie. O Mélampe, les dieux errants ont posé leur lyre sur les pierres, mais aucun... aucun ne l'y a oubliée. Au temps où je veillais dans les cavernes, j'ai cru quelquefois que j'allais surprendre les rêves de Cybèle endormie, et que la mère des dieux, trahie par les songes, perdrait quelques secrets; mais je n'ai jamais reconnu que des sons qui se dissolvaient dans le souffle de la nuit, ou des mots inarticulés comme le bouillonnement des fleuves.

« O Macarée, me dit un jour le grand Chiron dont je suivais la vieillesse, nous sommes tous deux centaures des montagnes, mais que nos pratiques sont opposées ! Vous le voyez, tous les soins de mes journées consistent dans la recherche des plantes, et vous, vous êtes semblable à ces mortels qui ont recueilli sur les eaux ou dans les bois et porté à leurs lèvres quelques fragments du chalumeau rompu par le dieu Pan. Dès lors ces mortels, ayant respiré dans ces débris du dieu un esprit sauvage ou peut-être gagné quelque fureur secrète, entrent dans les déserts, se plongent aux forêts, côtoient les eaux, se mêlent aux montagnes, inquiets et portés d'un dessein inconnu. Les cavales aimées par les vents dans la Scythie la plus lointaine, ne sont ni plus farouches que vous, ni plus tristes le soir, quand l'Aquilon s'est retiré. Cherchez-vous les dieux, ô Macarée, et d'où sont issus les hommes, les animaux et les principes du feu universel? Mais le vieil Océan, père de toutes choses, retient en lui-même ces secrets, et les nymphes qui l'entourent décrivent en chantant un chœur éternel devant lui, pour couvrir ce qui pourrait s'évader de ses lèvres entr'ouvertes par le sommeil. Les mortels qui touchèrent les dieux par leur vertu, ont reçu de leurs mains des lyres pour charmer les peuples, ou des semences nouvelles pour les enrichir, mais rien de leur bouche inexorable.

» Dans ma jeunesse, Apollon m'inclina vers les plantes, et m'apprit à dépouiller dans leurs veines les sucs bienfaisants. Depuis j'ai gardé fidèlement la grande demeure de ces montagnes, inquiet, mais me détournant sans cesse à la quête des simples, et communiquant les vertus que je découvre. Voyez-vous d'ici la cime chauve du mont Œta? Alcide l'a dépouillée pour construire son bûcher. O Macarée! les demi-dieux, enfants des dieux, étendent la dépouille des lions sur les bûchers, et se consument au sommet des montagnes! les poisons de la terre infectent le sang reçu des immortels! Et nous, centaures engendrés par un mortel audacieux dans le sein d'une vapeur semblable à une déesse, qu'attendrions-nous du secours de Jupiter, qui a foudroyé le père de notre race? Le vautour des dieux déchire éternellement les entrailles de l'ouvrier qui forma le premier homme. O Macarée! hommes et centaures reconnaissent pour auteurs de leur sang des soustracteurs du privilége des immortels, et peut-être que tout ce qui se meut hors d'eux-mêmes n'est qu'un larcin qu'on leur a fait, qu'un léger débris de leur nature emporté au loin, comme la semence qui vole, par le souffle tout-puissant du destin. On publie qu'Égée, père de Thésée, cacha sous le poids d'une roche, au bord de la mer, des souvenirs et des marques à quoi son fils pût un jour reconnaître sa naissance. Les dieux jaloux ont enfoui quelque part les témoignages de la descendance des choses ; mais au bord de quel océan ont-ils roulé la pierre qui les couvre, ô Macarée ! »

Telle était la sagesse où me portait le grand Chiron. Réduit à la dernière vieillesse, le centaure nourrissait dans son esprit les plus hauts discours. Son buste encore hardi s'affaissait à peine sur ses flancs qu'il surmontait en marquant une légère inclinaison, comme un chêne attristé par les vents, et la force de ses pas souffrait à peine de la perte des années. On eût dit qu'il retenait des restes de l'immortalité autrefois reçue d'Apollon, mais qu'il avait rendue à ce dieu.

Pour moi, ô Mélampe, je décline dans la vieillesse, calme comme le coucher des constellations. Je garde encore assez de hardiesse pour gagner le haut des rochers où je m'attarde soit à considérer les nuages sauvages et inquiets, soit à voir venir de l'horizon les Hyades pluvieuses, les Pléiades ou le grand Orion ; mais je reconnais que je me réduis et me perds rapidement comme une neige flottant sur les eaux, et que prochainement j'irai me mêler aux fleuves qui coulent dans le vaste sein de la terre.

FRAGMENT

Non, ce n'est plus assez de la roche lointaine
Où mes jours, consumés à contempler les mers,
Ont nourri dans mon sein un amour qui m'entraîne
A suivre aveuglément l'attrait des flots amers.
Il me faut sur le bord une grotte profonde
Que l'orage remplit d'écume et de clameurs,
Où, quand le dieu du jour se lève sur le monde,
L'œil règne et se contente au vaste sein de l'onde,
Ou suit à l'horizon la fuite des rameurs.
J'aime Thétis, ses bords ont des sables humides;
La pente qui m'attire y conduit mes pieds nus;
Son haleine a gonflé mes songes trop timides,
Et je vogue, en dormant, à des points inconnus.
L'amour, qui dans le sein des roches les plus dures
Tire de son sommeil la source des ruisseaux,
Du désir de la mer émeut ses faibles eaux,
La conduit vers le jour par des veines obscures,
Et qui, précipitant sa pente et ses murmures,
Dans l'abîme cherché termine ses travaux;
C'est le mien. Mon destin s'incline vers la plage.
Le secret de mon mal est au sein de Thétis.
J'irai, je goûterai les plantes du rivage,
Et peut-être en mon sein tombera le breuvage
Qui change en dieux des mers les mortels engloutis.
Non, je transporterai mon chaume des montagnes
Sur la pente du sable, aux bords pleins de fraîcheur;
Là, je verrai Thétis, répandant sa blancheur,
A l'éclat de ses pieds entraîner ses compagnes;
Là, ma pensée aura ses humides campagnes;
J'aurai même une barque et je serai pêcheur.
Ah! le dieux retirés aux antres qu'on ignore,
Les dieux secrets, plongés dans le charme des eaux,
Se plaisent à ravir un berger aux troupeaux,
Mes regards aux vallons, mon souffle aux chalumeaux,
Pour charger mon esprit du mal qui le dévore.

J'étais berger ; j'avais plus de mille brebis.
Berger je suis encor, mes brebis sont fidèles :
Mais qu'aux champs refroidis languissent les épis,
Et meurent dans mon sein les soins que j'eus pour elles.
Au cours de l'abandon je laisse errer leurs pas ;
Et je me livre aux dieux que je ne connais pas !...
J'immolerai ce soir aux nymphes des montagnes.

. . . .

Nymphes, divinités dont le pouvoir conduit
Les racines des bois et le cours des fontaines,
Qui nourrissez les airs de fécondes haleines,
Et des sources que Pan entretient toujours pleines,
Aux champs menez la vie à grands flots et sans bruit,
Comme la nuit répand le sommeil dans nos veines.
Dieux des monts et des bois, dieux nommés ou cachés,
De qui le charme vient à tous lieux solitaires ;
Et toi, dieu des bergers à ces lieux attachés,
Pan, qui dans les forêts m'entr'ouvris tes mystères,
Vous tous, dieux de ma vie et que j'ai tant aimés,
De vos bienfaits en moi réveillez la mémoire,
Pour m'ôter ce penchant et ravir la victoire
Aux perfides attraits dans la mer enfermés.
Comme un fruit suspendu dans l'ombre du feuillage,
Mon destin s'est formé dans l'épaisseur des bois.
J'ai grandi, recouvert d'une chaleur sauvage,
Et le vent qui rompait le tissu de l'ombrage
Me découvrit le ciel pour la première fois.
Les faveurs de nos dieux m'ont touché dès l'enfance ;
Mes plus jeunes regards ont aimé les forêts,
Et mes plus jeunes pas ont suivi le silence
Qui m'entraînait bien loin dans l'ombre et les secrets.
Mais le jour où, du haut d'une cime perdue,
Je vis (ce fut pour moi comme un brillant réveil !)
Le monde parcouru par les feux du soleil,
Et les champs et les eaux couchés dans l'étendue,
L'étendue enivra mon esprit et mes yeux ;
Je voulus égaler mes regards à l'espace,
Et posséder sans borne, en égarant ma trace,
L'ouverture des champs avec celle des cieux.
Aux bergers appartient l'espace et la lumière,

En parcourant les monts ils épuisent le jour ;
Ils sont chers à la nuit, qui s'ouvre tout entière
A leurs pas inconnus, et laisse leur paupière
Ouverte aux feux perdus dans leur profond séjour.
Je courus aux bergers, je reconnus leurs fêtes,
Je marchai, je goûtai le charme des troupeaux ;
Et sur le haut des monts comme au sein des retraites,
Les dieux, qui m'attiraient dans leurs faveurs secrètes,
Dans des pièges divins prenaient mes sens nouveaux.
Dans les réduits secrets que le gazon récèle,
Un vers, du jour éteint recueillant les débris,
Lorsque tout s'obscurcit, devient une étincelle,
Et, plein des traits perdus de la flamme éternelle,
Goûte encor le soleil dans l'ombre des abris.
Ainsi. . . . .

Le Centaure, qui est complet, et ce fragment de vers, qu'on pourrait intituler *Glaucus*, sont les seuls essais que nous ayons pu recueillir. Si les parents et les amis de M. de Guérin en retrouvaient d'autres, nous les engageons à les réunir et à les publier.

VIII

HARRIETT BEECHER STOWE

LA CASE DE L'ONCLE TOM

Ce livre est dans toutes les mains, dans tous les journaux. Il aura, il a déjà des éditions dans tous les formats [1]. On le dévore, on le couvre de larmes. Il n'est déjà plus permis aux personnes qui savent lire de ne l'avoir pas lu, et on regrette qu'il y ait tant de gens condamnés à ne le lire jamais : ilotes par la misère, esclaves par l'ignorance, pour lesquels les lois politiques ont été impuissantes jusqu'à ce jour à résoudre le double problème du pain de l'âme et du pain du corps.

Ce n'est donc pas, ce ne peut pas être une réclame

En Amérique seulement, il a été tiré, la première année (1852), à plus de 200,000 exemplaires.

officieuse que de revenir sur le livre de madame Stowe. Nous le répétons, c'est un hommage, et jamais œuvre généreuse et pure n'en mérita un plus tendre et plus spontané. Elle est loin d'ici ; nous ne la connaissons pas, celle qui a fait pénétrer dans nos cœurs des émotions si tristes et pourtant si douces. Remercions-la d'autant plus ! Que la voix attendrie des femmes, que la voix généreuse des hommes et celle des enfants, si adorablement glorifiés dans ce livre, et celle des opprimés de ce monde-ci, traversent les mers et aillent lui dire qu'elle est estimée, qu'elle est aimée !

Si le meilleur éloge qu'on puisse faire de l'auteur, c'est de l'aimer ; le plus vrai qu'on puisse faire du livre, c'est d'en aimer les défauts. Il ne faut pas les passer sous silence, il ne faut pas en éluder la discussion, et il ne faut pas vous en inquiéter, vous qu'on raille de pleurer naïvement sur le sort des victimes au récit des événements simples et vrais.

Ces défauts-là n'existent que relativement à des conventions d'art qui n'ont jamais été, qui ne seront jamais absolues. Si les juges, épris de ce que l'on appelle la *facture*, trouvent des longueurs, des redites, de l'inhabileté dans ce livre, regardez bien, pour vous rassurer sur votre propre jugement, si leurs yeux sont parfaitement secs quand vous leur en lirez un chapitre pris au hasard.

Ils vous rappelleront bientôt ce sénateur de l'Ohio qui soutient à sa petite femme qu'il a fort bien fait de voter la loi de refus d'asile et de protection aux fugitifs, et qui, tout aussitôt, en prend deux dans sa carriole et les conduit lui-même, en pleine nuit, dans des chemins affreux où il se met plusieurs fois dans la boue jusqu'à la ceinture pour pousser à la roue et les empêcher de verser. Cet épisode charmant de l'*Oncle Tom* (hors-d'œuvre si vous voulez) peint, on ne peut mieux, la situation de la plupart des hommes placés entre l'usage, le préjugé et leur propre cœur, bien autrement naïf et généreux que leurs institutions et leurs coutumes.

C'est l'histoire attendrissante et plaisante à la fois du grand nombre des critiques indépendants. Que ce soit en fait de questions sociales ou de questions littéraires, ceux qui prétendent juger froidement et au point de vue de la règle pure sont bien souvent aux prises avec l'émotion intérieure, et parfois ils en sont vaincus sans vouloir l'avouer. J'ai toujours été frappé et charmé de l'anecdote de Voltaire, raillant et méprisant les fables de la Fontaine, prenant le livre et disant : « Attendez, vous allez voir ! la première venue ! » Il en lit une : « Celle-là est passable ; mais vous allez voir comme celle-ci est stupide ! »

Il passe à une seconde. Il se trouve qu'elle est assez jolie. Une troisième le désarme encore. Enfin, las de chercher, il jette le volume en s'écriant avec un dépit ingénu : « *Ce n'est qu'un ramassis de chefs-d'œuvre !* » Les grands esprits peuvent être bilieux et vindicatifs, mais dès qu'ils réfléchissent, il leur est impossible d'être injustes et insensibles.

Il en faut dire autant, proportion gardée, de tous les gens d'esprit qui font profession de juger avec l'esprit. Si leur esprit est de bon aloi, leur cœur ne résistera jamais à un sentiment vrai. Voilà pourquoi ce livre, mal fait suivant les règles du roman moderne en France, passionne tout le monde et triomphe de toutes les critiques, de toutes les discussions qu'il soulève dans les familles.

Car il est essentiellement domestique et *familial*, ce bon livre aux longues causeries, aux portraits soigneusement étudiés. Les mères de famille, les jeunes personnes, les enfants, les serviteurs, peuvent le lire et le comprendre, et les hommes, même les hommes supérieurs, ne peuvent pas le dédaigner. Nous ne dirons pas que c'est à cause des immenses qualités qui en rachètent les défauts ; nous disons que c'est aussi à cause de ses prétendus défauts.

On a longtemps lutté en France contre les prolixités d'exposition de Walter Scott ; on s'est récrié ensuite contre celles de Balzac, et, tout bien considéré, on s'est aperçu que, dans la peinture des mœurs et des caractères, il n'y avait jamais trop, quand chaque coup de pinceau était à sa place et concourait à l'effet général. Ce n'est pas que la sobriété et la rapidité ne soient aussi des qualités éminentes ; mais apprenons donc à aimer toutes les manières, quand elles sont bonnes et quand elles portent le cachet d'une *maestria* savante ou instinctive.

Madame Stowe est tout instinct. C'est pour cela qu'elle paraît d'abord n'avoir pas de talent.

Elle n'a pas de talent ! — Qu'est-ce que le talent ? — Rien, sans doute, devant le génie ; mais a-t-elle du génie ? Je ne sais pas si elle a du talent comme on l'entend dans le monde lettré, mais elle a du génie comme l'humanité sent le besoin d'en avoir : elle a le génie du bien. Ce n'est peut-être pas un homme de lettres; mais savez-vous ce que c'est? c'est une sainte: pas davantage.

Oui, une sainte! Trois fois sainte est l'âme qui aime, bénit et console ainsi les martyrs! Pur, pénétrant et profond est l'esprit qui sonde ainsi les replis de l'être humain! Grand, généreux et vaste est le cœur qui embrasse de sa pitié, de son amour, de son respect tout une race couchée dans le sang et la fange, sous le fouet des bourreaux, sous la malédiction des impies.

Il faut bien qu'il en soit ainsi; il faut bien que nous valions mieux que nous ne le savons nous-mêmes; il faut bien que, malgré nous, nous sentions que le génie c'est le cœur, que la puissance c'est la foi, que le talent c'est la sincérité, et que, finalement, le succès c'est la sympathie, puisque ce livre-là nous bouleverse, nous serre la gorge, nous navre l'esprit et nous laisse un étrange sentiment de tendresse et d'admiration pour la figure d'un pauvre nègre lacéré de coups, étendu dans la poussière, et râlant sous un hangar son dernier souffle exhalé vers Dieu.

En fait d'art, d'ailleurs, il n'y a qu'une règle, qu'une loi, montrer et émouvoir. Où trouverons-nous des créations plus complètes, des types plus vivants, des situations plus touchantes et même plus originales que dans l'*Oncle Tom*? Ces douces relations de l'esclave avec l'enfant du maître signalent un état de choses inconnu chez nous; la protestation du maître lui-même contre l'esclavage durant toute la phase de sa vie où son âme appartient à Dieu seul. La société s'en empare ensuite, la loi chasse Dieu, l'intérêt dépose la conscience. En prenant l'âge d'homme, l'enfant cesse d'être homme; il devient *maître :* Dieu meurt dans son sein.

Quelle main expérimentée a jamais tracé un type plus saisissant et plus attachant que Saint-Clair, cette nature d'élite, aimante, noble, généreuse, mais trop douce et trop nonchalante pour être grande? N'est-ce pas l'homme en général, l'homme avec ses qualités innées, ses bons élans et ses déplorables imprévoyances, ce charmant *maître* qui aime, qui est aimé, qui pense, qui raisonne, et qui ne conclut et n'agit jamais? Il dépense en un jour des trésors d'indulgence, de raison, de justice et de bonté; il meurt sans avoir rien sauvé. Sa vie précieuse à tous se résume dans un mot : aspirer et regretter. Il n'a pas su vouloir. Hélas! est-ce qu'il n'y a pas un peu de cela chez les meilleurs et les plus forts des hommes!

La vie et la mort d'un enfant, la vie et la mort d'un nègre, voilà tout le livre. Ce nègre et cet enfant, ce sont deux saints pour le ciel. L'amitié qui les unit, le respect de ces deux perfections l'une pour l'autre, c'est tout l'amour, toute la passion du drame. Je ne sais pas quel autre génie que celui de la sainteté même eût pu répandre sur cette affection et sur cette situation un charme si puissant et si soutenu.

L'enfant lisant la Bible sur les genoux de l'esclave, rêvant à ses cantiques en jouant au milieu de sa maturité exceptionnelle, le parant de fleurs comme une poupée, puis le saluant comme une chose sacrée, et passant de la familiarité tendre à la tendre vénération; puis dépérissant d'un mal mystérieux qui n'est autre que le déchirement de la pitié dans un être trop pur et trop divin pour accepter la *loi;* mourant enfin dans les bras de l'esclave, en l'appelant après elle dans le sein de Dieu. Tout cela est si neuf et si beau, qu'on se demande en y pensant si le succès est à la hauteur de l'œuvre.

Les enfants sont les véritables héros de madame Stowe. Son âme, la plus maternelle qui fût jamais, a conçu tous ces petits êtres dans un rayon de la grâce. Georges Shelby, le petit Harry, le cousin d'Éva, le marmot regretté de la petite femme du sénateur, et Topsy, la pauvre, la diabolique et excellente Topsy, ceux qu'on voit et ceux même qu'on ne voit pas dans ce roman, mais dont il est dit seulement trois mots par leurs mères désolées, c'est un monde de petits anges blancs et noirs, où toute femme reconnaît l'objet de son amour, la source de ses joies ou de ses larmes. En prenant une forme dans l'esprit de madame Stowe, ces enfants, sans cesser d'être des enfants, prennent aussi des proportions idéales, et arrivent à nous intéresser plus que tous les personnages des romans d'amour.

Les femmes y sont jugées et dessinées aussi de main de maître, non pas seulement les mères, qui y sont sublimes, mais celles qui ne sont mères ni de cœur ni de fait, et dont l'infirmité est traitée avec indulgence ou avec rigueur. A côté de la méthodique miss Ophélia, qui finit par s'apercevoir que le devoir ne sert à rien sans l'affection, Marie Saint-Clair est un portrait d'une vérité effrayante.

On frissonne en songeant qu'elle existe, cette lionne

américaine qui n'est qu'une lâche panthère ; qu'elle est partout; que chacun de nous l'a rencontrée; qu'il la voit peut-être non loin de lui, car il n'a manqué à cette femme charmante que des esclaves à faire torturer pour qu'elle se révélât complète à travers ses vapeurs et ses maux de nerfs.

Les saints ont aussi leur griffe, c'est celle du lion. Elle respecte la chair humaine, mais elle s'enfonce dans la conscience, et un peu d'ardente indignation, un peu de terrible moquerie ne messied pas à cette bonne Harriett Stowe, à cette femme si douce, si humaine, si religieuse et si pleine de l'onction évangélique. Oui, c'est une femme bien bonne, mais ce n'est pas ce que nous appelons dérisoirement une bonne femme : c'est un cœur fort, courageux, et qui en bénissant les malheureux, en caressant des fidèles, en attirant les faibles, secoue les irrésolus, et ne craint pas de lier au poteau les pécheurs endurcis pour montrer leur laideur au monde.

Elle est dans le vrai sens de la lettre sacrée. Son christianisme fervent chante le martyre, mais il ne permet pas à l'homme d'en perpétuer le droit et la coutume. Il réprouve cette étrange interprétation de l'Évangile qui tolère l'iniquité des bourreaux pour se réjouir de les voir peupler le calendrier de victimes. Elle en appelle à Dieu même, elle menace en son nom. Elle nous montre la loi d'un côté, l'homme et Dieu de l'autre.

Qu'on ne dise donc pas que, puisqu'elle exhorte à out souffrir, elle accepte le droit de ceux qui font souffrir. Lisez cette belle page où elle vous montre Georges, l'esclave blanc, embrassant pour la première fois le rivage d'une terre libre, et pressant contre son cœur la femme et l'enfant qui sont enfin à lui! Quelle belle page que celle-là, quelle large palpitation, quelle protestation triomphante du droit éternel et inaliénable de l'homme sur la terre : la liberté!

Honneur et respect à vous, madame Stowe. Un jour ou l'autre, votre récompense, qui est marquée aux archives du ciel, sera aussi de ce monde.

Décembre 1852.

IX

EUGÈNE FROMENTIN

I

UN ÉTÉ DANS LE SAHARA

Au mois de mai 1853, un jeune peintre faisait, pour la seconde ou troisième fois, un voyage en Afrique, et il écrivait à un de ses amis :

« Tu dois connaître, dans l'œuvre de Rembrandt, une petite eau-forte, de facture hachée, impétueuse, et d'une couleur incomparable, comme toutes les fantaisies de ce génie singulier, moitié nocturne, moitié rayonnant, qui semble n'avoir connu la lumière qu'à l'état douteux de crépuscule ou à l'état violent d'éclairs. La composition est fort simple : ce sont trois arbres hérissés, bourrus de forme et de feuillage ; à gauche, une plaine à perte de vue, un grand ciel où descend une immense nuée d'orage, et, dans la plaine, deux imperceptibles voyageurs, qui cheminent en hâte et fuient, le dos au vent. Il y a là toutes les transes de la vie de voyage, plus un côté mystérieux et pathétique qui m'a toujours fortement préoccupé; parfois même il m'est arrivé d'y voir comme une signification qui me serait personnelle. C'est à la pluie que j'ai dû de connaître, une première fois, le pays du perpétuel été ; c'est en la fuyant éperdument qu'enfin j'ai rencontré le soleil sans brume. . . . .

« Je crois avoir un but bien défini. Si je l'atteignais jamais, il s'expliquerait de lui-même; si je ne dois pas l'atteindre, à quoi bon te l'exposer ici ?

» — Admets seulement que j'aime passionnément le bleu, et qu'il y a deux choses que je brûle de revoir : le ciel sans nuage au-dessus du désert sans ombre. »

Parti de Médéah le 22 mai, notre voyageur campa, le 24, à *El'gouëa* (la Clairière), et alla souper chez le caïd, dans sa maison fortifiée. Le 31, il était à Djelfa ; il racontait à son ami un de ses bivouacs dans le désert, « le plus triste sans contredit de toute la route, au bord d'un marais vaseux, sinistre, dans des sables blanchâtres, hérissés de joncs verts à l'endroit le plus bas de la plaine, avec un horizon de quinze lieues au nord, de neuf lieues au sud ; dans l'est et dans l'ouest, une étendue sans limite. Une compagnie nombreuse de vautours gris et de corbeaux monstrueux occupait la source à notre arrivée. Immobiles, le dos voûté, rangés sur deux lignes au bord de l'eau, je les pris, de loin, pour des gens comme nous pressés de boire. Il fallut un coup de fusil pour disperser ces fauves et noirs pèlerins. — Les oiseaux partis, nous demeurâmes seuls. — Était-ce fatigue? était-ce l'effet du lieu? Je ne sais, mais le premier aspect d'un pays désert m'avait plongé dans un singulier abattement. Ce n'était pas l'impression d'un beau pays frappé de mort et condamné par le soleil à demeurer stérile ; ce n'était plus le squelette osseux de Boghari, effrayant, bizarre mais bien construit ; c'était une grande chose sans forme, presque sans couleur, le rien, le vide, et comme un oubli du bon Dieu ; des lignes fuyantes, des ondulations indécises ; derrière, au-delà, partout, la même couverture d'un vert pâle étendue sur la terre. — Et là-dessus, un ciel balayé, brouillé, soucieux, plein de pâleurs fades, d'où le soleil se retirait sans pompe et comme avec de froids sourires. Seul, au milieu du silence profond, un vent doux qui nous amenait lentement un orage, formait de légers murmures autour des joncs du marais. Je passai une heure entière, couché près de la source, à regarder ce pays pâle, ce soleil pâle ; à écouter ce vent si doux et si triste. La nuit qui tombait n'augmenta ni la solitude, ni l'abandon, ni l'inexprimable désolation de ce lieu. »

Un jour, dans cette plaine, le voyageur rencontra, dans toute la journée, un petit garçon qui conduisait des chameaux maigres. Le jour suivant, rien. Si fait, des rouges-gorges et des alouettes. « Doux oiseaux, qui me font revoir tout ce que j'aime de mon pays ; que font-ils, je te le demande, dans le Sahara? Et pour qui donc chantent-ils dans le voisinage des autruches et dans la morne compagnie des bubales, des scorpions et des vipères à cornes? Qui sait? Sans eux, il n'y aurait plus d'oiseaux peut-être pour saluer les soleils qui se lèvent. »

Le voyageur traverse un douar. Il y rencontre le pauvre derviche, l'idiot en vénération de la tribu. Il le raconte et le décrit à son ami en vingt lignes. Il arrive au pays de la lumière. Il en exprime ainsi la puissante suavité : « Aujourd'hui, sous la tente, à deux heures, le soleil a atteint le maximum de 52 degrés, et la lumière, d'une incroyable vivacité, mais diffuse, ne me cause ni étonnement ni fatigue. Elle vous baigne également, comme une seconde atmosphère, en flots impalpables ; elle enveloppe et n'aveugle pas. D'ailleurs, l'éclat du ciel s'adoucit par des bleus si tendres, la couleur de ces vastes plateaux est si tendre, l'ombre elle-même de tout ce qui fait ombre se noie de tant de reflets, que la vue n'éprouve aucune violence, et qu'il faut presque de la réflexion pour comprendre à quel point cette lumière est intense. »

A ce point de son voyage, notre voyageur, qui n'a pas cessé de monter le plateau du Sahara, est à 800 mètres au-dessus de la mer. Puis il traverse le Bordj, c'est-à-dire un des sanctuaires de la vie féodale de l'Arabe. A travers des tableaux étranges, à la fois grandioses et misérables, il arrive, le 3 mai, à Elaghouat, une de nos conquêtes, « ville à moitié morte, et de mort violente. » Il y reste jusqu'en juillet. De là, il s'enfonce encore plus dans le désert ; il va de Tadjemond à Aïn-Mahdy, revient à Elaghouat et repart pour Médéah, écrivant toujours à son ami ce qu'il voit, ce qu'il rencontre, ce qu'il comprend, ce qu'il éprouve. Il faudrait tout citer, car aucune page n'est au-dessous de celles que je viens d'extraire au hasard. Tantôt, c'est la danseuse arabe à la lueur d'un feu de bivouac; tantôt l'importune hospitalité de Tadjemont ou la dédaigneuse réception d'Aïn-Mahdy, la ville sainte, la Rome du désert. C'est la tribu en déplacement, magnifique et immense tableau qui résume l'étude attentive et consciencieuse d'Horace Vernet, et la fougue héroïque de Delacroix. C'est le chameau qui crie douloureusement pendant qu'on le charge ; c'est le cheval qui attend son maître, « cloué sur place comme un cheval de bois. » Douce et vaillante bête, dès que l'homme est en selle, il n'a pas besoin de lui faire sentir l'éperon. Il secoue la tête un moment, fait résonner le cuivre ou l'argent de son harnais ; son cou se renverse en arrière et se renfle en un pli superbe, puis le voilà qui s'élance, emportant son cavalier, avec ces grands mouvements de corps qu'on donne aux statues équestres des Césars victorieux.

Et puis, c'est l'été terrible, l'heure de midi, « où le désert, à force d'être éclairé, devient comme une plaine obscure, perd les couleurs fuyantes de la perspective et prend la *couleur du vide*, tandis qu'autour de l'oasis, des bourrelets de sable, amassés par le vent, ont passé par-dessus le mur d'enceinte : c'est le désert qui essaye d'envahir les jardins. » Enfin, c'est le morne accablement des hommes et des choses sous le soleil de feu ; c'est la soif intolérable et continue ; c'est le rêve, l'idée fixe, la fureur du verre d'eau froide introuvable ; c'est le paysage, les figures, les animaux, les attitudes, les sons, le silence, la fatigue, l'éblouissement, la rêverie. C'est tout ce qui se passe, saisi sur le fait et *montré*, je ne veux pas dire *décrit*. Ce voyageur ne songe qu'à rendre ce qu'il voit : il ne cherche pas l'embellissement dans les mots, il le trouve. C'est aussi la morne et splendide extase de la nature où rien ne passe, pas même la brise, où rien n'apparaît que le soleil, qui tout à coup, en vous enivrant de sa splendeur vous rend aveugle.

Le but de ce voyage, on le sait. Il l'a dit : il aime passionnément le bleu. Il veut être peintre. Il est né pour voir, il regarde, et, en regardant, il vit de sa pleine vie. Mais le résultat ? Rapporte-t-il des chefs-d'œuvre? En peinture, je n'en sais rien : on m'a dit qu'il avait du talent ; lui, je ne le connais pas, et il n'est pas de ceux qui demandent qu'on parle d'eux. Mais ce que je sais, c'est que, sans le savoir lui-même, il a produit un chef-d'œuvre littéraire. Ces simples lettres, en forme de journal, adressé à son ami, et aujourd'hui publiées en petit livre modeste et tranquille, forment un ouvrage que les écrivains les plus exercés peuvent, je ne dis pas se proposer pour modèle, cette manière de dire est mauvaise, en ce qu'elle suppose que les individualités gagneraient à se copier les unes les autres, mais examiner et approuver comme critérium des qualités les plus essentielles dans l'art de voir, de comprendre et d'exprimer. C'est un livre d'observation au point de vue pittoresque, et on sent que l'auteur n'a pas visé à autre chose. Il ne raconte pas sa vie privée. Il ne faut chercher là ni récits, ni anecdotes, ni aventures. Rien pour l'effet, rien pour le succès. Il s'est satisfait lui-même en prenant des notes sur un de ses albums, pendant qu'il faisait sur l'autre des croquis. Études de dessin et de couleur, soit avec la palette, soit avec les mots. J'ignore ce que lui a donné sa palette, mais ce que notre langue lui a fourni de couleur et de dessin est infiniment remarquable et le place d'emblée aux premiers rangs parmi les écrivains.

C'est que ce livre, qui n'a pas trois cents pages, a toutes les qualités qui constituent un talent de premier choix. La grandeur et l'abondance dans l'exquise sobriété, l'ardeur de l'artiste et la bonhomie enjouée et spirituelle du Français jeune, dans le sérieux d'une conscience d'élite ; l'art d'exister pleinement dans son œuvre, sans songer à parler de soi ; le goût dans sa plus juste mesure au milieu d'une sainte richesse d'idées et de sensations ; la touche énergique et délicate ; le juste, le vrai, mariés avec le grand et le fort. Ces lettres, très-supérieures, selon moi, à celles de Jacquemont, sont appelées à un immense succès parmi les artistes, et, comme la France est artiste, espérons que ce sera un succès populaire.

Pour la partie du public qui ne veut que du drame, vrai ou faux, il est bon de l'avertir que ce n'est point là son affaire. Mais si, dans un jour de calme et de réflexion, il lui plaît de se faire une idée large et nette de ce désert, théâtre grandiose que sa fantaisie pourra ensuite peupler de ses propres rêves, s'il veut regarder passer, dormir ou agir la race arabe sous tous ses aspects, il pourra, grâce au travail rapide d'une intelligence puissante à résumer l'immensité, faire le long et pénible voyage du Sahara en deux heures.

Mai 1857.

II.

UNE ANNÉE DANS LE SAHEL

JOURNAL D'UN ABSENT

Je ne sais si vous êtes de mon avis, mais la plus agréable lecture qu'il y ait me semble être celle des voyages. Il y a là plus d'intérêt que dans les romans, et moins de souffrance que dans l'histoire. En général, tout s'arrange trop bien dans le roman, et, dans l'histoire, tout s'arrange trop mal. Le roman nous leurre de trop d'idéal; l'histoire nous abreuve de trop de réalité.

Mais le voyage! Quels qu'en soient les fatigues, les dangers et les misères, celui qui les raconte en est sorti. Nous sommes donc assurés d'un heureux dénoûment, lequel n'est pas une fiction, et qui, pour peu que les aventures aient été périlleuses, garde tout le charme de l'invraisemblance et de l'inattendu.

Le voyage de découverte est si intéressant par lui-même que l'on n'exige pas du narrateur les beautés de la forme. Par exemple, les récits que, sous le titre de *Voyageurs anciens et modernes,* M. Édouard Charton a récemment publiés n'ont point été accueillis dans un but littéraire, mais en vue de l'instruction sérieuse que, sous tous les rapports, les grands voyages apportent à chaque période de l'histoire des hommes. Traduits ou textuels, rédigés avec élégance ou bonhomie, ces récits sont tous attachants et laissent loin derrière eux, même au point de vue de la simple lecture, l'intérêt des romans et des poëmes.

Le voyage est une chose si attrayante, qu'à tous les points de vue, l'homme de talent qui raconte, soit une course lointaine, soit une excursion dans des régions connues de tous, est toujours suivi dans sa narration par la pensée de son lecteur comme une sorte d'oracle. Sauf à être contredit après coup par ceux qui ont la prétention plus ou moins fondée d'avoir mieux vu, il tient les gens sous le charme. Soit que l'on parcoure l'Italie avec Théophile Gautier, et qu'à travers les diamants de sa parole, on voie toutes choses se revêtir d'un éclat et d'une grâce que ne vous avait pas toujours offerts la réalité dans vos jours de spleen et de fatigue; soit que l'on se laisse aller à rire sur les ruines du monde grec, un peu scandalisé de soi-même, un peu chagrin d'avoir à rejeter tant d'illusions caressées dans l'enfance, mais dominé par la gaieté française et l'esprit entraînant d'Edmond About; soit enfin que, tout grelottant d'une vision de froid et de désolation, on suive l'expédition périlleuse et sérieusement scientifique dans les mers du nord, racontée par Charles Edmond avec tant de couleur, d'*humour* et de sentiment poétique; il est bien certain que le voyage aventureux, contemplatif ou critique, s'empare de l'imagination et fouette l'esprit comme un des appels les plus excitants de la vie. Aux voyages de découverte et de danger, on ne demande que de l'exactitude et de la simplicité. Aux voyages d'art, de poésie ou d'études de mœurs, on ne demande ni périls, ni événements, sauf à être enchanté quand il s'en trouve un peu, par fortune, dans le courant de la narration.

Un des voyageurs qui s'emparent de l'esprit avec le plus d'autorité et d'attrait, c'est M. Eugène Fromentin. Déjà, en 1857, nous l'avons suivi au Sahara; cette année, ou du moins à la fin de l'année dernière, nous l'avons retrouvé avec joie, complétant son voyage, ou, pour mieux dire, son séjour en Afrique, dont l'*Été dans le Sahara* n'était qu'une partie détachée.

Le nouveau récit de M. Fromentin est intitulé : *Une année dans le Sahel. Journal d'un absent*. C'est du Sahel qu'il est parti pour le Sahara; c'est au Sahel qu'il est venu se reposer de ce terrible été, on pourrait dire se désaltérer, car la soif, à l'état d'idée fixe, est le principal fléau de ces régions formidables. C'est donc le séjour dans le nord de l'Afrique, avant et après cette dure campagne vers le centre, que nous raconte le voyageur.

C'est malgré lui que nous l'appelons ainsi, car il se défend, avec une rare modestie, d'être autre chose qu'un *homme errant qui aime passionnément le bleu*, et qui voyage pour le seul plaisir d'aller et de rester où il lui plaît, qui tantôt veut essayer du *chez soi* sur cette terre étrangère, et tantôt obéit à une curiosité de locomotion tout instinctive. En un mot, c'est l'artiste qui voyage pour le seul plaisir de vivre en voyageant. Cette modestie n'est point affectée. On sent, à chaque page de ce beau livre, que l'auteur est un vrai poëte qui a vécu sa vie intérieure au milieu de scènes qui venaient s'y encadrer comme dans un miroir, mais qu'il a savourées profondément pour son compte avant de songer à les rendre. Peintre, car il est peintre, vous le savez, il a voyagé et vu en peintre. Il a fait, m'a-t-on dit, de la bonne et belle peinture. Je ne puis vous en parler, je n'ai encore vu ni l'homme ni ses toiles. D'autres apprécieront donc l'artiste qui peint. Je reviens à celui qui écrit, et dont la forme est une des plus belles peintures que nous ayons jamais lues.

Dans une appréciation des plus ingénieuses et des plus justes à propos de la peinture précisément, cet éminent écrivain nous dit qu'il y a deux hommes qu'il ne faut pas confondre : le voyageur qui peint et le peintre qui voyage. Et il ajoute humblement : « Le jour où je saurai positivement si je suis l'un ou l'autre, je vous dirai exactement ce que je prétends faire de ce pays. »

La distinction entre le voyageur qui peint et le peintre qui voyage est rétablie ensuite avec une clarté lumineuse. Le premier est celui qui reproduit avec amour la couleur particulière d'un pays et des hommes qui l'habitent, beauté ou étrangeté, n'importe : il fait le portrait de la nature qu'il explore ; il est fidèle, attentif, épris de son modèle. Il rapporte des documents véridiques ; homme de plus ou moins de talent, il révèle plus ou moins ce qu'il a vu sous le ciel des horizons nouveaux.

Le peintre qui voyage est peintre avant tout ; il était peintre avant de voyager ; il n'a pas besoin de voyager pour rester peintre. Il a son individualité puissante qui le suit partout et qui s'approprie tout. Les grands aspects peuvent le grandir, mais les nouveaux ne le changent pas. Sa personnalité domine le sujet, et, sans trop s'inquiéter de traduire littéralement ce qui, après tout, ne saurait l'être d'une manière absolue, il exprime à sa manière ce qui le frappe. Du premier, l'on peut dire : *Comme il a bien vu !* de l'autre : *Comme il a fortement senti !*

Tel est, en termes vulgaires, l'abrégé de cette excellente dissertation, écrite de main de maître et appuyée d'exemples saisissants. Nous devions nous y reporter justement pour caractériser le talent littéraire de l'auteur, car ce qu'il dit de la peinture s'applique parfaitement à la littérature, et nous ne nous sommes pas longtemps demandé, en le lisant, s'il devait être classé parmi ceux qui traitent leur sujet en peintres voyageurs ou en voyageurs peintres. On sait bien que son admiration dominante est acquise au *peintre qui voyage*, que son aspiration généreuse est de faire avec l'Orient quelque chose qui soit individuel et général tout à la fois. C'est comme qui dirait vouloir appartenir en même temps au monde extérieur et à soi-même. Eh bien, nous croyons que la question est déjà résolue pour M. Eugène Fromentin. Il a beau craindre d'échouer dans la grande entreprise et dire : « Il est pos-
» sible que, par une contradiction trop commune à
» beaucoup d'esprits, je sois entraîné précisément vers
» les curiosités que je condamne, que le penchant
» soit plus fort que les idées, et l'instinct plus impé-
» rieux que les théories. » Nous pensons sincèrement pouvoir le rassurer. En tant qu'écrivain, il est certainement le voyageur qui peint avec une vérité ravissante, et le peintre qui voyage en illuminant de sa propre vie tous les objets de son examen.

Quoi que l'on dise et que l'on pense des régions méridionales, elles ont généralement pour caractères dominants la nudité, l'étendue, et je ne sais quelle influence de grandeur désolée qui écrase. Pour être senties à distance, elles ont besoin de passer à travers une forme à la fois riche et simple, et c'est grâce à cette forme remarquable que M. Eugène Fromentin nous a fait comprendre l'accablante beauté du Sahara.

Le Sahel, moins rigoureux et plus riant, lui a permis de charger sa palette de tons plus vrais et plus variés. C'est donc une nouvelle richesse de son talent qu'il nous révèle et qui le complète. A le voir si frappé, si rempli de la morne majesté du désert, on eût pu craindre de ne pas le retrouver assez sensible à la végétation qui est la vie du paysage, et à l'activité qui est la vie de l'homme. Il n'en est pas ainsi. Il ne s'est pas imposé une manière, son sujet ne l'a pas absorbé. Toujours maître de son individualité, on sent bien en lui la puissance d'une âme rêveuse et contemplative, mariée pour ainsi dire avec l'éternel spectacle de la nature ; mais cette nature adorée, il la suit de l'œil et de l'âme dans son éternelle mobilité et se l'approprie merveilleusement, en même temps qu'il s'abandonne à elle avec un parti pris généreux. Si vous voulez voir l'Afrique sans vous déranger, lisez-le donc avec confiance, et vous aurez vu, à travers ses yeux, quelque chose de grand et de réel, d'écrasant et de délicieux, de sublime et de charmant, d'amusant même, car les races ont toutes leur côté comique, et le peintre, qui sait tout voir, nous trace, d'une main légère, les appétits naïfs de gourmandise, de vanité et de coquetterie de ses personnages. Ses tableaux sont donc complets : grandeur du climat, brillants caprices de l'atmosphère, beauté touchante ou imposante des lignes, grâce ou singularité des accidents, effet et nature pittoresque des habitations, des costumes, des figures, des animaux, des meubles, et, par-dessus tout cela, définition magistrale des idées et des sentiments qui dominent les êtres, c'est un examen saisissant de tout ce qui fait le caractère d'un monde et de ses habitants.

À ces tableaux variés et splendides, ajoutez, cette fois, un épisode dramatique raconté d'une manière éblouissante d'art et de goût : l'amour tranquille et la mort tragique de la belle Haoûa. Jamais aventure ne fut plus chastement voilée et plus solennellement dénouée. C'est là que l'on sent combien le vrai l'emporte sur la fiction. Et pourtant, c'est peut-être un roman que cette histoire. Nul n'a le droit de demander à l'auteur si Haoûa a vécu, aimé et péri de cette manière. « Qu'importe ! vous répondrait-il, si vous êtes incertain, c'est que j'ai été vrai. Qui se soucie de savoir quels êtres réels ont posé pour les figures des grands tableaux et des immortelles statues ? Je n'ai songé ni à faire une immortelle, ni à raconter un incident de ma propre vie. J'ai fait vivre dans ma pensée une femme arabe, telle qu'elle était dans la réalité, et j'en ai fait une abstraction qui résume un type général. »

Oui, en vérité, voilà ce que l'auteur aurait le droit de vous dire, tout aussi bien qu'un romancier de profession. Ce qu'il y a de certain, c'est que, pour la première fois, nous nous sommes fait une idée de ces types inconnus et mystérieux dont Eugène Delacroix nous avait montré la figure dans l'admirable tableau des *Femmes d'Alger*. Je dis mystérieux, parce qu'en grand maître, Eugène Delacroix avait laissé planer sur ces étranges beautés le sentiment insaisissable qui les anime. En les regardant, on se demande ce qu'il s'est certainement demandé à lui-même : *A quoi pensent-elles?*

Voici Eugène Fromentin qui est entré dans le sanctuaire d'une de ces existences cachées, et qui nous répond : Elles ne pensent pas, mais elles font penser, comme les figures des grands maîtres, comme les immortelles statues, qu'elles soient d'or, de chair ou de marbre, n'importe! elles ne vivent pas, mais elles sont une si belle expression de la vie, que les dédaigner serait une folie, les briser un sacrilége. Aussi le meurtre d'Haoûa vous laisse-t-il, dans ce récit, une impression profonde d'indignation et de regret. C'est une consternation inexplicable qui se fait dans l'âme à cette dernière page, comme si, au moment où vous contemplez, dans une tranquille extase, la Vénus de Milo, la voûte qui l'abrite s'effondrait et l'écrasait sous vos yeux.

N'oublions pas, en parlant de la partie épisodique de ce livre, l'autre figure de femme d'Alger, la grande et magnifique Aïchouna avec sa petite négresse Jasmina, ses toilettes, ses parfums, sa démarche solennelle et son goût pour la pâtisserie. A côté de ces admirables animaux, se dessine la figure intelligente et forte du voyageur européen Vandell, personnage réel ou imaginaire, espèce de Bas-de-Cuir savant des savanes de feu de l'Afrique; une aussi belle création, dans son genre, que celle d'Haoûa et de son entourage. De tous les personnages mis en scène sobrement et heureusement par notre voyageur, on peut dire le proverbe italien : *Se non è vero, è ben trovato*, c'est-à-dire à ce qu'il nous semble : « Si ce n'est pas arrivé, tant pis pour la réalité. »

Cette fois, nous ne citerons rien de cette belle étude ; ce serait la déflorer. *L'Été au Sahara* a eu ses lecteurs satisfaits et charmés ; *l'Année dans le Sahel* a déjà eu ses lecteurs avides ; et si nous rendons ici hommage à un talent qui n'a plus besoin de personne, c'est tout simplement un remercîment personnel que nous avons du plaisir à lui adresser, ainsi qu'aux autres artistes voyageurs que nous avons mentionnés plus haut, et à tous ceux qui ont reçu du public l'accueil qu'ils méritaient. Demandons-leur à tous, à tous ceux qui savent bien voir et bien dire, beaucoup de voyages, n'importe où. Tout le mal qu'on voit sur la terre vient de l'ignorance ; c'est un lieu commun, c'est-à-dire une vérité bien acquise et bonne à se répéter pour se consoler du mal qui tarde à disparaître de notre pauvre petite planète. L'ignorance (autre lieu commun) vient de l'isolement. L'homme qui cherche à résoudre les problèmes sociaux d'une manière générale devrait avoir fait le tour du monde et interrogé tous les types de la famille humaine. Mais qui peut faire le tour du monde à son aise et en conscience ? Venez donc, beaux et bons livres de voyages, documents de science, de philosophie, d'art ou de psychologie ; apportez-nous ce que chacun de vous a recueilli au profit de nous tous, vos rêveries ou vos émotions, vos découvertes ou vos rectifications, une fleur cueillie sur la montagne ou une larme versée sur un désastre, un chant recueilli, le vol d'un oiseau observé, n'importe quoi, ce ne sera jamais *rien*. La mémoire de l'homme intelligent est un clair miroir qui, par un procédé magique, donne la vie aux images qui l'ont traversé, et cette vie, ce n'est pas seulement le fait de la vie, c'est son sens intime et particulier à chaque manifestation de la vie générale, c'est le *pourquoi* de la pensée appliquée au *comment* de l'examen.

Mars 1859.

X

BÊTES ET GENS

PAR

P.-J. STAHL

Nommer Stahl, c'est rappeler une série de ravissantes études, légères dans la forme, sérieuses dans le fond. Nommer Hetzel, c'est renouveler les regrets qu'inspire à de nombreux amis et à une foule de personnes haut placées dans les arts et dans la société parisienne, l'éloignement d'un homme à la fois utile et charmant comme ses travaux, comme les livres qu'il a publiés et comme les pages qu'il a écrites.

A quoi profite l'absence d'Hetzel? Nous ne saurions répondre qu'à la question ainsi renversée : A quoi cette absence ne nuit-elle pas? Elle nuit à quelque chose de plus général que les sympathies de l'amitié; elle nuit à l'art, puisqu'elle creuse dans la littérature contemporaine une lacune que personne ne pourra combler.

Hetzel n'avait pas seulement un emploi et un rôle important dans la librairie élégante, il avait une mission toute spéciale qui consistait à mettre le commerce des livres au service de la poésie et du sentiment. Sous les titres modestes d'éditeur et de libraire, cet esprit gracieux, sensible et actif poursuivait l'exécution de l'œuvre de goût, et nous avons dû à ce goût, qui faisait de son entreprise un fait exceptionnel, les seuls livres de luxe et de fantaisie qui, depuis vingt ans, aient été mis à la portée et appropriés à l'usage de nombreux lecteurs. Il a cherché à initier à la poésie et à l'esprit, par le dessin et la gravure, toute une classe nouvelle de consommateurs, les bourgeois et les enfants.

Si, jeune lui-même, il n'a pas eu le temps (hélas! on ne le lui a pas laissé) de produire de jeunes talents, il a du moins su réveiller les talents qui s'endormaient, ou ranimer ceux qui se croyaient lassés de produire. Ayant en lui seul ce qu'il faut pour produire soi-même, il était tout capable, par ses idées riantes, sa sympahie aimable et son courage désintéressé, de rafraîchir des imaginations attristées, que la commande brutale ou la demande absurde de l'exploiteur achève souvent de paralyser.

Si l'artiste avait une intention à émettre, une fantaisie à réaliser, il se chargeait d'en fournir le texte, d'en faire accepter l'originalité, et réciproquement, il courait de l'écrivain au dessinateur pour que l'un sût ou voulût élever son imagination au niveau de celle de l'autre. C'est ainsi qu'il a su marier le génie de Balzac à celui de Meissonnier et de Granville, celui d'Alfred de Musset à celui de Tony Johannot, et ainsi de beaucoup d'autres. Tantôt il faisait paraître une magnifique création déjà classique comme *Werther* ou *le Vicaire de Wakefield*, tantôt il réunissait les adorables études satiriques de Gavarni et les lançait dans le monde revêtues de tout l'attrait et de toute la fraîcheur d'un cadre digne d'elles. Enfin, il était essentiellement fécondant pour des puissances isolées ou fatiguées qu'il savait grouper ou renouveler, suggérant à l'une une idée pour sa forme, à l'autre une forme pour son idée, se chargeant de trouver le traducteur pour chacune, et se faisant traducteur lui-même au besoin, faute de mieux, disait-il modestement.

Ce faute de mieux nous a valu un charmant recueil de poésies en prose qui méritaient de ne pas rester à l'état de fragments épars, et qui ont été réunies dernièrement en un volume sous le véritable nom de l'auteur. Ces pages remarquables ne sauraient être analysées ; elles sont trop concises et trop nerveuses dans leur allure pour ne pas perdre même à être fragmentées. Elles sont d'une légèreté diaphane au premier abord, mais elles vous saisissent bientôt par une certaine profondeur de sentiment et une certaine vigueur d'indignation qui ont l'air de s'échapper involontairement comme un cri du cœur et de la conscience à travers une chanson moqueuse ou mélancolique.

C'est quelque chose de très-individuel que cette manière à la fois douce et brusque de dire les choses : ce n'est pas de l'*humour*, c'est de la douleur qui prend son parti, c'est un mélange de colère ironique contre le mal et le faux, et de tendresse enthousiaste pour le bien et le vrai. C'est du Sterne germanisé par le sentiment, francisé par l'esprit, et cela a une forme recherchée et naïve en même temps qui ne ressemble qu'à elle-même. Le style est rapide, l'idée est serrée, et tout porte, dans cette manière qui semble s'être proposé de dire sans dire, et de vous faire frissonner devant le problème de la vie en ayant l'air de vous chatouiller l'oreille avec un lieu commun spirituellement tourné. Le sentiment poétique y est exquis, comme par-dessus le marché. Il n'y a ni longueurs ni défaillances ; ce livre si court trouve, d'un bout à l'autre, le secret de vous faire approfondir les sujets qu'il a l'air d'effleurer.

Nohant, 14 mars 1854

XI

LE THÉATRE-ITALIEN DE PARIS

ET

Mlle PAULINE GARCIA [1]

Voici donc notre scène italienne-française atteinte dans son principe vital par une double mesure législative [2]. Cette mesure a été motivée par la nécessité d'encourager exclusivement le genre national en musique, et une profonde indifférence pour l'art *exotique* a présidé à son arrêt de mort en place de l'Odéon.

Si ce motif était bien fondé, nous serions les premiers à y souscrire. Mais la haute sagesse de la cham-

---

1. Madame Viardot.
2. Après l'incendie de leur théâtre de la salle Favart, les artistes italiens avaient été relégués provisoirement à l'Odéon ; mais le provisoire menaçait de devenir définitif, et de plus on venait de supprimer leur subvention administrative.

bre des députés n'est peut-être pas ici sans appel. Et d'abord nous pensons que le genre italien est tout à fait naturalisé en France, à tel point qu'il n'y a plus de musique française, si tant est qu'il y en ait jamais eu. Messieurs les députés ne peuvent pas croire sans doute que la musique change de nationalité suivant la langue à laquelle elle est adaptée. Ils ne pensent pas que Rossini soit Français pour avoir écrit en tête de sa sublime partition *Guillaume Tell* au lieu de *Guglielmo Tello*, pas plus que Meyerbeer pour nous avoir donné deux beaux opéras en paroles françaises. Ils savent fort bien que la musique qu'on chante à l'Opéra-comique est tout italianisée, depuis Nicolo jusqu'à Donizetti; que les plus remarquables productions de nos compositeurs français, *la Muette*, par exemple, ont été inspirées par le génie italien, et que si Berlioz est chez nous le roi de la symphonie, ce n'est ni chez Rameau ni chez Grétry, mais dans la science de Beethoven et de Weber qu'il a puisé la sienne.

Le Devin du Village n'a-t-il pas été dans son temps une réaction énergique et applaudie contre la soi-disant musique française, qui n'était, suivant Rousseau et les gens de goût ses contemporains, qu'une musique infernale et diabolique? Lulli, Gluck et Mozart, que nous invoquons aujourd'hui comme nos maîtres, étaient-ils donc Français? Et parce que nous avons un peu profité à leur école, aurons-nous l'ingratitude de prétendre que nos intelligences musicales se soient éveillées d'elles-mêmes, tandis que nos oreilles le sont à peine encore à leurs savantes mélodies?

Où donc s'est réfugiée cette musique française que

vous voulez ressusciter et conserver comme un art national ! Non pas même chez mademoiselle Loïsa Puget, et je gage que, *le Postillon de Lonjumeau* serait fort blessé si vous lui disiez qu'il ne chante pas ses couplets dans le goût italien le plus pur. Et il ferait bien ; l'orgueil de l'artiste français, comme son vrai mérite, ne consiste-t-il pas dans cette merveilleuse aptitude qui le porte à vaincre les obstacles que la nature lui a créés, et à s'assimiler l'intelligence, les études, et jusqu'à l'innéité des arts étrangers? Où donc est la grandeur et la priorité de la France entre toutes les nations civilisées, si ce n'est d'avoir attiré à elle et de s'être approprié dans tous les temps les fruits précieux de toutes les civilisations étrangères ? Sa vie s'est formée de la vie du monde entier, et le monde entier a trouvé en elle une vie que sans elle il n'eût pas sentie. C'est nous qui apprenons à nos voisins l'importance et la beauté de leurs conceptions en les mettant en pratique sous leurs yeux éblouis. En politique, n'avons-nous pas accompli les révolutions que l'Angleterre avait essayées ? En philosophie, n'avons-nous pas opéré ces transformations d'idées que l'Allemagne signalait immobile et comme effrayée elle-même de ce que son cerveau enfantait à l'insu de sa conscience ? Et pour ne parler que de l'art qui est le cercle où nous devons nous renfermer ici, n'avons-nous pas légitimement et saintement volé l'architecture, la statuaire, la peinture et la musique aux plus puissantes et aux plus ingénieuses nations de la terre? Notre poésie, enfin, ne l'avons-nous pas conquise par droit divin sur tous les peuples qui viennent aujourd'hui nous redemander humblement les leçons qu'ils nous ont données? N'avons-nous pas importé chez nous, et ceci à l'exclusion des nations que nous avons bien réellement dépossédées, la peinture qui ne fleurit plus que chez nous? Où est l'école romaine aujourd'hui? Dans l'atelier de M. Ingres. Où est la couleur vénitienne? Sur la palette de Delacroix. Où est l'énergie du pinceau flamand? sur les toiles de Decamps. Où est la gravure anglaise? A Paris, dans la mansarde de Calamatta ou de Mercurj, dont le génie s'est naturalisé français; car les plus grands artistes étrangers l'ont dit, et ce mot est devenu proverbial : La France est la vraie patrie des artistes. Et maintenant nous voudrions répudier nos maîtres! Mais cela n'est pas dans l'esprit de la nation, et jamais on n'a plus profondément méconnu le caractère ardemment sympathique du Français, et son généreux enthousiasme pour toute espèce d'éducation, que le jour où on a prononcé dans l'assemblée représentative de la France, qu'il n'y aurait plus d'art étranger en France. N'envoyez donc plus vos peintres et vos musiciens se former à Rome, anéantissez donc les trésors de vos musées, rayez donc *Guillaume Tell* et *le Comte Ory* du répertoire de votre Académie Royale; faites plus si vous pouvez, détruisez toute notion d'art dans le monde élégant et chez le peuple. Brûlez tous les magasins de musique qui vivent de partitions allemandes et italiennes; fermez le Conservatoire, qui a le mauvais goût de nous faire entendre un peu de Beethoven, de Haydn et de Mozart! de temps en temps condamnez à mort le patriarche Cherubini, car celui-là ne se soumettra pas volontiers à l'arrêt. Confirmez la sentence qui a exilé Spontini ; faites déporter Lablache, Rubini, Tamburini ; défendez à mademoiselle Grisi de nous montrer le type le plus pur et le plus parfait de la beauté grecque; envoyez le génie de Pauline Garcia se glacer en Russie, et quand vous aurez fait tout cela, tâchez d'interdire à nos gamins de Paris de chanter dans la rue le rataplan des *Huguenots;* brisez enfin jusqu'aux orgues de Barbarie, qui jouent sous vos fenêtres le chœur des chasseurs de *Robin des Bois* ou le *Di tanti palpiti,* aussi populaire que *la Marseillaise* et *Vive Henri IV.*

Ne dites pas, à ce propos, que la musique étrangère est suffisamment connue en France. Elle n'est encore que vulgarisée, ce qui ne veut pas du tout dire qu'elle soit comprise; et je le répète, notre éducation musicale, loin d'être achevée, commence tout au plus. Aura-t-elle un succès aussi rapide que la peinture? Je ne le pense pas. Il est de la nature même de la musique de suivre une marche plus lente, parce qu'elle est le plus idéal de tous les arts. Pouvons-nous même nous flatter que nous arriverons à surpasser les Allemands et les Italiens en composition et en exécution musicale, comme nous surpassons en peinture nos contemporains étrangers? Je n'oserais vous le promettre. Peut-être la nature, qui jusqu'ici leur a été plus généreuse qu'à nous sous ce rapport, continuera-t-elle à les placer au-dessus de nous, comme des maîtres chéris et vénérés. Raison de plus de les retenir chez nous, car, privés d'eux, nous n'avons plus guère de progrès à espérer. Ne dites pas non plus que les maîtres écriront pour notre scène, ou que nous traduirons leurs œuvres lyriques. Vous savez bien que Rossini ne se fût pas arrêté au milieu de sa gloire et de sa puissance sans les dégoûts dont l'abreuva la légèreté avec laquelle on traita son dernier chef-d'œuvre et le morcellement de ses représentations à l'Opéra. Vous savez bien que le *Don Juan* n'a pu être exprimé à ce même théâtre d'une manière satisfaisante, et qu'il a fallu changer l'emploi des voix pour lesquelles il fut écrit. Quand vous voulez l'entendre, c'est à l'Opéra-Italien et non à l'Opéra-Français que vous courez. Vous savez bien que nous ne connaissons en France ni *Fidelio*, ni *Oberon*, ni même *Freyschütz*. Le zèle et l'habileté de M. Véron ont échoué à faire entendre véritablement *Euryanthe* sur la scène française. Vous savez bien, ou du moins vous devriez savoir qu'au lieu de nous retirer l'opéra italien, il faudrait pouvoir nous doter d'un opéra allemand, et vous verrez que quelque jour vous y viendrez, entraînés que vous serez par le progrès de l'art et le mouvement des idées, vainement entravés pour quelques années peut-être par votre arrêt.

Mais vous faites-là précisément ce que vous reprochez à un certain radicalisme étroit et aveugle. Vous nous privez, comme d'autant de superfluités coûteuses, des sources où la vie intellectuelle se retrempe et se purifie. Vous nous poussez à la barbarie, vous faites des lois somptuaires pour ce monde opulent que vous voulez vous conserver et qui ne s'y laisse guère prendre ; car il commence à voir que nous ne sommes pas aussi ennemis de la civilisation que pourraient le faire croire les nécessités austères d'un passé que nous ne renions pas, mais que nous ne voulons pas ressusciter.

Quand cela vous arrange, vous revenez à l'esprit de la convention, et vous vous emparez des idées d'économie que nous vous présentons quand nous demandons de sages réductions ou de généreux sacrifices dans l'emploi des deniers publics. Mais si vous voulez retourner contre nous nos propres arguments, ne le faites donc pas à propos des choses qui nous sont utiles et bonnes et qui vous le sont aussi, car nos besoins sont les mêmes, et un peu d'idéal dans votre vie ne vous ferait pas de mal. Il y a bien d'autres choses qui nous sont préjudiciables à tous et que vous votez haut la main pour des raisons que je ne veux pas vous dire, non pas que vous manquiez de courtoisie pour les entendre, mais parce que vous avez trop d'esprit pour ne pas les deviner. Je suis sûr que la jeunesse française, qui est tout artiste, se résignera plutôt à des privations qui porteraient sur sa vie matérielle qu'à celles qui l'atteindraient dans sa vie intellectuelle, et que les vexations de la douane, auxquelles chacun de nous se résigne, nous deviendront insupportables le jour où elles prohiberont les beaux-arts à la frontière comme les cotons et les tabacs étrangers.

Si la réforme électorale qui doit s'accomplir était déjà accomplie, si je parlais à des députés qui représentassent véritablement le peuple, j'oserais encore leur demander des mesures protectrices pour les arts, même au profit, en apparence exclusif, des classes riches. Je leur dirais que si le Théâtre-Italien est dans l'état des choses réservé aux plaisirs du grand monde, c'est chose assez légitime, vu qu'il est alimenté et ne peut l'être que par la richesse des hautes classes. Le jour où la troupe italienne sera installée dans une salle convenable et où la subvention pourra obvier aux dépenses de première nécessité, l'art lyrique marchera, comme il faisait naguère, dans un progrès brillant, et arrivera peut-être à se passer des secours de la subvention. C'est du moins une épreuve qu'il serait impardonnable de ne pas tenter, et l'abandon des moyens de civilisation les plus nobles et les plus exquis est le signe le plus effrayant de la décadence d'une société. D'ailleurs il serait faux de dire que la salle des Italiens est accaparée par ce qu'on appelle le grand monde. Dans la vaste enceinte d'un théâtre il y a place pour les fortunes moyennes, place aussi pour les fortunes étroites, place enfin pour ceux qui n'ont pas de fortune. Le parterre des Italiens a toujours été composé de pauvres artistes et de jeunes gens passionnés pour la musique plus que pour toutes les autres satisfactions de la vie. Nous sommes quelques-uns qui nous souvenons bien d'avoir retranché souvent la bagatelle d'un dîner pour aller entendre la Malibran ou la Pasta, et qui disions bien gaiement à minuit en retrouvant dans la mansarde un morceau de pain dédaigné la veille : *Panem et circenses.* Nous savons bien, nous autres, que si nous avons eu dans notre vie un élan poétique, un sentiment généreux, c'est parce qu'on ne nous a fermé ni l'église, ni le théâtre, c'est parce qu'on ne nous a pas interdit la poésie comme un luxe dangereux ou frivole, c'est parce que qui dit Français dit sobre comme Épictète et idéaliste comme Platon.

Trouvez donc simple que le grand monde (qui ne sera ni plus ni moins porté à l'économie et à la charité si vous lui ôtez ses plaisirs honnêtes) alimente la splendeur d'une école d'art où le pauvre artiste peut aller rêver et concevoir son idéal. Et croyez aussi que ces classes riches à qui vous réclamez, et de qui vous obtiendrez, peut-être plus tôt qu'on ne pense, une libre et loyale adhésion à de meilleures applications de la loi d'égalité, ont besoin comme vous d'une vie intellectuelle plus élevée que celle qu'elles puiseraient à de méchantes écoles et à de fausses théories dans les arts comme dans toute autre source d'éducation.

Maintenant que j'ai dit, un peu plus longuement que je ne l'avais prévu, la haute importance du Théâtre-Italien, je vous rappellerai une des grandes pertes que vous allez faire si vous laissez périr ce théâtre. La France entière sait aujourd'hui combien serait cruel et irréparable le départ définitif de Lablache et de Rubini ; mais la gloire de Pauline Garcia est encore assez fraîche pour que la province, qui n'a pas eu le temps, dans l'espace d'une saison, de venir la juger, se croie dispensée de regretter la grande artiste qu'elle ne connaît pas encore. Il ne faut pas craindre de revenir sur les éloges pleins de justesse et d'intelligence qui lui ont été donnés déjà dans cette *Revue*. Ceci, d'ailleurs, doit intéresser sous un autre rapport. L'apparition de mademoiselle Garcia sera un fait éclatant dans l'histoire de l'art traité par les femmes. Le génie de cette musicienne à la fois consommée et inspirée constate un progrès d'intelligence qui ne s'était point encore manifesté dans le sexe féminin d'une manière aussi concluante. Jusqu'ici on avait dû accorder aux cantatrices une part de puissance égale à celle des plus grands chanteurs. On a dit et écrit souvent que les femmes artistes pouvaient dans l'exécution s'élever au niveau des hommes, mais que, dans la conception des œuvres d'art, elles ne pouvaient dépasser une certaine portée de talent. On l'a dit moins haut peut-être depuis que les efforts de quelques-unes d'entre elles ont montré une aptitude plus ou moins estimable pour la composition musicale. Pour le chant, il faut placer au premier rang quelques charmantes mélodies qu'a écrites madame Malibran ; pour la scène, les partitions de mademoiselle Bertin. Mais voici une fille de dix-huit ans qui écrit de la musique vraiment belle et forte, et de qui des artistes très-compétents et des plus sévères ont dit : « Montrez-nous ces pages, et dites-nous qu'elles sont inédites de Weber ou de Schubert, nous dirons qu'elles sont dignes d'être signées par l'un ou l'autre de ces grands noms, et plutôt encore par le premier que par le second. » C'est là, ce nous semble, le premier titre de mademoiselle Garcia à une gloire impérissable. Supérieure à toutes les jeunes cantatrices aujourd'hui connues en France par la beauté de sa voix et la perfection de son chant, elle peut mourir et ne pas s'envoler comme ces apparitions de chanteurs et de virtuoses qui, renfermés dans une grande puissance d'exécution, ne laissent après eux que des souvenirs et des regrets ; gloires qui s'effacent comme un beau rêve en disparaissant de la scène chargées de trophées, mais condamnées à périr tout entières, et de qui l'on peut dire ce qui est écrit dans le livre divin à propos des heureux de ce monde : « Ils ont reçu dès cette vie leur récompense. »

Mademoiselle Garcia est donc plus qu'une actrice, plus qu'une cantatrice. En l'écoutant, il y a plus que du plaisir et de l'émotion à se promettre; il y a là un véritable enseignement, et nous ne doutons pas qu'avec le temps, la haute intelligence qu'elle manifeste en chantant la musique des maîtres, ne soit d'une heureuse influence sur le goût et l'instruction du public et des artistes. Elle est un de ces esprits créateurs qui ne s'embarrassent guère de la tradition et des usages introduits par les exigences de la voix ou la fantaisie maladroite des exécutants ses devanciers. Elle entre dans l'esprit des auteurs; elle est seule avec eux dans sa pensée, et si elle adopte un trait, si elle prononce une phrase, elle en rétablit le sens corrompu, elle en retrouve la lettre perdue. Le public qui l'aime, mais qui n'a pas encore en elle toute la confiance qu'elle mérite, s'étonne et s'effraie quelquefois de ce qu'il prend pour une innovation. Le public n'est pas assez savant pour lui contester avec certitude la liberté de ses allures. La plupart des journalistes ne le sont pas davantage, et moi qui écris ceci, je le suis moins que le dernier d'entre eux. Mais ce que le public, ce que les critiques, ce que moi-même pouvons examiner sans craindre de faire rire les vrais savants, et sans autre conseil que celui de notre logique et de notre sentiment, c'est précisément le sentiment et la logique qui président à ce travail consciencieux auquel mademoiselle Garcia soumet l'œuvre qu'elle chante. Jamais elle ne dénature l'idée, jamais elle ne substitue son esprit à l'esprit du compositeur. Le jour où vous direz : Mozart n'eût pas écrit cela, ce jour-là seulement vous serez en droit de dire que Mozart ne l'a point écrit; mais si vous retrouvez toujours et partout l'esprit et le sentiment du maître, vous pouvez dire que si le maître ne l'a pas écrit ainsi, c'est ainsi du moins qu'il l'a senti dans le moment de l'inspiration, et c'est ainsi qu'il l'aurait écrit peut-être la veille ou le lendemain. Ainsi c'est bien toujours du Mozart, c'est bien toujours du Rossini que nous entendons, lors même que, pour satisfaire aux exigences de la voix qui devait lui servir d'interprète, Rossini ou Mozart ont consenti à modifier leur premier jet.

Je ne prétends pas que cette liberté d'interprétation doive être illimitée; mais plus une composition vieillit, plus il devient nécessaire d'avoir de grandes intelligences pour interpréter fidèlement les points contestables. Sans cette part d'indépendance, l'esprit du chanteur n'aurait plus à s'exercer que dans les gestes et le costume, et encore faudrait-il qu'il n'y apportât point son propre caprice, mais le goût et la vraisemblance. Il faudrait prononcer que le talent d'exécution exclut le talent de création, et les artistes dramatiques en tous genres deviendraient de pures machines, fonctionnant plus ou moins bien, suivant une impulsion mécanique à jamais donnée. Alors plus de progrès possible, et le mot *goût* n'a plus de sens. De plus, il suffit d'une erreur innocemment commise par un chanteur et inaperçue de l'auditoire pendant un certain temps, pour que cette erreur devienne loi sans qu'aucun autre chanteur ait le droit de la redresser et d'en purger l'œuvre du maître. C'est ainsi que l'ignorance des commentateurs ou seulement des copistes a altéré pendant des siècles l'esprit de textes bien autrement sérieux que ceux des partitions musicales.

Si la simple raison, si un sentiment de l'art qui n'est point refusé même aux gens privés d'éducation spéciale peuvent servir de guide pour juger les artistes avec quelque justice et quelque utilité, nous devons attendre de mademoiselle Garcia plus que nous ne pouvons lui donner. Si le public comprend l'importance d'un pareil talent, il apprendra beaucoup de lui, et ne cherchera plus à entraver, par la méfiance ou la timidité de ses jugements, l'essor de facultés aussi rares et aussi précieuses. La critique ne cherchera point à l'intimider. On peut analyser froidement le talent le plus consommé; mais on doit de grands égards au génie même le plus novice. Il y a pour lui un certain respect auquel ne se refusent pas les artistes vraiment éminents. J'ai vu Rubini essayer docilement avec Pauline Garcia, dans l'entr'acte, un trait qu'elle lui avait soumis, et que l'admirable chanteur répétait avec un plaisir naïf et généreux. Lablache est fier d'elle comme un père l'est de son enfant, et Liszt sera plus heureux de l'entendre chanter Desdemona et Tancrède, lui dont elle est, comme pianiste, une des meilleures élèves, que de toutes les ovations que sa bonne Hongrie lui décerne.

Nous n'analyserons pas le talent dramatique de mademoiselle Garcia, pas plus que l'étendue et la puissance extraordinaire de sa voix. Peu nous importerait la qualité de timbre de cet instrument magnifique, si le cœur et l'intelligence ne l'animaient pas; mais c'est un prodige dont l'honneur revient à Dieu, que de voir une faculté d'expression aussi riche au service d'une intelligence aussi puissante. Cette voix part de l'âme et va à l'âme. Dès les premiers sons qu'elle vous jette, on pressent un esprit généreux, on attend un courage indomptable, on sent une âme forte qui va se communiquer à vous. Le talent de l'actrice est analogue. Toutes les facultés désirables et toutes les qualités innées l'inspirent presque spontanément; mais ce talent n'a pas été soumis, comme le chant, à de rigoureuses études, et il brille encore par ce qui lui manque : heureux défaut jusqu'à présent, qui attendrit plus qu'il ne le fâche, un public paternel aux grands artistes. Il est remarquable que ce même public qui se montre si scrupuleux pour les choses qu'il ne comprend pas bien encore, se montre si délicatement et si sagement indulgent pour celles qu'il juge sainement au premier coup d'œil. On a remarqué que la jeune actrice avait parfois une certaine gaucherie pleine de grâce et de pudeur, parfois aussi une énergie pleine de sentiment et d'irréflexion, et on lui a su bon gré de se laisser gouverner par ses impressions sans prendre conseil que d'elle-même, et sans chercher trop devant son miroir l'habitude que les planches lui donneront assez vite. On a remarqué aussi que sa taille était admirablement belle; dans ses gestes faciles et naturellement gracieux, les peintres admirent la poésie instinctive qui préside à ses attitudes, même les moins prévues par elle. Elle est toujours dans les conditions d'un dessin correct et dans celles d'un mouvement plein d'élégance et de vérité.

Elle ne plaît pas seulement, on l'aime. Le public le prouve en ne l'applaudissant pas avec frénésie; il faudra cependant, pour son propre intérêt, qu'il apprenne à l'applaudir avec discernement et à ne pas rester froid devant une phrase admirablement dite, quand il bat des mains pour une cadence effrayante de durée et de netteté. Ce sont là des tours de force que mademoiselle Garcia exécute avec une liberté surprenante, car elle peut tout ce qu'elle veut. Mais le public ne voudra-t-il pas la dispenser quelque jour de cet horrible agrément qui n'aboutit qu'à imiter parfaitement le bruit d'une bouilloire à thé, et qui suspend le sens de la mélodie devant une niaiserie désagréable à l'oreille? Pauvres grands artistes, vous avez bien besoin qu'on vous laisse corriger les sottises de la mode !

Il n'y a qu'une cadence au monde que je voudrais conserver, si tout autre après Rubini pouvait la reproduire; c'est celle qu'il a introduite dans l'air de *Don Juan : Il mio tesoro intanto*, et qui est devenue célèbre. Elle est courte, premier mérite, puis elle est énergique, vaillante, et complète l'idée musicale au lieu de l'altérer. Enfin elle est écrite par Mozart dans l'accompagnement, et le public, entraîné par l'audace et le goût du chanteur, a eu le bon esprit de ne pas la contester.

Avec Rubini, avec Lablache, avec Tamburini, avec mesdames Garcia, Grisi et Persiani, l'opéra italien va nous quitter si on perd le temps à délibérer froidement et lentement. On sera toujours forcé par la suite de rendre le Théâtre-Italien à la capitale; mais si on tarde, ces grands artistes seront dispersés, et nous aurons des talents de second ordre avec plus d'exigences peut-être. Conservons donc ces généreux chanteurs que nous aimons, que nous connaissons, qui nous connaissent et nous aiment aussi, et qui se prodiguent avec tant de zèle. Dans aucun théâtre de Paris, on n'a jamais vu régner la paix, l'obligeance et le dévouement comme parmi la troupe italienne. C'est qu'ils sont tous grands et laborieux ; ils n'ont ni le droit ni le temps d'être jaloux les uns des autres. Rubini, malade et fatigué d'une longue suite de représentations que divers accidents ont accumulés sur lui, prodigue sa puissance avec une vaillante ardeur. Le public qui entend cette voix si fraîche et ce sentiment si énergique, sans se douter que l'homme souffre, croit-il payer avec de l'or tant de dévouement et de conscience? Lablache, à l'école duquel nos premiers chanteurs, nos premiers tragiques et nos premiers comiques voudraient longtemps encore prendre des leçons, blessé il y a quelques jours sur la scène pendant la représentation, quitte ses béquilles et reparaît sans égard pour la défense du médecin. Vous avez vu naguère un fait plus remarquable encore. Pauline Garcia, pour ne pas faire manquer la représentation de *Don Juan*, avertie que madame Persiani était malade, a étudié un rôle nouveau et improvisé son costume dans l'espace de deux heures. Elle était mise à ravir, et elle a joué et chanté Zerline comme, depuis sa sœur, personne ne l'avait ni joué ni chanté. Elle regardait à peine le cahier pour suivre le récitatif; elle a exprimé Mozart comme

Mozart serait heureux de s'entendre exprimer, s'il pouvait un soir s'échapper de la tombe pour y rentrer au coup de minuit. Vraiment nous aurions grand besoin de semblables artistes dans nos théâtres nationaux, et nous avons encore besoin des artistes italiens pour former nos artistes et nous

Février 1840.

XII

LA JOCONDE

DE LÉONARD DE VINCI

GRAVÉE PAR M. LOUIS CALAMATTA

Quelle est cette femme sans sourcils, aux mâchoires développées sous leur luxuriante rondeur, aux cheveux extrêmement fins ou très-peu fournis, au front très-découvert ou très-puissant, à l'œil sans éclat, mais d'une limpidité surhumaine? La tradition nous dit que c'est madame Lise (Mona Lisa), femme del signor Francesco del Giocondo. Vasari ajoute qu'elle était *bellissima*, et semble nous avouer qu'elle était fort mélancolique de caractère ou fort impatiente de ses mouvements, puisqu'il prétend que Léonard, en faisant son portrait, tenait autour d'elle des chanteurs, des joueurs d'instruments et des bouffons, pour la rendre gaie et lui conserver ce divin sourire qu'après *quatre ans d'efforts* le maître parvint à saisir.

En vérité, ces divins maîtres du passé eussent été

de grands paresseux ou de grands maladroits s'il leur eût fallu tant de temps et de peine pour s'emparer du beau et du vrai; outre que l'âge de Mathusalem n'eût pas suffi aux longues hésitations que leur prêtent, devant chacune de leurs œuvres, leurs naïfs biographes. Est-ce pour relever, dans l'esprit du public, la grandeur et la difficulté de l'art, qu'on l'a si longtemps nourri de pareilles légendes? Il est fort à présumer, au contraire, que l'expression de la Joconde fut saisie au vol par un coup d'œil d'aigle, et que les chanteurs et les bouffons n'auraient pas réussi à mettre tant d'idéal sur les traits du modèle, tant de flamme et de science dans le pinceau de l'artiste; à moins pourtant qu'il n'y eût là quelque voix aussi belle que les lèvres de la Joconde, ou quelque *senatore* aussi merveilleux dans son art que Léonard dans le sien. Pourquoi non, après tout? c'était le temps des grands artistes.

Il est peu de figures aussi connues que celle de Mona Lisa del Giocondo, et, chose étrange, il est peu de physionomies moins devinées. Cette beauté célèbre offre dans son expression un tel problème, que personne ne l'a regardée sans émotion, et que personne, après l'avoir vue un instant, ne l'a oubliée. Le modèle n'offrait-il aux regards le même mystère que le portrait? Était-*elle* belle ou seulement agréable? Pour certaines personnes qui lui trouvent un dessous de malice froide dans le sourire, c'est une laide séduisante, comme on en connaît. Pour d'autres, c'est un idéal de jeunesse, de candeur, d'intelligence et de bonté. Tel était l'avis de Gustave Planche, qui a écrit avec beaucoup de prédilection sur Léonard de Vinci. Tel est aussi celui de

M. Calamatta. « Quand je dessinais cette suave figure, » écrivait-il à un de ses amis, « seul, sous les voûtes du Musée, je me surprenais à rire avec elle. » Une autre fois, il écrivait : « J'ai fini la Joconde. C'est une douleur pour moi. Il y a si longtemps que j'étais heureux et tranquille avec elle. »

Donc, cette tête charmante, en dépit de la couleur verdâtre et mélancolique que le temps (et peut-être les dangereuses inventions de Léonard dans les matériaux de sa peinture) ont répandue sur elle, est, pour ceux qui s'absorbent à la contempler, une rose mystique, un sourire du ciel.

Nous avouerons que notre impression personnelle est plutôt mélancolique que riante. Est-ce ce ton de clair de lune, cet étrange paysage de flots et de rochers glauques, dont nous ne pouvons faire abstraction? Il y a quelque chose dans ce chef-d'œuvre qui nous jette dans l'étonnement et dans la rêverie. Les types et les paysages de Léonard nous ont toujours tourmenté. On aura beau me dire qu'il était grand ingénieur, qu'il avait passé sa vie à étudier les eaux au point de vue des travaux de la canalisation, à parcourir des terrains impraticables pour y établir des ponts et des routes ; je me rappelle aussi qu'il écoutait certaines fontaines comme une douce musique, et qu'il était poëte au moins autant que savant. Ces sites, tourmentés jusqu'à la puérilité, qui sont là derrière ses figures et qui se perdent dans des horizons accumulés jusqu'aux nuages, comme s'il eût placé ses modèles sur la flèche d'une cathédrale, afin de leur donner pour cadre l'immensité, est-ce l'amour du plan géographique qui les lui a inspirés, et n'y faut-il voir que la signature de l'ingénieur inquiet d'être oublié pour le peintre ?

Dans tous les cas, ceci n'est pas gai. Peut-être l'effet en était-il chatoyant, alors que la peinture était fraîche, pleine de roses tendres et de pourpres vives, comme nous la décrivent les contemporains. Mais, à coup sûr, la composition en est austère, et l'aspect aujourd'hui en est refroidissant. On se figure beaucoup plus les *fiords* déchiquetés de la Norwége et son ciel d'opale faits ainsi, que le beau soleil d'Italie et les riants paysages de l'Arno. Ce n'est même point là le caractère des lacs charmants de la Toscane et du Milanais. Le Trasimène est semé d'ilots qui le divisent en perspectives infinies ; mais quelle douceur de lignes et quelle splendeur de ton sur ces lointains mous et chauds ! Il n'y a pas à dire, si la Joconde est gaie, c'est qu'elle tourne le dos à un pays bien triste ; et, malgré les routes et les ponts que l'artiste ingénieur semble y avoir creusés et jetés pour ses promenades, elle ne me semble nullement disposée à s'y risquer.

Quant aux types de Léonard, les avis sont bien partagés. Ils paraissent le vrai beau à certains artistes ; à d'autres, ils semblent la laideur embellie par l'art. Personne ne peut leur refuser la noblesse et l'originalité.

C'est le privilége de beaucoup de grandes choses d'être mystérieuses, et d'exercer sans cesse l'imagination. On commentera éternellement l'*Hamlet* de Shakspeare, l'*Enfer* du Dante, le *Faust* de Gœthe, la *Nuit* de Michel-Ange, et, à un autre degré d'intérêt et d'admiration, la *Joconde* de Léonard.

Elle n'était pas du tout belle, cette Joconde. Vasari

ne l'a jamais vue. C'était une grasse et douce personne, fine, prudente, ravissante d'amabilité, de savoir-vivre et de distinction. Léonard en était passionnément amoureux. L'histoire n'en dit rien, mais qu'importe? Il ne s'en vanta jamais, parce que la dame était sage ou qu'elle aimait son mari. D'autres peuvent penser qu'elle était froide, tant il y a que le beau Léonard y perdit ses soupirs et ses brûlants regards, et qu'il fit, en vain, durer longtemps le portrait. Il n'était pas très-modeste. Ce n'était pas la mode en ce temps-là pour les grands artistes. Il fut donc très-surpris d'échouer : de là son silence et celui de ses contemporains sur cette passion inexaucée. De là peut-être, pour un homme habitué à vaincre en amour, une estime particulière pour cette femme tranquille, et une prédilection fidèle pour l'expression de cette figure sereine qui devint, sous sa main et dans son cerveau, le type de la beauté surnaturelle, puisque toutes ses figures de sainteté lui ressemblent.

Ceci est un roman de notre façon ; mais il est tout aussi vrai que mille légendes bien autrement risquées qui remplissent la biographie des artistes et des héros du temps passé.

Pour nous, la Joconde est le portrait idéalisé d'une femme charmante, et le grand secret de cette indéfinissable expression de calme qui arrive à effrayer, comme tout ce qui est la force immatérielle, est un sentiment qui exista beaucoup moins en elle que dans le peintre. Il fit là ce qu'ont fait tous les maîtres véritables : il donna sa propre puissance à son œuvre, en croyant la surprendre dans l'âme de son modèle.

En effet, on aura beau admirer avec Vasari le réalisme à *faire trembler* (*una maniera da far tremare*) avec lequel Léonard de Vinci a rendu « les moindres détails de la peau, des cils, des pores, toutes les minuties, toutes les subtilités de la nature, » ce qui fait encore plus trembler dans cette figure, c'est l'âme qui luit à travers, qui semble contempler la vôtre du haut de sa sérénité et lire dans vos yeux tandis que vous interrogez vainement les siens.

L'espèce d'effroi que nous avons toujours ressenti en regardant un portrait de maître, vient de ce qu'à travers ces figures, c'est le génie, c'est l'âme du maître, que nous voyons. Cette âme est dans la toile, n'en doutez pas. Michel-Ange n'est-il pas toujours palpitant dans le marbre du Moïse? Qui donc oserait le railler et le critiquer, face à face avec lui?

Il y a, à Florence, une tête de Méduse, de Léonard de Vinci, qui exerce une sorte de fascination. Gustave Planche, que nous citions tout à l'heure, a dit de cette tête : « La Méduse est à la fois belle et terrible... Le regard immobile et le sourire menaçant restent gravés dans notre âme et défient toutes les distractions. Aucune des images qui passent devant nos yeux ne réussit à la détrôner. » Et il ajoute que le germe de la *Joconde* est dans la *Méduse*. Seulement, c'est au point de vue de la manière et de l'entente du sentiment qu'il trouve que *l'une fait présager l'autre*. Nous irons plus loin que lui ; nous dirons que la Joconde, avec sa douceur souriante, est tout aussi effrayante que la Méduse. Au premier abord, c'est l'aimable et paisible créature que le peintre a vue et aimée. A la longue, c'est une fascination qui a pris corps. Ce n'est plus une personne, c'est une idée et une idée fixe. Un homme supérieur a mis là sa plus ardente et en même temps sa plus tenace aspiration. Il était bien impossible qu'une si grande dépense de force fût perdue, et elle l'eût été si elle n'eût produit que la représentation exacte d'une jolie femme. Elle a produit une figure qui, après plus de trois siècles, en dépit d'une couleur altérée qui l'étouffe et la plombe, s'empare encore invinciblement des yeux et de la pensée, soit qu'elle égaye, soit qu'elle rende mélancolique, soit qu'on s'en éprenne, soit qu'on s'en défie, soit enfin, qu'en raison de sa propre individualité, on contemple avec ou sans sympathie l'idéal idéalisé d'un génie idéaliste.

Rendre avec le burin les finesses insaisissables de cette peinture devenue elle-même mystérieuse comme la pensée du modèle, sous les sombres transparences de la couleur éteinte, c'était un problème à résoudre, et il nous semble que M. Calamatta l'a résolu. Nous ne sommes pas compétent pour parler du mérite de la gravure au point de vue du métier. C'est une spécialité dont nous connaissons mal les termes, et nous craindrions de les mal employer. Ce qui nous frappe dans cette gravure, c'est son aspect général qui rend fidèlement le tableau sans chercher à l'expliquer ou à le traduire. Certes, il y eût eu une sorte de sacrilége à vouloir interpréter ce que, dans certaines parties, l'œil peut à peine saisir. L'effet en est donc sombre comme la peinture, et, pour notre part, nous ne sommes pas de ceux qui ne se consolent pas des outrages que les années ou les vernis lui ont fait subir. Nous ne haïssons pas cette lumière pâle et ce reflet général de je ne sais quel astre argentin qui tombe sans miroitage sur l'ensemble. C'est austère et doux à la fois; c'est à la fois limpide et voilé comme l'expression de la *Joconde*, que M. Calamatta a si consciencieusement et si délicatement reproduite.

Décembre 1858.

FIN

TABLE

		Pages.
I.	Autour de la table.	1
II.	Essai sur le drame fantastique — Gœthe, Byron, Mickiewicz..	117
III.	Honoré de Balzac.	197
IV.	Béranger.	215
V.	H. de Latouche.	229
VI.	Fenimore Cooper.	261
VII.	George de Guérin.	279
VIII.	Harriett Beecher Stowe.	315
IX.	Eugène Fromentin.— Un été dans le Sahara.	325
	— Une année dans le Sahel	336
X.	Bêtes et gens, par P.-J. Stahl.	343
XI.	Le théatre Italien de Paris et mademoiselle Pauline Garcia	347
XII.	La Joconde de Léonard de Vinci, gravée par M. Louis Calamatta.	365

F. Aureau. — Imprimerie de Lagny

www.ingramcontent.com/pod-product-compliance
Lightning Source LLC
Chambersburg PA
CBHW070442170426
43201CB00010B/1192